伟大的城市

30天看懂5000年中国城市史

高强 / 著

机械工业出版社
CHINA MACHINE PRESS

本书通过轻松易读的语言和图文并茂的形式，为读者串联起了从史前时期的聚落到明清北京城的建立这一宏大的中国古代城市规划发展史。本书的内容主要分为两大部分，前二十四讲是按照时间顺序选取了具有代表性的都城或城市来进行分析，后六讲是总结性的内容，分别从城市的形态与建造、城市的军事防御、城市的风水理论、城市与水利的关系、城市的商业发展、中国城市的伟大之处等不同的方面进行了总结。本书基于大量专业著作文献，却以通俗的语言进行表述，无论你是专业读者还是零基础小白，只要热爱中国古城和中华文化，都可以轻松阅读。

图书在版编目（CIP）数据

伟大的城市：30天看懂5000年中国城市史/高强著. —北京：机械工业出版社，2021.7（2024.8重印）
ISBN 978-7-111-70545-1

Ⅰ.①伟… Ⅱ.①高… Ⅲ.①城市史—研究—中国 Ⅳ.①K928.5

中国版本图书馆CIP数据核字（2022）第060148号

机械工业出版社（北京市百万庄大街22号 邮政编码100037）
策划编辑：赵 荣　　　　　责任编辑：赵 荣 时 颂
责任校对：张亚楠 王 延　　封面设计：鞠 杨
责任印制：张 博
北京建宏印刷有限公司印刷
2024年8月第1版第2次印刷
169mm×239mm・20.75印张・277千字
标准书号：ISBN 978-7-111-70545-1
定价：139.00元

电话服务　　　　　　　　　网络服务
客服电话：010-88361066　　机 工 官 网：www.cmpbook.com
　　　　　010-88379833　　机 工 官 博：weibo.com/cmp1952
　　　　　010-68326294　　金 书 网：www.golden-book.com
封底无防伪标均为盗版　　　机工教育服务网：www.cmpedu.com

前言

为何会写这本书？

2006年，我因为个人兴趣在网上创建了建筑类自媒体"强词有理"，到今天已经完成了建筑知识科普类视频三百多集。做这个节目最大的好处就是逼迫自己花时间研究每一个建筑，但尽管如此，古建筑在一段时间内一直是我不敢触碰的领域。

直到2019年，因为搬到了雍和宫的一处四合院办公，上班的路上就要在胡同里穿行，平时也偶尔会去周边的古迹闲逛，于是对古建筑的兴趣一下子又起来了。终于在2019年7月，我决定开始做一个和中国古建筑相关的视频节目，最初的想法是做成三套，分别是关于城市、建筑和园林的，我是觉得这三个方面包含了中国古建筑核心文化的所有内容。我从城市规划开始写起，买了一大堆的专业书籍，集中精力和时间进行研究，学习，总结，写作，再成稿。

在写之前我就知道这个事情不会很容易，但让我万万没有想到的是非常困难。直到2020年2月，花了整整8个月的时间，我才算把规划部分的内容彻底完成，而之前我写一篇建筑的稿件也就需要两三天而已。尽管如此，我还是非常开心最后自己能够坚持把这件事做成，也算是圆了自己的一个梦想。

完成的内容在网上发布之后，获得了不错的反响，也有很多朋友提出了好的建议，指出了一些错误，这些都为这本书的形成打下了一个很好的基础。

因为一个特别的机会我结识了机械工业出版社的赵荣老师，之前和她聊过其他的出书构想，都没能实现，而这次，一切似乎都是水到渠成，我们一拍即合。

我又把视频中的内容重新进行了梳理，所有的插图素材重新制作，部分篇章的顺序也进行了调整，又经过了机械工业出版社审稿老师的把关，这本书才算正式完成。

以上是我个人成书的原因，而这本书其实还有更多的现实意义。

中国现代建筑一直都在苦苦寻找如何与传统建筑文化对接的接口，从建国初期的建筑前辈到现在的建筑新秀，这样的探索尝试从来就没有停止过，因为中国的建筑未来要走真正属于自己的路，这是一个必须逾越的高峰。但要尝试先要学习，要学习先要热爱，如何让更多的年轻人能够喜欢这些老祖宗的东西其实是一个更加重要的课题。

如果一本书既可以讲明古代建筑史的基本知识，又能够读起来轻松愉悦，不是就能给更多人一次学习古建筑知识的机会吗？这也是这本书成书的另一个重要原因。

这本书适合谁来阅读？

也许是家庭的遗传，我是一个比较喜欢"讲课"的建筑师，但我不喜欢讲太过复杂的技术话题，我喜欢把复杂的问题简单化，因此，用通俗易懂的语言解读建筑就成了我的视频节目的特色，这次对于古代建筑史的解读也是如此。

因此对于本书的阅读，无论你有建筑和城市规划的专业背景，还是只是一个纯粹的爱好者，古建筑的小白，相信你都可以轻松读懂，读通。

为了增加内容的趣味性，我强化了古代建筑史中"史"的比重，提到了大量的历史事件，突出了朝代更替对于城市规划思想演变的影响。因为我认为要了解城市规划的发展史就要知道那个时期都发生了什么，古代城市的规划思路多数都是君主意志的体现，甚至个别的城池建设和君主的人生遭遇都会产生一些隐藏的关系。

当然，我必须声明，其实部分推测的内容是我根据当时形势的个人判断，我也在书中予以标明，毕竟今天的我们已经不可能有机会去采访当年的那些规划者了。

如何保证本书的专业性？

我主要参考的书籍是中国建筑工业出版社的《中国古代建筑史》（五卷），这套书共计五百多万字，是我目前找到的所有有关古建筑的书中，内容最全，最新的一套专业书籍，参与编写的人也都是目前古建筑领域顶尖的专家学者。

除此之外，我还参考了一些比较知名的古建筑著作，比如著名的《华夏意匠》，天津大学出版社出版，李允鉌编写，还有阅读性很好的《古都系列》，五本，分别由不同的年轻学者编写。

除此之外，还有一些个别篇章因为专业性太强，又单独借鉴了一些书籍和论文的内容，详细情况我都标记在后面的参考文献中。

另外，在本书的前期审稿阶段，机械工业出版社也找了不同的专家、老师帮忙，尤其要感谢严谨认真的杨振华老师提供了大量有价值的建议，同时，机工的两位编辑老师赵荣、时颂也是反复校对审阅书稿，尽最大可能保证了本书的专业性与准确性。

当然，百密也难免会有一疏，本书可能还是会存在个别不够准确的内容，也欢迎广大读者给予批评指正。

这本书到底讲了什么？

本书的内容主要分为两大部分，前二十四讲是按照时间顺序，讲述了从史前时期的聚落到明清北京城的建立，其中除了周王朝阶段，因为要论述中国古代最重要的规划思想用了三讲的内容，其他基本都是每一讲对应一个朝代或时期，选取了最具代表性的都城或城市来进行分析。后六讲分别从城市的形态与建造、城市的军事防御、城市的风水理论、城市与水利的关系、城市的商业发展、中国城市的伟大之处等不同的方面进行了总结。

本书不求面面俱到地讲述所有的城市，只求能够将每一个时代的特点论述清晰，因此在选择城市的过程中舍弃了很多也很重要的城市，比如隋唐时期的洛阳、西南重地成都等，朋友们如果对更多的内容感兴趣，建议可以阅读其他更加详细的专业书籍。

最后，我要感谢我的家人和老师，感谢所有支持"强词有理"的朋友们，因为没有大家的支持就不会有这本书的出现，是你们给了我持续创作的动力。

高　强

关于本书中所用到的插图图例

建议读者在阅读本书之前先了解一下本书的插图图例,这样更有助于理解相关内容。

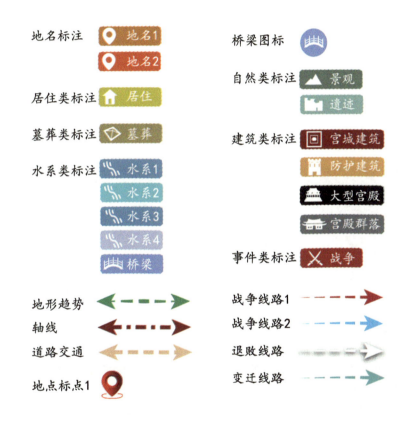

本书中的古城平面图说明

为了方便大家理解古城与现代城市的关系,笔者特别制作了大量的对比复原图,大家可以按以下方式查看图纸信息。

黄色字体为现代城市重要建筑或街道名称

白色线条及字体为引用的权威古城复原图纸

方便对比空间尺度的距离比例尺

底部为现代城市的卫星图

目录

前言

第一讲　"特色小镇"惊现中国史前时代——史前聚落 …………… 1
第二讲　是谁证明了中国5000年的文明史——史前都市 …………… 16
第三讲　中国官方认证史上最早都城为何疑云丛生——夏商都城 …… 28
第四讲　规划界的祖师爷为何留下了一桩千古谜题——周礼冬官 …… 38
第五讲　八句话就能影响中国上千年的城市规划理论——宗周王城 … 47
第六讲　为什么说没有图纸的规划理论太坑人——图上都市 ……… 56
第七讲　能把孔子气死的春秋战国都城规划——群雄并起 ………… 64
第八讲　两千多年前的天上都市震撼寰宇——大秦咸阳 …………… 77
第九讲　北斗之城与它背后的疑团——大汉长安 …………………… 89
第十讲　中国城市规划史的转折点低调登场——曹魏邺都 ………… 102
第十一讲　三国时代的城市更新杰作——曹魏洛阳 ………………… 115
第十二讲　虎踞龙盘的金陵命运为何如此可悲——东吴建业 ……… 121
第十三讲　千古第一陪都的荣耀亮相——北魏洛阳 ………………… 129
第十四讲　超过长安，碾压洛阳，这个城市为何如此厉害
　　　　——六朝建康 ……………………………………………… 141
第十五讲　一个规划天才的风水巅峰之作——隋朝大兴 …………… 153
第十六讲　永恒的传奇为何未能长治久安——盛唐长安 …………… 163

第十七讲	兴衰荣辱都是河流惹的祸——五代开封	175
第十八讲	一张传世名画背后的金钱都市——北宋东京	183
第十九讲	论一个平民城市的逆袭之路——吴越杭州	192
第二十讲	一千年前的繁华都市发达到超乎你的想象——南宋临安	202
第二十一讲	抄袭规划这事儿原来北京干得最狠——大金中都	213
第二十二讲	元朝第一汉臣惊天规划史上第一生态都市——大元大都	224
第二十三讲	千算万算漏算了大炮的城市格局——大明南京	234
第二十四讲	五百年建造中国第一王城——明清北京	247
第二十五讲	为何我们的城池不是圆的，总是方的——解构都市	260
第二十六讲	一座城池靠什么抵挡千军万马——军事都市	271
第二十七讲	这次我们讲点玄之又玄的城市故事——风水都市	282
第二十八讲	每一座城市成功的背后都有一个伟大的水利工程——水利都市	292
第二十九讲	那些古代的城市远比你想象的更加繁华——金钱都市	301
第三十讲	四大原因造就中国古代城市傲视全球——伟大都市	307
参考文献		318

第一讲
"特色小镇"惊现中国史前时代
——史前聚落

学习古建史的内容从特色小镇开始,听上去是一件很"时髦"的事情,特色小镇曾是近几年在我国非常火爆的概念,有些开发商用这种概念搞开发建设,也有些地方政府则希望通过特色小镇来完成城市经济模式的转型升级,但问题是,特色小镇到底指的是什么呢?

根据笔者自己的设计经验,特色小镇本质上就是一个相对独立的城镇区域,包含了像居住、商业、工业等这些功能组团。国家发展特色小镇的目的其实是发展特色文化和特色产业,因此很多特色小镇也可以理解为特色文化、特色产业小镇,但到了少数开发商手里,尤其是那些并没有真正产业内容的地产商,这种特色小镇往往就变成"挂羊头,卖狗肉"的东西了,产业小镇都变成了住宅小镇。

但不管是什么小镇,这种规划形态其实并不新鲜,甚至在中国的史前时期就已经存在了。

一、理解考古学文化

说起史前时期,大家可能立刻就会想起元谋人、北京人或者是山顶洞人(图1-1),大家也肯定多少都听说过各种名字非常"古怪"的文化遗址,比如仰韶文化,龙山文化,河姆渡文化等,要了解这些看上去晦涩难懂的名字,我们需要先搞明白考古学文化的概念。

那么什么是考古学文化呢?

网络上是这样解释的:考古学文化是指在过去一个特定的时间和地点反复出现的一组文物。这可能构成保留特定的过去的人类社会的

元谋人
约170万年前

北京人
约70万-20万年前

山顶洞人○
约1.8万年前

图1-1 史前人类形态演化

物质文化。文物之间的连接是基于考古学家的理解和诠释，并不一定涉及过去真实的人群。考古学文化的概念是历史考古学文化的基础。

大多数考古学文化是以文物的类型或者遗址的类型命名（图1-2）。

为了说清这个概念，我们来打个比方。

比如你最近参加了一次考古，发现了一处遗址——潘金莲的家。仔细勘察之后，发现当年潘金莲的生活状态完全不是我们想的那样，原来人家的老公一点都不矮，住的房子是城堡，用的餐具是刀叉，喜欢买艺术品来炫富。

你把这些特点进行了总结，并且对外发布，于是，考古学界从此就把具有这些特点的遗址都叫作潘金莲文化。过两天，你又发现隔壁田金莲家和潘金莲家很像，于是田金莲家也被归到潘金莲文化中，你可以叫田金莲文化遗址，但大家都公认田金莲是在潘金莲文化中的一个遗址。后面不管是哪个金莲，不管你是早还是晚，只要是这个特点的，就都归属到潘金莲文化了。

所以考古学文化都是以发现地来命名的，虽然总的文化类型数量有限，但实际遗址数量是非常多的，比如前面提到的仰韶文化。仰韶文化是1921年瑞典学者安特生在河南三门峡的仰韶村发现的，所以叫

○ 人教版历史教科书，通过采用新的测定结果，将山顶洞人的距今年代，由以往的距今一万八千年改为距今三万年。

图1-2 中国新石器时代文化多中心发展示意图（参照《文物》1986年第2期）

作仰韶文化。这个文化是北方地区的代表性文化之一，目前已经发现的仰韶文化类型遗址数量超过了6000处。

从这个角度来理解，考古学文化就是一个特定时间段里具有共同特点的文物遗址。

但考古学家可能也觉得这种名字太难记，于是给这些文化还起了"外号"，比如北方地区另一个很具代表性的文化——龙山文化，出现时期在仰韶文化之后。因为仰韶文化时期的人都喜欢做彩陶，到了龙山文化时期大家又比较喜欢黑陶，所以仰韶文化又叫作彩陶文化，龙山文化则叫作黑陶文化（图1-3）。

而这众多的文化中，最久远的文化要属距今180万年的山西西侯度文化，最近的文化则是位于台东县的两三千年前的卑南文化。

小口尖底陶瓶
仰韶文化（约公元前5000—前3000年）
1958年陕西宝鸡北首岭出土

黑陶鼎
龙山文化（约公元前2500—前2000年）
1975年山东胶州三里河出土

图1-3 仰韶文化与龙山文化的陶器色彩

文化数量众多，时间不一，大家玩的陶又这么多花样，于是考古学家就又把这些文化归结到三个考古学时代，就是旧石器时代、中石器时代和新石器时代。

如果把这三个时代对应的文化数量数一遍，就会发现，旧石器时代一共有38个考古学文化，中石器时代只有3个，而到了新石器时代就达到了65个。当然，这个数字会随着时间的推移而发生变化，但目前的结果也说明了一个很重要的问题，新石器时代的人明显是最有文化的。

为什么会是这样的结果？

是因为新石器时代距离今天最近，所以最多吗？但另一个问题马上就会蹦出来，旧石器时代延续的时间接近300万年，而新石器时代呢，区区不到一万年，为什么300万年干的事情都没有这一万年干得多呢？难道是因为旧石器时代的人太懒了？

当然不是，正确的答案应该是新石器时代的人太聪明了，他们的聪明程度远远超过过去300万年的人类，因此能够创造更多的文明。而新石器时代之所以会这么发达，一个非常重要的原因就是当时的人类掌握了农业，掀起了一场"农业革命"。这场"农业革命"所带来的影响丝毫不亚于后来的工业革命。

二、神农的"农业革命"

在中国的神话传说里，农业是神农氏发明的。神农尝百草——非常具有画面感的五个字，一位老者名唤神农整天游走在山岭间识花辨草（图1-4）。神农和一般热爱采花的人有点不一样，他要把这些花花草草放到嘴里尝味道。为什么要这么干，没人知道，大家知道的是这位老头特别牛，抵抗力惊人，竟然没有被毒死，反而还发现这些花草可以治病，顺道还发现了五谷。研究了怎么种植五谷，于是老头就成为农业之神。他把这些能力都教给了普通人，人们就掌握了农业。

图1-4 骨骼惊奇的神农尝百草，开启"农业革命"

传说毕竟是传说，但农业却在新石器时代的人类中得到了全面的爆发。农业出现后最大的改变就是人类不需要再依赖树上的野果、山间的小动物或者水里的鱼虾，因为这些食物来源都不稳定。相比之下，农业就稳定多了，只要你努力干活，老天爷再给个面子，人类就能养活自己。

因为农业的土地是固定的，因此就拴住了原来四处游荡的人，人也开始给自己考虑稳定的居所。自打有了稳定的居所、食物来源，人类就开始琢磨怎么把日子过得更好，怎么改善自己的生存环境，怎么多生点孩子。就这样，人类开始大量地聚集，聚落开始形成，最终发展为城市。而这个城市的雏形——聚落就是典型的史前版"特色小镇"。

什么是聚落？

很简单，就是一堆人聚在一起生活的区域，因为规模很小，还不能称之为城市，但聚落形成的状态和分布的特点，和特色小镇非常相似。

下面我们一起来看看两个非常具有代表性的聚落。

1. 崇拜鱼脸的半坡小镇

半坡遗址在今天的西安市灞桥区，现在这里有一座1958年建成的博物馆，这是中国最早的新石器时代博物馆。遗址旁边的立交桥叫作半坡立交，北侧是半坡国际广场，东侧有半坡国际艺术区，光看这些名字，分明就是一个半坡特色小镇！

但如果你到了现场，看到周边那些乱七八糟的建筑风格，你立马就会崩溃，这里除了名字，其他东西恐怕和半坡没有半点关系。所以，要想看看正宗地道的半坡特色小镇是什么样，我们还得进到博物馆里面去。

整个半坡遗址的总面积大约5万平方米。从1954年开始，一共只发掘出来五分之一。其中有一个大家最为熟知的文物，就是那个非常古怪的盆——人面鱼纹彩陶盆（图1-5）。

图1-5 人面鱼纹彩陶盆

这个盆非常有趣,人们猜了快70年,这个盆是干什么的?这个盆上的那张人脸到底是什么意思?人们完全猜不到。有人说因为当时的人崇拜鱼,所以把一张脸画得和鱼一样,也有人说这代表了当时的天文历法,然后就"编"不出来了。总之,因为猜不出来,所以神秘,因为神秘,所以人们都特别喜欢这个盆。

而且,还有人特别想知道,为什么半坡人把图案画在盆的里面,而不是画在盆的外面?难道是因为当时的人们缺乏桌椅,只能撅着屁股围观这个漂亮的容器吗?

这个有趣的盆看上去确实不错,但其实半坡遗址的整体更有看头,因为这是一个非常完整的史前聚落。

目前我们能拿到的半坡遗址平面图绘制的时间比较早,现在实际发掘的范围应该更大,但这张图我们依然可以看到当年半坡人的生活状态(图1-6)。

首先在这张图上我们能看到一堆堆的圈圈框框,这些圈圈框框代表的是考古发掘的各种位置信息,很多都是房屋遗址的位置。半坡遗址当时发现了46座房屋,两百多处墓葬,规模还是非常大的。

从这些圈圈框框我们还能看出几件事,一是当时的房屋形态有方的,有圆的,但圆的更多,貌似半坡人对曲线建筑更喜欢;二是这些建筑的分布感觉比较随意,规律性不够明显,好像是没有经过规划布

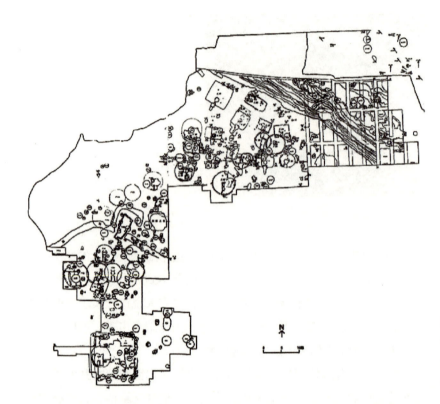

图1-6 陕西西安半坡仰韶文化遗址（《西安半坡》）

局的。

在遗址中考古人员还发现半坡人喜欢挖沟，我们现在叫壕沟。半坡人的沟一共分为两种。一种是在聚落周围形成一个环形，这个沟深度达到了五六米，上开口宽度6~8米，底部1~3米，看上去和后来城市的护城河几乎一样。显然，这种壕沟是用来保护聚落里人的生命安全的。

而另一种沟就是小壕沟，宽度一两米，深度也不到两米。目前看，这种小沟是用来划分地盘用的，考古人员推测当时的半坡应该有不止一个氏族生活，这种小沟就是不同氏族势力范围的边界。

说到这，我们简单地说一下氏族的概念。

从小我们学历史就知道，原始社会最开始是母系氏族，然后才是

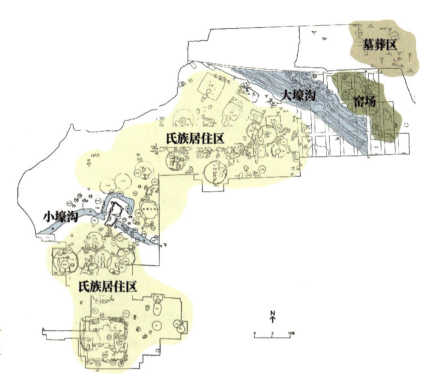

图1-7 陕西西安半坡仰韶文化聚落平面分析图

父系氏族,而氏族在古代算是一个族群的概念。当时的半坡还处于母系氏族阶段,说白了是那种老妈当家、老爸根本不知道是谁的状态。

所以,从半坡遗址的平面图来分析(图1-7),当时应该是有两个女首领带领各自的氏族分别待在小壕沟的南侧和北侧,大家和平共处。

而在北侧氏族组团再往北就是那条环形大壕沟,大壕沟的北侧分布着窑场和墓葬区。窑场就是当时的工业区。仰韶时代彩陶技艺发达,所以你可以把半坡遗址理解为一个彩陶文化特色小镇,前面的人面鱼纹彩陶盆就是在这个地方生产出来的。从出土的这些盆盆罐罐来看,当时的半坡人艺术品位还是挺不错的,家居用品做得都非常朴实、素雅,比咱们现在很多人的审美强多了。

另外就是墓葬区。古人对死人的安置是非常重视的，所以那个时候就已经有独立的墓葬区。后来甚至演变到墓葬的风水格局会影响活人命运的地步。

半坡遗址的居住区、工业区（也就是窑场）、墓葬区以及外围的壕沟，这就是一个完整的特色小镇规划。虽然看上去还是比较简单的，但毕竟距离今天已经有6000年了，能搞成这样其实已经很不错了。而且从氏族分区、功能分区的角度来说，半坡人已经开始具备简单的规划思维了。

然而，就在半坡遗址存在的同时期的另一个聚落遗址，地点也在今天的西安，只不过这次是在临潼区，又被发现了。这个遗址面积更大，更完整，最关键的是，这个遗址更加有特色，它就是姜寨遗址。

2. 像太阳一样发光的姜寨规划

如果你今天去找姜寨遗址，它没有半坡遗址那么好命，姜寨遗址所在的地点现在只能看到孤零零的一个碑，其他的都没有，更没有像半坡遗址那样高大上的博物馆。但你可千万不要小看姜寨，你可以去陕西历史博物馆看看，姜寨的东西暂时都在那里展示。

姜寨在很多方面和半坡很像，主要的文化类型也是仰韶文化，也是母系氏族社会，也有很多和人面鱼纹彩陶盆很像的容器，但姜寨在很多别的方面却又和半坡不完全相同。

比如，姜寨不仅发现了陶器，还发现了铜制品、黄铜片和黄铜管，这个发现当时在考古学界引起广泛的关注。如果这些真的是姜寨人发明的，说明中国人在六七千年前就已经开始研究金属制品了（图1-8）。

另外，姜寨人还喜欢用各种漂亮的饰品来装扮自己。这些饰品有玉做的，有骨头做的，串成串，做成挂件，有各种丰富的装饰形式；姜寨人还喜欢音乐，吹奏陶埙，陶埙虽然没有距今9000年的贾湖骨笛那么古老，但也是中国最原始的乐器之一；除了音乐，姜寨人还喜欢画画，因为考古人员发现了一整套绘画工具，注意是一整套，有一方

图1-8 部分姜寨出土女性墓随葬品（约公元前5000—前3000年—1972年陕西临潼姜寨出土）

石砚，外带砚盖和一些黑色颜料，石质磨棒一支，还有一个陶水杯。而这个石砚是目前我们发现的最早的砚台，被称为磨粉砚。

又是打扮，又是唱歌，又是画画，姜寨人简直就是史前文艺青年的代表族群。

感觉姜寨人虽然和我们差了6000多岁，好像还是很有共同语言。但这些都不是最厉害的，因为很多相似的东西在别的地方也发现了。姜寨最厉害的其实是它的聚落分布，保存得相当完好，所以姜寨遗址的聚落是新石器时代目前发现的最具代表性的遗址（图1-9、图1-10）。

从姜寨遗址的平面图上我们可以看到，它的功能分区和半坡相似，主要是居住区、殡葬区和窑场区，这也很正常，史前时期的人们平时的生活区域类型就这三样，一个是用来睡的，一个是用来埋葬逝者的，一个是用来干活的。

图1-9 陕西临潼姜寨遗址模型复原

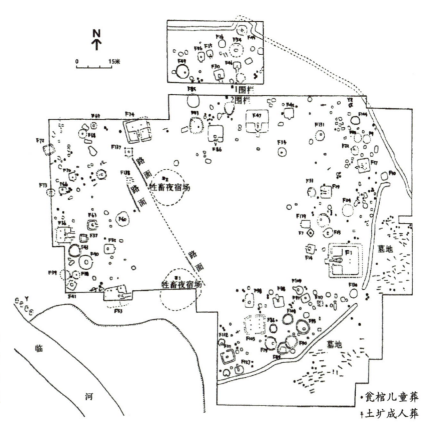

图1-10 陕西临潼姜寨遗址仰韶文化聚落平面（第一期文化遗存《姜寨》）

但姜寨比半坡先进的地方在于，功能分区明确，布局合理，是一个非常讲究规划的遗址（图1-11）。

姜寨房屋的排布充满了宗教的神秘感，所有的房屋入口都指向中心的一个4000平方米的大广场，这种向心模式的布局是相当了不起的。

你可能会说，这算什么啊，随便一个规划专业的学生都做得比这个好。但你要想到这是6000年前的人类干的，那个时候的人甚至都还没有正经的文字，甚至今天的人都不认为那时的人类是处在文明时期。在这种情况下，姜寨人搞出这个规划，并且付诸实施，是非常了不起的。

不仅如此，姜寨人还对他们的建筑进行了组团式的布局。从平面

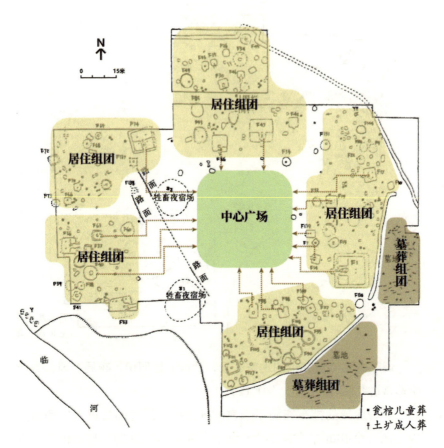

图1-11 陕西临潼姜寨遗址仰韶文化聚落平面分析

图可以明显地看出，姜寨遗址中一共有五个居住组团，两个墓葬组团（实际发现的是三个墓葬组团，部分学者推断应该有五个墓葬组团，和居住组团是搭配的）。

每个居住组团都是一堆小房子围绕着一个大房子，这种看上去非常有等级感的房屋形态非常先进，几乎和我们今天的规划思路是一样的。

虽然目前我们还不能确定这个大房子到底是这个组团老大的住所，还是人们用来集会的特别场所，但这是组团中心肯定是没错的。

更有趣的一件事是，姜寨的住宅建筑排布方式竟然不是唯一的。目前在北美的印第安部落中也有和姜寨类似的排布方式，不知道这一点是不是可以佐证印第安人和中国古人的血缘关系。

总之，我们可以想象一下，古老的姜寨人，把自己的小镇分为不同的组团区域，也可能每个组团是一个氏族，大家快乐地生活在一起。白天男人们去做工，弄点陶器，画个人鱼，晚上带着项链去找心上人……

这样一个将居住生活、陶艺制造、音乐艺术、高级墓葬集于一体的特色小镇，简直就是当年的人间天堂。也难怪姜寨人的生活持续了足足2000年以上，延续了四段考古学文化时期，从仰韶文化一直到龙山文化，牛到家了！

第二讲
是谁证明了中国5000年的文明史
——史前都市

一、城市的两个圈层

了解了聚落，我们就可以继续了解聚落的升级产品——城市。

首先我们来想两个非常不简单的问题，城市到底是什么？又为什么会有城市？

一般对于城市是这样解释的：城市群、城市或镇，是指人口较为稠密、工商业较为发达的地区，一般包括了住宅区、工业区和商业区等机能分区，并且具备行政管辖功能。

这是一种理论说法，我们来个接地气的。

一堆人聚集在一起，生活、工作、娱乐、消遣，如果这堆人只有几个、几十、几百都没什么，顶多也就是聚落，但如果这堆人达到几万、几十万、几百万甚至上千万，那么就需要一个具有空间属性的区域来容纳这些人的所有活动，而这个具有空间属性的区域就是城市。这是笔者个人给城市的定义。

既然城市是一个区域，那这个区域就需要有界定边界的标记，以便让人们知道城市的控制范围。这一点有点像小狗撒尿，目的不单纯为了排泄，而是要宣告主权。人类当然不靠撒尿，古人最喜欢干的是修墙，修非常宏伟的城墙。

到了现代，我们不再修墙了，改成了修路，但本质都一样，都是为了界定城市的边界。

当然，可能有朋友会立刻质疑，今天城市的边界明明不是道路啊，还有河川、山梁等，但道路往往是你最容易识别的一种城市的市域标签。

之所以会有这样的主权声明，其关键的原因还是在于人类是群居动物。为什么要群居？因为独居的估计都被野兽吃光了，剩下的都是聚在一起的人，团结就是力量。当人类聚集在一起活动，就需要上面提到的那个空间区域。而为了保护自己的空间区域不变成各种野兽开"美食聚会"的场所，就需要给整个区域划定边界，做个防护。最早是用壕沟，像上一讲提到的半坡和姜寨，或者利用现成的河道，然后用木栅栏，龙山文化时期的很多地方人类就这么做。这种状态发展下去，最终古人想到用夯土做成城墙，于是，城市最为重要的标志——城墙诞生了。

城墙对于中西方的城市都非常重要，虽然从中国目前的考古情况看，不是所有的城市都一定有城墙，但有城墙的几乎都可以算是个城市。

除了城墙以外，还有就是一堆人在一起总得有个头儿，也就是统治者。既然统治者只有一个，遭遇不测会很麻烦，因此统治者必须要作为重点保护对象看待，于是就再修一个城墙把统治者"关"起来守护着。就这样，当统治者变成皇帝君主，这个关他的城墙也就变成了宫城。

这样城市的另一个重要元素就出现了，又一圈城墙！

这两圈城墙就成为中国古代城市的标志。用古人的话说叫作"城以卫君，郭以守民"。这个城指的是内圈城墙，用来保护君主。这个郭指的是外圈城墙，用来保护老百姓。中国上千年的城市发展史，都伴随着这两样东西，关键是看当时的统治者打算怎么玩，就能玩出不一样的城市（图2-1）。

二、奇形怪状的史前城市

了解了城市的两个圈，我们可以拿它来验证一下中国史前的城市。

图2-1 城以卫君，郭以守民

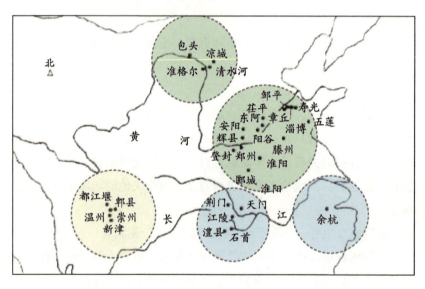

图2-2 中国史前城址分布示意图（底图参见《考古》1988年第1期）

在中国史前城址分布示意图（图2-2）中，我们可以看出，史前城市分布的区域基本就五个片区。其中四个都和黄河长江有关，一个是在山东河南靠近黄河的一带，这一片是规模最大、数量最多的；另一个在内蒙古包头附近，大青山下，这两个片区都属于黄河；另外在今天的杭州附近和武汉、长沙附近的荆州区域，这两个片区属于长江；除了这四个，还有四川成都片区算是相对独立的。

从这个分布图我们可以得出两个结论，一个是古人选择建造城市的位置都是在河流附近，这个很好理解。我们总讲母亲河，但从来不会说母亲山、母亲海,可见河流在古代对于人来说非常重要。而且到后面你会发现,每一个成功城市的背后往往都有一个特别出色的水利工程支持!

分布图的另一个重要的特点则是中国史前城市的分布范围非常广泛,从北到南,从西到东,基本覆盖了今天中国大部分的国土,奠定了今天中国的版图结构,所以中国疆域的传承度不是一般的好。

另外,从我们今天发现的古城形态来看(图2-3),造型非常丰富,有圆形的、方形的、异形的,甚至还有猫爪子形的,可见中国远古时期的人思维还是比较自由的。那个时候城市建造并没有什么理论限制,造城体现的完全是古人顺应自然的想法。

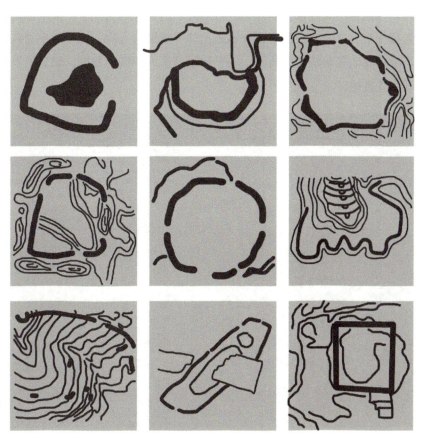

图2-3 中国部分古城形态

比如这些城市,平原地带的城市多用方形。到了地形比较复杂的地方,就会根据地形调整形状,结果就出现了各种异形城池。笔者以前总觉得愚公移山的愚公实在是一个很轴的人,现在看,古人实际一点都不轴,适应环境、尊重自然的态度从史前就开始了。

关于城市形态的由来后面还有专门的篇章分析,这里不多说,我们先看几个有代表性的古城。

1. 城中有城的中国第一座新石器时代城址

首先是山东济南市章丘区龙山街道(原章丘县龙山镇)城子崖古城遗址(图2-4)。这个遗址在1928年由当时还是一名清华大学学生的吴金鼎发现。小吴同学当时在野外考察,无意中发现了一些黑色的陶片,他觉得不太寻常,就开始进行研究。后来又把这件事汇报给他的老师李济,李济在中国考古学界是祖师爷级别的人物,被称为中国考古学之父。在李济的主持下,城子崖进行了大规模的发掘,最后的发现令人震撼!

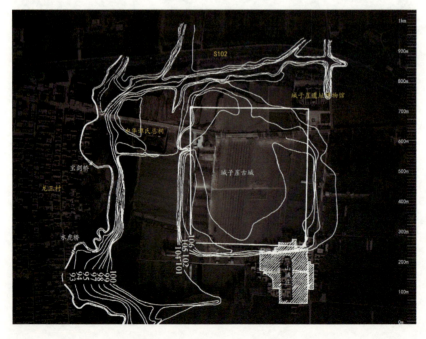

图2-4 山东济南市章丘区龙山街道城子崖古城遗址平面示意图(《城子崖》中央研究院历史语言研究所,1934年)

在城子崖发现了大量的精美黑陶，这种东西在之前没有出现过。之前大多发现的都是彩陶，因为这种黑陶很有特点，因此这种类型的遗址后来被称为黑陶文化，再后来又被命名为龙山文化。这个龙山文化和大名鼎鼎的仰韶文化都是中国最知名的考古学文化。

从城子崖的古城遗址平面图来看，这是一个方方正正的古城，东西长455米，南北长540米，位于武原河东侧200米左右的位置。在这个古城遗址中发现了三个时期的文化遗迹，包括一个周朝城址、岳石文化古城、龙山文化古城。要知道，城子崖遗址可是中国第一座经科学发掘的新石器时代的城市遗址，可以想象当时的人得有多兴奋，估计那感觉完全不亚于摸金校尉发现亚特兰蒂斯的感觉。

但从城市的角度来说，在城子崖中未能发现建筑遗迹，还是比较遗憾的。

2. 武松打过虎的奇怪古城

相比之下，武松打虎的景阳冈提供了城市更多的细节。说来有趣，这个遗址真的是传说中武松打虎的地方。山东阳谷县景阳冈龙山文化城遗址（图2-5），在济南的西南方向，黄河的一个支流金堤河的旁边，现在的景阳冈是一个国家4A级景区。这个遗址的特点在于不仅被发现了城墙的痕迹，而且在城墙的里面还有两个夯土台。现在并不能确定这两个土台是干吗的，当然肯定不是用来打虎的，根据经验判断，土台很可能是当初的城中之城，就是统治者待的宫城。

不过这个古城形状很不规则，如果不说，估计你会以为这是某个史前巨兽留下的脚印。

城子崖和景阳冈都是黄河流域的，属山东地界，下面我们再看看长江流域。

3. 圆咕隆咚的中国第一城

接下来要说的古城名气非常大，号称中国第一城！它就是湖南常德市澧县城头山古城遗址（图2-6）。

图2-5 山东阳谷县景阳冈龙山文化城遗址平面图（《考古》1997年第5期）

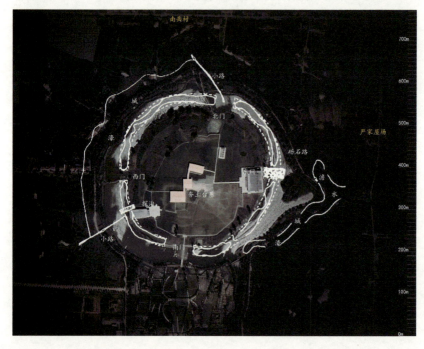

图2-6 湖南常德市澧县城头山古城遗址

城头山古城遗址位于常德北侧，澧水的北岸，澧县西侧，目前的状态是一个非常巨大的国家考古遗址公园。从考古发掘来看，城头山曾经建过四次城，每次都建立在上一次的基础上，持续了一千多年。另外，城头山的水稻田很厉害，具备完善的灌溉设施，显示了当时的中国农业技术已经非常先进，还证明了水稻就是我们中国古人自己搞定的。

城头山的古城非常独特，因为这是一个不折不扣的圆形城池，一个直径310~325米的圆。周边的护城河宽度达到三五十米，残存的城墙高度三五米，开有东南西北四个门，现在推测其中的北门是一个水门。

和景阳冈类似，在城的中间也发现了夯土台基，显然也曾经有非常重要的建筑存在。

这个圆咕隆咚的古城因为是目前发现的最早的古城，因此被称为"中国最早的城市"，而且很多人认为这个古城直接证明了中国有5000年文明史不是吹的。

但问题是如果不能得到国际上更权威的认定，这一推断还是无法令人信服。因此当另一个古城入选世界文化保护遗产的时候，大家普遍认为这下行了，这个古城终于让我们有5000年文明史这个事变成国际认证了，这个古城就是前几年轰动全国的网红古城——良渚古城。

4. 有国际护照的良渚古城

良渚古城位于杭州市西北方向的余杭区。打开良渚古城的平面图，我们可以看到，这个古城有三个非常突出的特点（图2-7）。

首先，这是一个非常大的古城，简直就是史前城市中的巨无霸。

有多大呢？仅仅内城部分的直径就达到1500米左右，更不要说外城的尺寸，远远超过当时所有的古城。所以，从规模来看，良渚古城在它所在的那个时代绝对是中国第一大都市。

其次，良渚古城的城墙体系非常完善，别人有的，它有，别人没有的，它还有。

图2-7 良渚古城遗址平面图

良渚古城的城墙出现了三个圈。我们前面说一般会有两个圈，但个别后来的城市，尤其是都城发展到一定程度的时候，会考虑做第三个圈，比如清朝的北京，但后来因为没钱，做了半个圈，所以北京是两个半圈。而良渚，几乎有完整的三个圈，很是令人惊叹。

各位可以想一个问题，一个城市在什么情况下才需要修建第三个圈？

答案非常简单，地方不够用了呗。

中国古代大多数的城市有一个共同的特点，那就是在建城之前，最先开始修建城墙，说白了就是先圈地。圈了地之后才开始建设城里的各个建筑，开始搞城市开发。

这样做的好处是城市一下子就会有一个完整的形象，人们的生活也非常清晰简单。但坏处就是，如果城市的发展、人口的增加超过了原来的预期，怎么办？再修建外城呗，因为还需要继续圈地啊。

而良渚古城有三个圈，那就意味着当时的良渚得繁盛到相当程度才会有这个闲心来修外城。

良渚第三个引人注目的地方是水利系统（图2-8）。

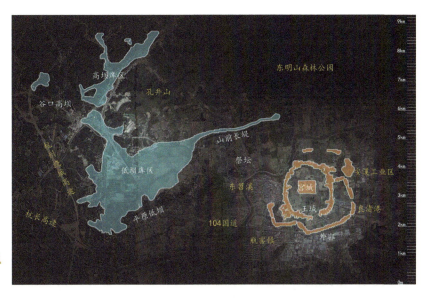

图2-8 良渚古城水利系统示意图

古代选择城址的关键是寻找水源。发展农业需要水，吃喝拉撒需要水，水是对人类最重要的东西之一。但水患也是中国人自古以来最大的心病，一个大禹就因为能够治水，而被国人赞美了几千年，并且还做了头领。即使从禹开始，结束了民众选举，推行禅让制，把天下变成自己家的，也没有动摇大禹的地位，可见所谓的"民主自由"都没有治水重要。

还有另两位治水大神李冰父子，打造都江堰，造福蜀地。从某种意义上说，李冰父子对四川的贡献可能比诸葛亮要大得多。自古以来，水火无情，但水也是人类最为重要的生存条件，因此，治水在中国人的心目中绝对是第一等的大事。

而良渚古城，首先是一个水城，没想到吧。因为良渚的位置是在江浙，那里几千年前就水网发达，良渚现在查明的水道就有51条，城墙上有8个水门，简直是一个媲美威尼斯的水城。

不仅如此，在良渚古城的西北方向，目前发现了一个巨大的水库，有理由相信这个水库是经过人为改造的。良渚人通过修筑堤坝的方式来控制水的进出，利用水库的水进行运输和灌溉。现在判断，这个水利工程规模之大，应该是目前发现的世界最早的大型水利工程。

除了这三个特点，良渚古城的墓葬，大量出土的文物，都证明了自己确实是一个难得一遇的古城。

2019年7月6日，良渚古城官宣入选世界遗产名录，成为中国55个世界遗产中最年轻的一位。因为良渚古城距今天已有5000年左右，所以从这个角度来说，良渚古城终于让世界承认了中国是一个拥有5000年文明史的古国。

5. 石头造的中国最大史前城市

不过呢，考古学界，没有最好，只有更好。古城遗址没有最大，只有更大。良渚古城也不是中国史前最大的城市，它仅是在它存在的时期最大。在良渚消失之后，中国北方出现了一个更大的城市，就是陕西榆林市神木县的石峁古城（图2-9）。

石峁古城建造的时间大约在距今4000年前，存在了500年左右，位于陕西神木县高家堡镇石峁村秃尾河北侧的山上。

一听这个名字就能猜到，这是一个石头城，一个全部用石头打造的超级城市，这一点和前面的水城良渚形成了鲜明的对比。这二位，良渚在南方，长江流域，而石峁在北方，黄河流域，套用一句顺口

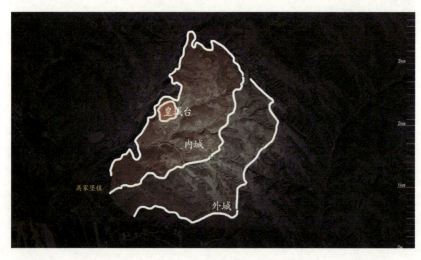

图2-9 石峁古城平面示意图

溜，可以叫"南有良渚，北有石峁"。

石峁的城墙也有三个圈——宫城、内城、外城。其中内城面积2.35平方公里，外城面积则达到4.25平方公里，是名副其实的中国第一大史前城市。

整个石峁古城都是建在山地上的。宫城在一个独立的高台之上，外围的两重城墙是依据地势建造的，而且外城没有完全包住内城，与明清北京城内城和外城的关系很像。

石峁古城的发现非常轰动，在世界上引发了高度的关注，我们国内更是对石峁古城的起源和定位吵个不停，为什么呢？因为石峁古城和传说中的黄帝部落在时间和位置上都高度吻合，因此部分人认为这就是黄帝的都城，还有为数不少的人认为，石峁古城也许就是夏王朝早期的一个都城。总之，因为没有相关的文字记载，大家也只能打打口水仗。

不过石峁古城在1976年被发现时，已经被盗挖了很多年，古城中大量的玉器流失到了海外。尤其是当后来不少人知道这个古城里有宝贝的时候，引来了更多的"摸金校尉"。不过现在的情况好了很多，石峁遗址保护规划2016年批复。据说2019年石峁古城也启动了申遗工作，万一又选上了，肯定是一个轰动性新闻。

中国的史前城市因为距今年代过于久远，又都没有文字记载，因此大多数蒙着一层非常神秘的面纱。这些古城的主人是谁？它们因何而兴盛？又因何而消失？这些存在于夏王朝之前或同时期的城市背后又是一个怎样的时代？

这些问题我们今天都不得而知，但我们知道的是在四五千年前，中国的土地上已经出现了一批规模巨大、实力惊人的城市，他们所创造的文明超越了我们的想象。

第三讲
中国官方认证史上最早都城为何疑云丛生
——夏商都城

中国史前时期的超级城市虽然都很好，但有一个共同的问题，没有文字记载，所以很多东西都是靠各路专家推猜，因此史前时代又叫传说时代。甭管你城池有多大，看上去有多牛，你都是一个传说。而和传说对应的，则是信史时代，只有发现了当时确切的文字记载才能被称为信史时代，说白了，信史时代的事儿更靠谱。

但是这个标准就让我们的历史书非常尴尬了，因为我们打小学历史就知道，朝代始于夏商周，但问题是夏真的是最早的朝代吗？或者说，夏到底是个传说还是真事呢？

一、活在传说中的中原第一王朝

在《史记》中明确记载夏王朝是中国第一个中原部族世袭制朝代，但到今天，我们依然缺乏足够的证据证明夏王朝不是司马迁老先生靠想象编出来的，因为我们始终未能发现确凿的证据证明某个城市遗址真的属于夏王朝，包括著名的"夏墟"河南洛阳偃师二里头遗址（图3-1）。

二里头遗址至少已有3600多年的历史，位置在洛阳市偃师区西侧，洛河的南岸，面积很大，超过3平方公里。在遗址范围内发现了宫城，有严格的中轴线格局，这是我国最早出现的城市中轴线，另外还有作坊区、居民区、祭祀区等，此外，在宫城外围还发现了中国最早的城市道路。

二里头是一个非常受重视的遗址，为什么呢？因为无数的专家学

图3-1 河南洛阳偃师二里头遗址平面示意图

者都特别想证明,这就是夏王朝的都城,甚至很多人把二里头直接称为"夏墟",意思是夏王朝都城的废墟。

但世界上的事情往往事与愿违。折腾了这么多年,证明二里头就是夏王朝都城的事情就是没法完成。原因很简单,在二里头发现了无数的好东西,就是有一样最关键的东西没有,文字,这个要了命了!

说到这里,我们需要解释一个问题,文字到底有多重要。

中国的文字是象形文字,最早的文字其实就是画。中国人天生就是画家,当初都是用画画的方式来记录生活,所以今天我们研究好多东西的起源,包括古建筑的名称,先买本《说文解字》看看,我估计你立马茅塞顿开。

既然文字是从画画演变而来的,那什么样的画才能算文字呢?

张三家的孩子今天画了一个苹果，明天画了一个鸡腿，这些能叫文字吗？显然不行。而且，最为关键的是，古人估计没有多少人有那个闲心，天天画画来记录自己的生活，毕竟画画还是比拍个视频麻烦多了。但没有手机怎么办，只能想办法把画进行简化，简笔画登场，简笔画简到一定程度就是符号了。

当符号产生之后，大家记录起来就方便多了。但符号不能大家自己画自己的啊，所以就会有人出来整理这些符号，然后告诉更多的人，你只能用我这套符号。就这样符号越来越多，进而变成文字。

文字对于人类社会非常重要，因为只有有了文字，才能记录你的生活，记录当时的社会，而这些记录的东西通过文字传承下去，就成为文明。所以，世界公认的文明有一个必要条件那就是要具有真正意义上的文字。

夏朝有没有文字呢？

其实中国的考古在史前时期，包括咱们前面说的那些古城遗址，都发现了不少的符号，有刻在玉上面的，还有刻在石头上的。但问题是数量不多，难以理解，因此没法证明那些鬼画符一样的东西就是文字。

在二里头遗址里也只发现了24个奇怪的符号，破解起来比天书还难（图3-2）。

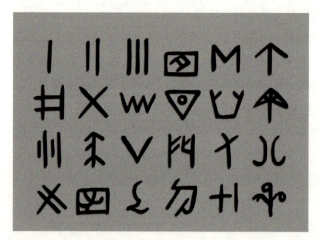

图3-2 二里头遗址发现的24个奇怪符号

所以二里头遗址虽然发现了大量的宝贝，规模也足够大，年代也和史书中记载的夏朝年份接近，但因为没有文字证明，国际学术界就是不认可。那感觉就像是一个金光闪闪的宝藏就在你的眼前，你却死活也找不到开门的钥匙，是真正的咫尺天涯。

二、证实了商王朝，自己的身份却扑朔迷离

好在夏王朝的倒霉状况没有延续到商王朝，这次我们找到了证据，全靠殷墟。

殷墟很牛，前面提到良渚古城入选世界遗产名录，一堆人兴奋不已，但这个"身份证"殷墟十几年前就得到了。所以在考古学界，殷墟是当仁不让的老大。前面提到的中国考古学之父李济博士就是因为主持殷墟的发掘而奠定了学术地位，他对殷墟的发掘与研究几乎影响了整个中国考古学的发展。

图3-3　河南殷墟平面分布示意图（参考《中国古代建筑史》）

图3-4 甲骨文与金文

殷墟的位置在河南安阳小屯一带，洹河的两岸十余里的范围内布满了各种遗迹，有宫廷、庙宇、居民、土穴及墓地等。从殷墟的平面情况（图3-3）看好像也没什么，那为什么会这么牛呢？

因为在殷墟发现了举世闻名的甲骨文，这是目前为止被认定的中国文字的老祖宗。

什么是甲骨文，简单来说就是刻在龟甲与兽骨上的文字，所以叫甲骨文。而如果你把文字刻在青铜器上了，那个文字就叫金文（图3-4）。

我们前面说了文字对于一个文明的重要性，几乎相当于身份认证的密码，而殷墟的甲骨文可不像二里头，只有可怜兮兮的24个符号。殷墟出土的甲骨超过15万片，有单字4500个左右，目前已经被破译的有2000个左右，所以甲骨文确实是一套非常完整的文字系统。

通过破译甲骨文的意思，考古学家认定，殷墟就是商王朝后期最主要的都城。因为这个重大发现，殷墟被评为"20世纪中国100项重大考古发现"之首，是中国至今第一个有文献可考、并为考古学和甲骨文所证实的商朝都城。

所以，你可以叫殷墟为中国历史第一都城！

殷墟的名字其实叫殷。商王朝在这里定都的时候，商也被称为殷商。而殷墟的墟意思是废墟的意思，因为商亡国之后，殷变成了废墟，所以后人把它称为殷墟。

尽管有甲骨文做支撑，但实际上在学界对于殷墟的都城身份认定还是有一些小争议的，其中最大的疑点源于一个很古怪的问题。如果你仔细看殷墟的平面图，你会发现，这个商王朝的都城怎么没有城墙呢？

是的，作为商王朝用了273年的都城，怎么会没有城墙呢？至少现在没有任何发现。

目前发现的土建包括宫殿区80多座建筑基座，还有一个小壕沟，城墙踪迹全无。

因为这个问题，有一些人认为，也许殷墟根本就不是一个都城。

城墙对于一个城市的重要性不用多说，你几乎可以认为，城墙就是城市的标志。前面提到的那些古城遗址，现在发现的有很多就只剩下城墙了，其他什么都没有。

那么殷墟为什么没有城墙呢？是不是商朝的君主压根就不喜欢修墙呢？

为了考察这些君主的喜好，我们可以看看另外几座商王朝的城市遗址。

三、偃师商城的小黑屋

比如就在刚才二里头的隔壁，洛阳市偃师区就发现了一个非常重要，而且保存还算完好的古城遗址——河南洛阳偃师商城遗址（图3-5）。

关于这个遗址目前有两种说法，一种说这是商灭夏之后的第一个都城，叫作西亳；而另一种则是说这个地方是商开国功臣伊尹关押商君主太甲的小黑屋。

伊尹和小黑屋是怎么回事呢？先说伊尹，这个人是一个神人，一生干了三件事。第一件事帮助商汤灭了夏桀，是开国功臣；第二件事会做菜，做得特别好，好到成为中国厨师的祖师爷；第三件事会治病，发明了中药中的汤剂，被称为圣人。

这三件事都不简单，但更厉害的是，这位伊尹竟然活了100岁，作为商王朝的辅政大臣，熬死了四代君主，一直辅佐到第五代。

前面说的太甲是他负责辅佐的第四代君主。没想到太甲上位之后

图3-5 河南洛阳偃师商城遗址实测平面图（《中国文物报》1998年1月11日）

完全没有君主样，于是老头子一生气，就把太甲关到偃师商城去闭门思过了，这个就是传说中的伊尹放太甲。关了三年之后，太甲终于明白，君主也不是想干什么就能干什么，尤其是身边还有这样一位长寿老头儿，必须得悠着点。于是太甲回心转意，决心当个好君主，这样伊尹又把他给接回去了。

这都是史书上的说法，但在偃师商城可没有找到什么证据表明这里做过小黑屋，但至少说明这个城市确实级别不低。我们今天从偃师商城遗址平面图上也能看得出来，这是一个非常完整的城，有明确的内城、外城、宫城，三个圈很齐，这个在同时期出土的古城遗址中并不多见（图3-6）。

除了这个以外，偃师商城还有两个非常重要的发现：一是发现了一个长达90米的宫殿建筑，这个尺寸在所有商朝发现的遗址中是最大的；二是在遗址中发现了中国历史上最早的车辙，说明从商朝的城市开始，车行交通就已经成为城市的一部分了。

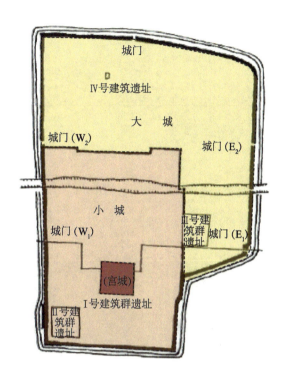

图3-6 河南洛阳偃师商城城墙功能

很明显,偃师商城的城墙体系非常完整。

"偃师商城"距今约有3700年,面积曾达到十万平方米,宫城极为方正规矩,有严格的中轴线布局,这是我国最早出现的城市中轴线,实为中国都城规划的祖源。

四、殷墟的城墙哪里去了

看完了洛阳的偃师商城,我们继续去东边的郑州看另一个古城遗址——郑州商城。

因为这些年郑州的发展比洛阳要好,又是省会城市,所以在郑州市中心的郑州商城遗址可倒了霉了,大部分的地区都已经是城市的建成区了。整个郑州商城的规模虽然比较大,但目前也就还残存一些城墙的痕迹了(图3-7)。

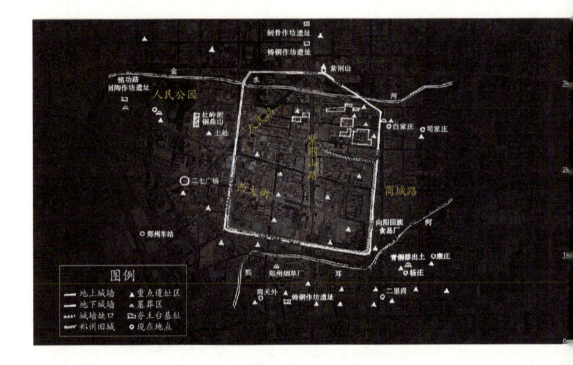

图3-7 河南郑州商城及其重要遗址分布图（《商周考古》）

经过考古专家的研究，基本认定郑州商城也是商王朝的一个都城。

大家肯定会觉得很奇怪，怎么这么多商王朝的都城呢？没办法，商王朝的都城确实很多，在商王朝的前一百年左右的时间里，统治者因为各种原因经常搬家，也因此商王朝成为中国历史上都城搬家最频繁的朝代（图3-8）。

不过回到最开始殷墟的话题，我们看到商王朝的三个都城，偏偏只有殷墟没有城墙，难道不令人觉得奇怪吗？

这个问题很多人都在研究，并没有定论。虽然没有城墙，但殷墟的宫殿、墓葬、皇陵、居民区这些还是一应俱全的，再加上有甲骨文作证，总的来说，大多数人认为这就是商王朝的都城，但为什么没有城墙呢？

殷墟作为商的都城是商王朝后期的事情，而且这个都城经历了共8代12位君主273年的时间，也许这个就是殷墟没有发现城墙的

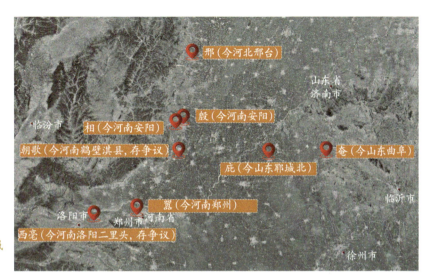

图3-8 商朝都城分布图

原因。

如果你仔细看中国历朝历代的时间，就会发现，商朝的时间是非常长的。商从公元前1600—前1046年，前后一共554年的时间。而其他的王朝，最牛的唐、明、清全都不到300年。唯一比商长的就是周，还要把西周和东周加在一起，有800年左右。但我们都知道西周东周根本算不上一个稳定的朝代，所以从这个角度来说，商可能是中国古代最为稳定的朝代。

所以让我们做一个大胆猜测，也许是因为国家太稳定了，很安全，因此，最开始定都殷墟的商朝君主觉得根本没必要修城墙，再加上有现成的河道和挖的壕沟，从安全性来说就足够了。

这种情况还发生在后来的秦咸阳城。

还好，认定一个朝代并不依靠城墙，商王朝凭借甲骨文成为当前中国最早的信史时代，也为世界所承认，而夏王朝只能非常尴尬地活在传说中。尽管如此，甲骨文毕竟不是很容易识别的文字，目前能读懂的也不过只有一半左右，因此看似转正的商王朝其实对于我们大众来说还是比较陌生的，那些著名的人物与故事也像传说一样真假难辨！

第四讲
规划界的祖师爷为何留下了一桩千古谜题
——周礼冬官

一、因为爱好游泳而被冤枉的纣王

强大稳定的商王朝持续了接近六百年之后,终于毁在了一个"男神"手里——商纣王。

商纣王是一个不折不扣的"男神",因为在历史记载中他是一个文武全才的人物,身材魁梧,力大无穷,打起仗来战无不胜,喝起酒来豪气冲天,这样的人,还是一个君主,放在今天,粉丝绝对过千万。

但商纣王在我们传统认知中属于典型的暴君代言人,和夏的最后一个君主夏桀一路货色,名声实在是不好,当然,最主要的原因还是因为《封神演义》这本小说。虽然小说明显是个神话故事,但就像《三国演义》一样,老百姓都当史书看了。

问题是,商纣王干的那些坏事都是真的吗?我们从工程建设的角度来看一下,这就要提到商纣王的两个臭名昭著的工程:鹿台和酒池。

商纣王建造了鹿台。西汉的刘向在《新序》中说鹿台:"其大三里,高千尺。"《史记》里说:"厚赋税以实鹿台之钱。"这两段话很夸张,意思是纣王花费了无数人力、物力、财力,建了一个高千尺的摩天楼。而且,还有其他资料说这个鹿台工程,姜子牙觉得需要三十五年才能完成,但纣王用了不到三年就搞定了。

问题是这个鹿台的真实情况是这样的吗?

考古学家发现了鹿台的遗址(图4-1),就在河南省鹤壁市的南

图4-1 朝歌文化公园实景

侧，淇水的北岸。目前建了一座朝歌文化公园，现场有几个土台，确认应该就是纣王的鹿台，但这些土台最大的也不过两千多平方米，小的只有几百平方米了，不仅规模不算大，高度更是远远达不到千尺的标准。

很显然，这个鹿台被夸张得不是一点半点，我估计西汉的刘向可能是嫉妒纣王的颜值，哪来的高千尺呢？按今天的尺寸，高度怎么也超过150米了，在那个时代，没有外星人帮忙，谁能办得到呢？而且现在认为，鹿台上只是有几个宫殿而已，不过就是把基座建得高一点，总体建设规模也许小得超过你的想象。

再看纣王另一个更加邪恶的行为：酒池肉林。

《史记》中说，纣王"以酒为池，悬肉为林，使男女裸相逐其间，为长夜之饮"。说的是他的生活太腐败了，竟然修了一个池子装满美酒，然后把肉都挂在树林的树枝上，每天带着一堆俊男美女在那儿玩乐，画面"美好"到不可描述。

这个事情历来都有疑问，历史上纣王是不是真的干过这种事情？

后来考古学家在偃师商城发现了商朝帝王修的水池遗址，但问题是发现的水池遗址长130米，宽20米，深1.5米，这个尺寸，这不就是一个游泳池吗？如果当年纣王修的是类似这样的水池，那事情的真相可能是这样的：纣王是一个游泳爱好者，于是给自己修了一个泳池，还经常在泳池的周边开一些聚会，邀请了很多朋友来参加。美女当然少不了，美食也有很多，而且既然是泳池，大家肯定衣服穿得很少。于是这件事被当时的人看作是一个极度奢侈和荒唐的行为，放在史书里，骂纣王骂了两千多年，而且大家还打算以后一直骂下去。

说实话，因为爱好游泳、组织聚会而被骂成这样的人，纣王算头一个。说到底，纣王被骂的主要原因还是因为他亡国了，典型的成王败寇，话语权不在手里了。

二、史上第一座双子城登场

那为什么周要和这样一个爱好游泳的纣王打仗呢，真的是像小说里，周武王替天行道、吊民伐罪吗？就是因为纣王建了个台子，寻开心吗？我不清楚，但我们从周王朝的发展历史和都城演变其实可以找到一些线索。

我们上次说过，商王朝有一个特点，特别喜欢把自己的都城搬来搬去，前后搬了7次，次数虽然多，距离都不远，主要活动范围在今天的河南省。

而周呢？在灭商之前，周起家是在今天的宝鸡岐山县，咱们不是总说凤鸣岐山吗，说的就是这个地方。比岐山更早的是周的第一个都城叫作豳（音"彬"），当时周王的日子过得很苦，有些文字记载说当时周王朝的统治者可能还住在山洞里。

不仅住房条件不好，当时的周还总被西北的少数民族戎狄骚扰，关键是周打不过人家，没办法，周王带着自己的人就都跑到了岐山。

周到了岐山之后发展得很迅速，大家也住上了大房子，经济科技也都发达了。而商就在周的东面，本来商是当时最牛的，占据中原，号令天下，不服我，就派人去揍你。

而周是很听话的，尊纣王为老大，自己甘当老二。不过架不住这个老二发展得越来越好，人口越来越多，原来的地方住不下了。再看岐山的地形特点，那个时候没有高层住宅，要发展只能扩大地盘，而周王朝只能向东扩大，这样就先遇到了东边的邻居，叫作崇。崇的统治者就是著名的崇侯虎，如果你没听说过，那你一定听说过他那个虚构出来的弟弟，崇黑虎，都是《封神演义》里的人物。崇侯虎就是崇的老大，而且史书上还说他曾向纣王告密，陷害文王姬昌，真的假的不知道。总之周明目张胆地就把崇给干掉了，占了他的地盘，而崇就在现在的西安附近。

周文王干掉自己的仇家，一看西安这个地方，马上就爱上了，于是就在当时的沣水西岸建了一个新的都城，叫作丰京。这是一个小知识点，管都城叫什么什么京的源头就是从周文王这个丰京开始的。

文王建了丰京之后，势力继续向东发展，就遇到了一个老大中的老大，中原霸主——商。因为商在河南郑州附近活动，于是，周就必须要和商开战了（图4-2）。

周当时的统治者已经变成武王，而商这边是纣王，二位在牧野展

图4-2 周商决战示意图

开了一场决战。只是让所有人没想到的是,不打不知道,一打吓一跳,周的军事实力原来已经远超当时的商。人家周都是用战车开道,士兵穿着盔甲,拿着长矛,而这边商竟然临时凑了一堆奴隶,穿着农服就上战场了,结果还用说吗,没有哪吒、杨戬,周也轻松打败纣王,商王朝结束了。

有朋友可能会说,为什么商的部队是奴隶呢?正规军哪儿去了?纣王不是很能打吗?

纣王确实挺能打,问题是,当时他把部队都派到东方去打那些不服他的人去了,完全没有想到自己的小弟会来打自己,没有任何防备,所以还是周武王的运气好。

就这样,周王朝开始了。

周武王胜利之后,也非常喜欢沣水的这个地方,于是就在文王修的丰京对面建了另一个城,叫作镐京。武王平时办公居住都是在镐京,而要搞祭祀、拜拜祖宗,就要到丰京去了。为了方便,还在沣水上架了桥,这样两个城市就连在了一起,所以后世就把两个城市合为一个城市,叫丰镐(图4-3)。丰镐二京很可能是世界上第一座双子城。

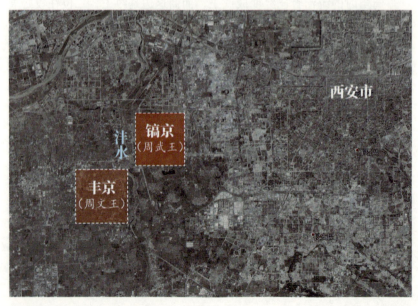

图4-3 丰镐二京位置示意图

丰镐作为西周的都城一直到公元前771年。周幽王为了讨女人的欢心，烽火戏诸侯，结果把老冤家犬戎给戏来了，攻破镐京，幽王也被杀死了，于是西周结束，历史进入东周时代。

想想周王朝开始的时候就因为犬戎而来到沣水，最后又因为犬戎而结束了西周，这件事充分证明了那句话，历史总是惊人的相似！

三、多才多艺的周公姬旦

回到武王和他的丰镐。丰京和镐京到底是哪一位具体负责建造的，目前并没有任何记载，毕竟当君主的不太可能自己去管这个事情。但实际上，当时已经有一位特别厉害的人登场了，他对于周王朝的功劳不会输给姜子牙，甚至还被笔者封为"规划界的祖师爷"。关于他的学术地位，从汉朝开始一直到今天，各路专家还都在争执，争执他和以他名字命名的规划理论到底几分真，几分假，他就是鼎鼎大名的姬旦，他的另一个名字更为人所熟知：周公。周公是周文王姬昌的儿子，武王姬发的弟弟，史书上一般都叫他周公旦（图4-4）。

图4-4 慈眉善目的周公

周公在建国初期起的作用非常大,如果说姜子牙擅长带兵打仗,建立江山,那周公就特别擅长制定各种各样的制度规范,经营国家。比如周公通过分封制稳定了周王朝的统治,确立了嫡长子继承制来稳定王室关系,还提出了井田制解决土地矛盾。

最牛的是,这些东西不仅在周王朝采用,还影响了中国的历朝历代。

在周公所有的贡献中,大家最熟悉的应该是周公制礼作乐,也就是著名的礼乐制度。

那什么是礼乐制度呢?

礼乐制度分礼和乐两个部分。礼的部分主要从形式上规范什么是正确的外向社会举止,包括每种身份的人应当履行何种礼仪和义务,最终形成等级制度。乐的部分主要从情感上聚合统治范围内的社会心理方向,通过制定典范的诗歌曲目和举行集体奏乐等活动方式缔造统一和谐的社会氛围。

而在《礼记·乐记》中则说:"乐者,天地之和也;礼者,天地之序也。和,故百物皆化;序,故群物皆别。"

说白了,礼是人的行为准则,你该干什么要根据你的身份来。比如在古代皇帝穿的衣服平民是绝对不能碰的,如果你见到自己的长辈、上级不行礼是绝对不行的,每种官职都会对应有不同的级别待遇,甚至包括房子的大小高低。如果这些东西你敢违反,那就是僭越,一不小心就可能丢了脑袋。

而乐呢,本来是音乐,这里指的是通过音乐让大家找到共鸣,创造和谐社会,毕竟大家天天活在礼的压制下,还是很憋屈的,没事来个音乐放松一下,也就没有那么多的情绪了。

礼乐制度的建立是一件很牛的事情,因为这个东西本身其实不仅是道德规范,还可以理解为一种法律法规。

周公既然搞了这么牛的东西,当然需要出书啦,出书才会显得权威正式。所以出现了三本专门说这个的书:《周礼》《仪礼》和《礼记》,放一块叫三礼,其中《周礼》是最重要的。

《周礼》原名叫作《周官》，内容上分为六个部分，分别是天官、地官、春官、夏官、秋官和冬官。为什么都叫什么什么官，因为抛开等级的内涵不说，这本书表面上说的是一个国家六个方面的管理方式与要求。也因此，后来中国的很多朝代设置的六部官员，就是仿照这六个部分来设置的。

为什么咱们在前面说，周公是规划界的祖师爷，就因为《周礼》中的冬官部分，是关于当时社会各个工种如何工作的百科全书，也包括了一个城市怎么规划，一个都城怎么建设的详细要求，而这个内容就是中国古代最有名的王城规划理论，一个被认为影响中国千年的都城规划理论。今天咱们看各种各样的中国建筑史的书，只要说到都城的规划形态，没有不提它的。

四、《考工记》问世疑云

但一个困扰了人们上千年的问题来了，这个《周礼》，尤其是《周礼·冬官》部分是周公写的吗？

这个问题各路专家学者从汉朝一直吵到现在。

为什么会这样呢？因为《周礼》这套书真正在社会上流传，或者说在史书记载中提到，是在西汉时期。我们都知道周王朝灭亡之后，秦始皇统一天下，干了一件狠事儿——焚书坑儒，所以当时的很多经史子集都失传了。

后来到了西汉，出了一个皇子，不爱美女爱古书，他就是河间献王刘德，汉武帝的哥哥。刘德一生都特别痴迷搜集各种失传的古籍，结果他不知道在什么地方把《周礼》给翻出来了，如获至宝，当时就把书藏起来了，没事自己在家陶冶一下。只是有点遗憾的是，当时刘德手里的《周礼》只有五官，缺了最后一个冬官，这怎么办呢？

当时市面上又出现了另一本书，就是《考工记》，这个《考工记》也不知道是谁写的，怎么出现的，但内容上完全就是一本失传已久的手工业绝学，各行各业该怎么干活，一应俱全。刘德一看，这不就是《周礼·冬官》应该有的内容吗？于是他就自己做主把《考工记》合并到《周礼》中，所以今天很多人说《周礼·冬官》都会说成《周礼·冬官考工记》，这样，一套完整的《周礼》新鲜出炉了。

后来董仲舒搞了一个罢黜百家，独尊儒术，《周礼》的地位就更高了，变成皇家独享的知识库。而到王莽篡位时，这套书才真正向世人公开。

正是因为《周礼》这本书的命运如此波折，因此关于书的成书年代，从西周到春秋、战国、秦汉，最后到王莽时期，各路专家学者吵个不停，作者是不是周公，除了部分古人认为是，现代学者一律持反对意见。具体是谁，现在都还在争论不休。

不过虽然有这些争论，但礼乐制度的确立应该就是来自周公，因此，王城规划理论也应该是来自周公。为什么这么说呢？因为周公是周朝初期真正管这些杂事、琐事的。从周武王时代，周公就已经开始全面负责国家的都城建设了。古书中明确有记载的是周朝的另一个都城成周就是周公负责建造的，而丰镐，尤其是镐京的规划和建设，周公的作用显然也是不小的。

只是这个王城规划理论到底讲了什么，竟然能够影响中国上千年的都城规划呢？

第五讲
八句话就能影响中国上千年的城市规划理论
——宗周王城

为了搞懂王城规划理论的内容，我们就需要先来了解《考工记》这本书。这本书分为上下卷，一共有22章，每一个章节都讲述了一个工种需要遵守哪些要求，有哪些窍门。

比如其中有教怎么造车的，从老百姓坐的车到统治者用车，还有耕地用的车都有详细的论述；还有教怎么炼金属的，包括冶炼的各种配方，家传秘方；还有教怎么制造武器的，很细致，比如对弓箭的介绍，甚至会说到箭头做成什么样杀伤力才更强；还有教怎么制造日常生活中与礼仪、装饰相关的各种物件，从穿的衣服面料，到佩戴的玉器首饰，再到演奏的乐器，应有尽有；还有教如何建造城市、房屋和水利工程的，从城市规划到宫殿规划，从防洪大堤到城墙建造，都有介绍做法和要求；还有教怎么做生活中经常用到的盆盆罐罐的（图5-1）。

所以这本书被称为中国古代先秦时期最权威的一本科技百科全书。

我们最关心的东西，刚才提到的规划理论在下卷，第二十章，题目叫作"匠人"。

匠人在今天一般被用来称呼那些做手艺活的人。现在倡导中国要有工匠精神，那个工匠其实就是匠人。但在当时的周王朝，匠人的定义没有那么宽泛，匠人只是用来指建筑工程的相关从业人员。因此在《匠人》篇里，通篇都在讲工程建设的事儿，从规划讲起，到房屋建造，再到城墙、防洪堤的建造，虽然文字不多，但非常精辟。

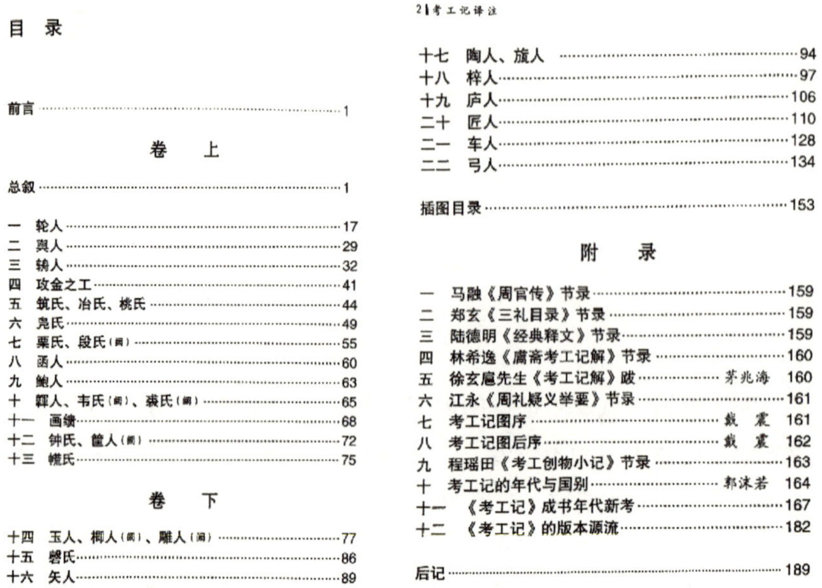

目　录

前言 1

卷　上

总叙 1
一　轮人 17
二　舆人 29
三　辀人 32
四　攻金之工 41
五　筑氏、冶氏、桃氏 44
六　凫氏 49
七　栗氏、段氏（阙） 55
八　函人 60
九　鲍人 63
十　鞼人、韦氏（阙）、裘氏（阙） 65
十一　画缋 68
十二　钟氏、筐氏（阙） 72
十三　㡛氏 75

卷　下

十四　玉人、楖人（阙）、雕人（阙） 77
十五　磬氏 86
十六　矢人 89

十七　陶人、瓬人 94
十八　梓人 97
十九　庐人 106
二十　匠人 110
二一　车人 128
二二　弓人 134
插图目录 153

附　录

一　马融《周官传》节录 159
二　郑玄《三礼目录》节录 159
三　陆德明《经典释文》节录 159
四　林希逸《鬳斋考工记解》节录 160
五　徐玄扈先生《考工记解》跋　茅兆海 160
六　江永《周礼疑义举要》节录 161
七　考工记图序　戴　震 161
八　考工记图后序　戴　震 162
九　程瑶田《考工创物小记》节录 163
十　《考工记》的年代与国别　郭沫若 164
十一　《考工记》成书年代新考 167
十二　《考工记》的版本源流 182
后记 189

图5-1　《考工记译注》目录（上海古籍出版社）

咱们对《匠人》篇中和城市规划相关的内容挨个做个讲解。

首先第一段话的内容：

匠人建国，水地以县，置槷（音"聂"）以县，眂以景（同"影"）。为规，识日出之景与日入之景。昼参诸日中之景，夜考之极星，以正朝夕。

首先匠人建国，这个国指的是王城，这句话的意思是匠人建造王城。

水地以县，水地指的是水平，县指的是工地上咱们经常见到的吊锤，弄个重物，拴个绳不就可以确定绝对的垂直么，这个叫作县，所以这句的意思是通过悬绳来确定水平。只是这个悬绳设备到底长什么样，到现在还没有搞清楚。

置槷以县，这个置槷就是放一个竹木杆，通过悬绳的方式将木杆垂直放置。

眂以景，这个景其实是影子的意思，观察影子的位置。

为规，就是画圆的意思。

识日出之景与日入之景，日出与日入指的是太阳升起和落下的时候。

昼参诸日中之景，意思是白天参考正午时太阳影子的位置。

夜考之极星，意思是晚上参考北极星的位置。

以正朝夕，意思是以便于确定东西方向。

这些内容连在一起，就是说，你要建造王城，先得用一种悬绳做的水平仪来确定地面水平，然后弄个木竹竿以绝对垂直的角度立在上面，观察太阳照射竹竿留下的影子，以竹竿为中心画个圆，然后把日出时和日落时的影子与圆交叉的点连成直线，这个就是东西方向。白天还可以在正午参考影子的位置来确定南北方向，夜间则可以通过北极星的位置来确定南北方向。总之，通过这些方法才能确定王城的东西南北（图5-2）。

那么这段文字有什么用呢？很简单，古人建造城池非常注重方位，所以辨明方向是建城选址的第一要务。

方向定了，下面就讲到建造王城的方法。

这段话是无数中国古代建筑史的书来回引用的内容：

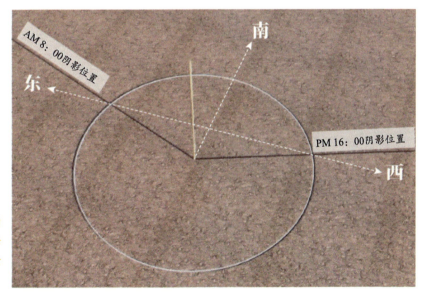

图5-2 以染的日影测定方位示意图（参考《考工记》）

匠人营国，方九里，旁三门。国中九经九纬，经涂九轨。左祖右社，面朝后市，市朝一夫。

说实话，还是古文精炼，如果今天的建筑设计规范全都用这种语言写，那买规范和图集就不需要花那么多的钱了。不过呢，这样写法也有不好的地方，那就是话说得太少了，结果后来的人们在理解上就出现了偏差，导致了不同的解读方式。

第一句：匠人营国，方九里，旁三门。

匠人营国，前面说过。

方九里。方就是正方形的意思，也是我们说的见方，这个城池首先需要是一个正方形。九里是多少呢？在当时的朝代，一里合今天的415.8米，所以九里就是3742.2米，也就是不到4公里。所以这个词的意思是这个城池是一个边长接近4公里的正方形城池（图5-3）。

第三，旁三门。很简单，意思是在城池的每一条边上都开上三个门，这样就一共是十二个门（图5-4）。

这样这句话的意思就是匠人营造王城，应该是一个正方形的城池，边长九里，每条边的城墙上要开三座城门。

第二句：国中九经九纬，经涂九轨。

这句话说的是交通规划，从字面上理解并不难。

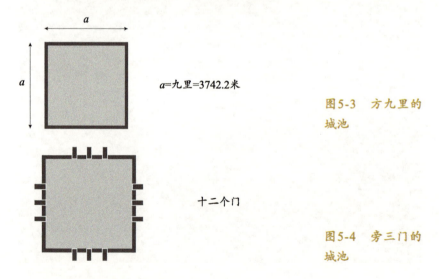

图5-3　方九里的城池

图5-4　旁三门的城池

第一,国中九经九纬。经指的是南北方向,纬指的是东西方向,在这句话里九经九纬很明显可以理解为南北和东西方向各自都有九条道路(图5-5)。

第二,经涂九轨。涂的意思在古代是道路的意思,经涂就是南北向道路的意思;九轨,这个轨指的是一辆车两个轮子之间的距离,说白了就是一个车道的宽度,因此九轨就是九车道。那九车道在古代有多宽呢?每一轨总宽八尺,含车宽六尺六寸和两边各伸展七寸,九轨并宽七丈二尺,按周朝的比例换算,放在今天一轨宽度是1.592米,九轨就是14.328米。因此经涂九轨的意思就是南北向的道路是九车道的,宽度接近15米(图5-6)。

这句话的意思就是王城中南北东西方向各有九条道路,其中南北向道路的宽度是九车道。

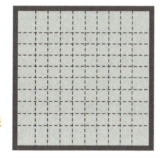

图5-5 国中九经九纬

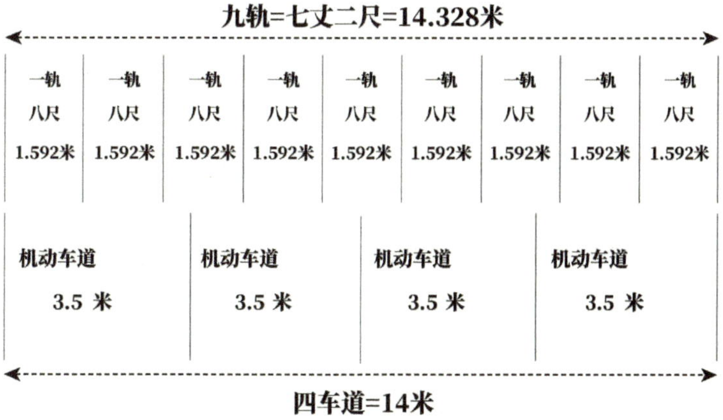

图5-6 古今车道对比

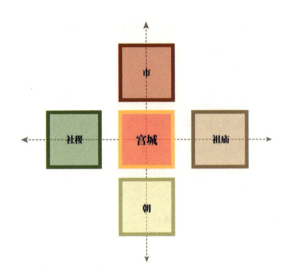

图5-7 左祖右社，面朝后市

最后一句：左祖右社，面朝后市，市朝一夫。

这句话我们能够看到全都是关于方位的描述，因此是要有参照物的，这个参照物文中没有说，但大多数人认为应该是都城中的宫城。因此这句话的意思应该是：宫城居中，左边是祖庙，右边是社稷，前面是朝，后面是市，市和朝的大小和一夫一样大（图5-7）。

这里的祖和社是什么意思呢？祖指的是祖庙，祖庙就是祖宗的庙。这个祖庙我们需要强调一下，在周王朝时期，有周王自己的都城，也有各个诸侯国的都城，但只有建有祖庙的城市才能称为都，没有祖庙的城市称为邑，因此祖庙是都城必须要建的。

另外，周王朝把自己用过的所有都城，注意是周王朝自己的，不是诸侯的，都统一叫作宗周，所以大家就不要动不动很困惑，为什么这个宗周一会儿在陕西，一会儿又跑到河南，因为大家都是周王朝的都城，而宗周的意思本身就是"周是天下之宗"的意思。

说完祖再看社，社就是社稷，咱们经常说江山社稷，这个社稷是什么意思呢？社稷的社指的是土神，稷指的是谷神，所以社稷指的是土神和谷神的总称，一个管土地，一个管五谷。那个时代是农业社会，什么最重要，就这两个东西是最重要的，只要它们安全，老百姓有吃的，国家不就安全了吗？所以祭祀这二位大神是历代皇帝都非常重视的事情，因此社稷是和祖庙并列的祭祀场所。

另外补充一点，在中国古代的方位中，很多时候提到的左右，都是以君主的角度来定的，因为君主大都是面南背北，因此左右往往和我们看到的视角是相反的。

面朝后市，这个朝指的是朝廷的朝，就是君主和大臣讨论国家大事的场所。因为这个场所其实应该是一个比较大的空间，甚至很多朝代因为大臣很多，需要一个广场来让大臣待着，所以朝廷的朝往往还有广场的意思；而市则是指古代的市场，但是在周王朝的时候市场只有官方才能搞，所以这个市很多人认为就是官市，就是一个官方经营的百货商场，这个市要设置在宫城的北侧，也就是后方。

无论是广场的朝，还是百货商场的市，占地的大小都是一夫的大小，什么叫一夫，就是一个成年男子能够耕种的土地面积，大约一百步见方。

好，这段话咱们说完了，这段话是王城规划的核心内容，直接影响到历朝历代帝王都城的布局传承。关于王城规划的内容还有其他一些零星文字在《匠人》篇的后面，我们也把它们挑出来说一下，比如下面这段话也很重要：

九分其国，以为九分，九卿治之。王宫门阿之制五雉，宫隅之制七雉，城隅之制九雉，经涂九轨，环涂七轨，野涂五轨。门阿之制，以为都城之制。宫隅之制，以为诸侯之城制。环涂以为诸侯经涂，野涂以为都经涂。

这段话很多内容和前面有重复，总的来说，意思是把王城按照九宫格的方式分为九份，由九个人分别来管。王宫的大门、宫城的城墙和王城的城墙高度依次增加，分别是五雉、七雉、九雉。城中东西南北的道路宽度为九车道，环路的宽度为七车道，城外的道路宽度则为五车道就可以了。普通官员修建的普通城市的城墙高度只能和王宫的大门高度一样，为五雉。而诸侯修建的都城则可以和宫城的城墙一样高，为七雉。诸侯的都城南北东西干道的宽度可以和王城环路一样宽，为七车道，而普通的城市则只能和王城外的道路一样宽，为五车道（图5-8）。

分为九个部分管理的城市

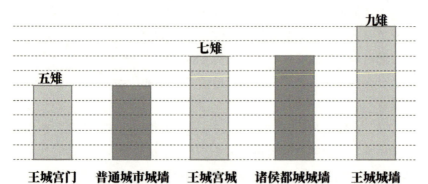

王城与其他城市的高度关系

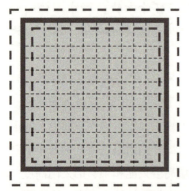

王城的道路分布

图5-8 不同等级的城池尺度要求

如果说之前那段文字更多说的是一个王城该怎么规划，那这段文字其实说的是王城的等级问题。周天子的都城和诸侯的都城要求是不一样的，这其实就是礼的内容。

不过这两段文字虽然看上去没什么毛病，但真的能拿来做规划吗？咱们做规划设计的不都是靠图说话吗？什么时候靠设计说明就能汇报了呢？

为了说明这些文字，或者说为了解释，后世的很多人给这个规划理论开始配图，当然，都是按照自己的理解，也许还加入了当时的时代特点，这样就有点意思了，五花八门的想象全出来了。

那么，这些图都是怎么画的，我们又该怎么理解，这种没有规划图纸的理论会不会很坑人呢？

第六讲
为什么说没有图纸的规划理论太坑人
——图上都市

王城规划理论确实是个理论,甚至古人连图都没给配。为了理解这个理论,后世的各路大神就开始给这个经典规划理论配图,一时之间,花样百出,各不相同。

现在我们经常见到的是六张图,这六张图完成于不同的时代。

一、宋朝聂崇义《三礼图》

第一张图是来自宋朝牛人聂崇义的大作《三礼图》,这张图是见得最多的,很多地方提到这个理论都配的是这张图(图6-1),甚至今天的很多规划界专业学会会徽也以此作为造型基础。

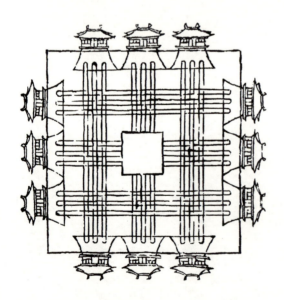

图6-1　聂崇义(宋)《三礼图》

聂崇义所处的年代正赶上五代的后期，宋朝的前期。他原来是后汉的官，后来后汉被后周给灭了，于是又做后周的官，并且受皇帝的委托开始编写《三礼图》。但书没弄完，后周又被宋给取代了，于是他又变成宋的官，结果这本书写好之后就成为宋朝的一本非常重要的关于礼制的说明书了。

现在我们再来看这张图，这张图的画法很有意思，是将建筑的立面和平面画在一起的。这种画法聂崇义在《三礼图》里用了好几次，也是中国古代的一种图纸绘制方法，到今天来看，这个做法也都还很先进。

从图上我们可以看到，这个城确实是一个正方形的，四面也是一共有十二个门，这些都没有任何问题。

而道路上呢，图上很有趣，看上去东西和南北分别有九条道路，但其中每三条是一组，这样的结果是实际上不是九条道路，而是三条道路，只是每条道路有三个组成单元。

结合《考工记》原文的九经九纬，经涂九轨，这张图似乎应该理解为三条道路，每条道路都是三轨，一共有九轨，对不对呢？

二、明《永乐大典》"周王城图"和王圻（明）《三才图会》"国都之图"

图6-2是在明朝的《永乐大典》里的图，这张图其实是延续了聂大师的图，甚至连画法都是一样的，把立面和平面画在一起。只不过画得比聂大师要精细得多。从这张图上我们能够看到，中间是宫城，外围是王城，道路也是按照每三条交织在一起做的，只不过，在中间的位置把"左祖右社，面朝后市"也画出来了。

城墙上有十二个城门，每个门都有一个城门楼子，中间的门楼比两边的更加高大，所以这张图是很强调中轴线的重要性的。

不过，这张图上在最下面标记了一个"环涂"，就是环路，这个环路不知道为什么标在了城外，也许明朝人觉得在城墙的外面还会有

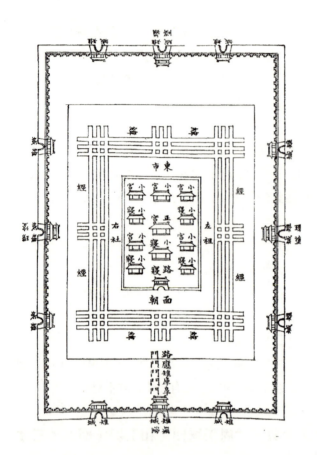

图6-2 明《永乐大典》"周王城图"

条环路。这个思路就和有些人不太一样了。

另外，我们可以看到，从最南边的大门进去，标记了一堆门的名字，很显然，明朝已经开始强调中轴线的空间序列了，这一点在北京城体现得非常突出，当然也是周王朝所没有的。

不过总的来说，这张图的信息还是非常多的，而且加了明朝自己的东西。也许是因为觉得这个太麻烦，明朝的另一位就画了下面这张图。

这张图来自明朝人王圻的《三才图会》（图6-3）。《三才图会》本身是一本带有神话色彩的古代百科全书。而这张图可能是描写这个规划理论最简单的一张图了，东南西北，一个九宫格，把宫、朝、

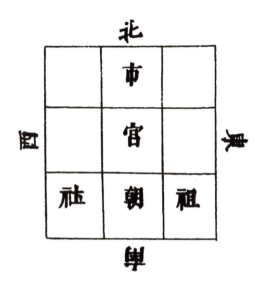

图6-3 王圻（明）《三才图会》"国都之图"

祖、社、市全部写在上面，简直不能太简练了。话说王圻也是个滑头，王城规划理论表达得不够清楚，他的图画得更模糊，对于含糊的地方索性就不表达了。

三、任启运（清）《宫室考》和戴震（清）《考工记图》

图6-4来自雍正年间的学者任启运，他写了一本《宫室考》，这是里面的一张插图，后来这本书被编进了《四库全书》。从这张图我们可以看到，还是在强调九宫格的方式，但和刚才那张九宫格不同的是，宫、朝、祖、社、市都是布置在中轴线的三个格子范围的，而左右两边的六个格子都是普通的民宅。

而在序列上，南入口序列和明朝的那张《永乐大典》的图是一样的，也是一系列的序列空间。

但是很显然，任启运和王圻都没有表达道路的规划方式。

而清朝的另一张图就不同了，这是清朝戴震画的，是一本书中的插图，书的名字叫作《考工记图》（图6-5）。戴震是清乾隆年间的一

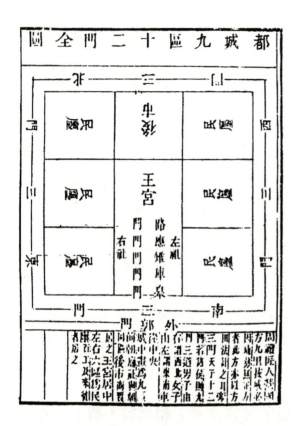

图6-4 任启运（清）《宫室考》

个牛人，博学多才，《四库全书》的编写负责人之一，更是被梁启超称为"前清学者第一人"。

戴震在编写《考工记图》这本书的时候才二十多岁，书的序还是纪晓岚给写的，可见戴震和这本书的学术水平应该是很高的。

但这张图，我们看就和前面的聂崇义那版有点不太一样了。

在格局上还是差不多，方城，十二个门，六条主干道。但不同的是，戴震比较好，他在图上用文字做了标注，上面明确地写着"一道三涂三道九涂"，听上去好像和前面的说法一致了，一共三条道路，每条道路都是三涂，就是三条道路组成，这里的一涂应该就是一轨的尺度。

不过，在戴震的规划图中他还增加了一个环涂，按今天的话说就是环路。

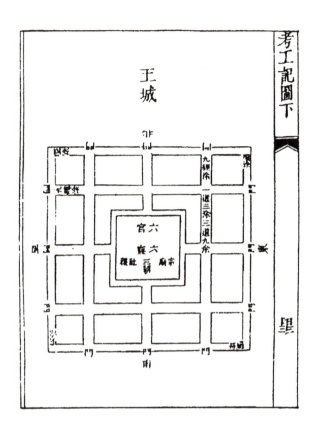

图6-5 戴震(清)
《考工记图》

当然,这个环路不是戴震凭空增加的,而是《考工记·匠人》的这段文字后面部分中有提到王城会有环涂,所以也是符合原文的要求的。

客观地说,戴震的这张图是画得最清楚的一张图,也是后来很多人喜欢引用的。

四、贺业钜(现代)周王城示意图

下面我们再看看图6-6,这是现代著名的建筑前辈贺业钜先生画的,贺先生是国内对于王城规划理论研究得非常深入的专家,所以这张图画出来会更加符合今天的比例关系,也更加符合今天的规划习惯。

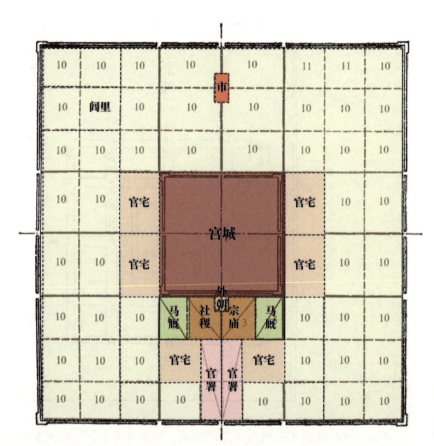

图6-6 贺业钜（现代）周王城示意图

从这张图我们就能看到，王城整体也是做成了九宫格的形态，道路横向有三条主干道，纵向也是三条，但中间那条到宫城就中断了。而除了这些主干道，还有一些次要道路，就是图中虚线的位置，这些道路构成了整个王城的交通网络。

再看建筑工程。宫城占据在最中间的方格，在宫城的南侧是一系列的功能组合，开始是官署，然后是宗庙和社稷，再往外是府库和马厩，最中间宫城入口的位置是外朝，其实是一个广场。在宫城的北侧是市的位置，东西两侧则是国宅，也就是官宅。

每一个街区组团叫作闾里，闾里是周王朝最小的街区单元。

贺先生的这张图画得是非常清楚的，也很符合我们的看图习惯。

只是有一点,贺先生的图和前面说的那几张图其实还有一些区别,这里面最大的不同就在道路上。而这一点也是王城规划没有说得很清楚的地方,因此你看不同版本的图,大概位置都差不多,不同的就是道路的布置方式。

另外,除了道路这个非常明显的事情以外,还有关于宫城本身的描写不多,结果有些事情大家就很困惑,比如外城开十二个门,宫城开几个门呢?

另外,前面说的"面朝后市,左祖右社",问题是这个祖和社是应该放在宫城的里面还是外面呢?感觉好像都可以的样子,这个也很令人头疼。

其他还有一些关于宫殿的问题。

总之,虽然很多人给这个理论配图,但其实还是有很多无解的问题。不过这样也好,正是因为规划理论没有那么严密,也给后世留下了很多发挥的空间。但没有人能够否认,中国后来的很多都城规划确实都或多或少受到了这个规划理论的影响,也就是礼制的影响。

说到这里,一个新的问题又出现了,既然周公建立了礼乐制度,有了这个规划理论,那周王朝时期的都城又是什么样的呢?是真的在严格按照各理论要求来执行的吗?

第七讲
能把孔子气死的春秋战国都城规划
——群雄并起

中国历史上的周王朝是一个非常特别的时期。虽然号称是一个王朝，但当初武王灭商之后，为了让天下稳固，让所有的亲戚朋友都能一直支持中央，于是武王就搞了分封制，有点像封神榜，封神榜是封那些神仙，死的、没死的多少都给个名分。武王分封的是诸侯，这个诸侯是很多的，有多少呢？总数在1200~1800个人。这个实在太夸张了，如果你原来以为诸侯这个词特别牛，看样子你得改改看法了。

武王分封了诸侯，但让他万万想不到的是，后来诸侯们实力强大了，就开始不把天子当回事儿了。尤其是到了东周时期，中国进入春秋战国时代，这是中国历史上第一个高潮，能人数不胜数，各种思潮铺天盖地，周天子的势力完全被无视，中国进入了一个特别像今天欧洲的时代，诸侯割据，各自为政，想怎么干就怎么干，爱怎么玩就怎么玩。

在这种情况之下，什么礼乐制度，你管得着我吗？各路诸侯在建造自己都城的时候完全随心所欲，以至于当时的孔老夫子捶胸顿足地说，礼崩乐坏啊！那么，当时的都城都是什么样的呢？

一、丰镐二京与王城、成周

首先我们先来看看周王朝自己的都城。

先看西周时期的丰镐。

本来在很多介绍中都说，丰镐二京的规划建设是多么伟大，多么符合王城规划理论，但实际上呢？从1951年丰镐遗址开始挖掘，到今

第七讲
能把孔子气死的春秋战国都城规划——群雄并起　65

图7-1　西周故都丰镐二京位置图（《考古》1963年第4期）

天70多年了，发现的东西非常有限（图7-1）。比如城墙又一次不见踪影，各种遗址分布也很零散，要说符合王城规划理论是不太可能验证了，就连是不是个完整的城池都有一定的疑问，所以有不少人现在也在质疑丰镐二京到底是不是西周的都城，即使是，可能也是像殷墟那样特别零散的城市。

也有不少人有这样一种观点，认为丰镐二京不是西周的正经都城，只是用来过渡的，因为武王建国之后最想定都的其实是洛邑，临死的时候还特别叮嘱儿子要完成自己的梦想。

那洛邑又是一个什么城市呢？

洛邑是对古代洛阳地区的一种称呼，周王朝的统治者在洛邑建了两座重要的城池，一个是王城，另一个是成周。

打开今天洛阳的地图，找到洛河，再找到一条小河，叫作涧河，涧河上有一个王城公园，那里就是王城的位置所在（图7-2），实际的

图7-2 王城遗址与洛阳城市关系图

王城范围比这个公园当然要大得多。长期以来，王城是作为东周的正牌都城而存在的，而且，大多数人认为，王城规划理论的王城指的就是这个王城。

为什么会有这样的想法呢？因为王城和成周这两座城，都是由周公主持建造的，王城规划理论正是诞生在那个时期。但是话说回来，周公可不是东周时期的人，这就有意思了，一个西周时代的人为什么会主持建造了两座东周时期的都城呢？

上面咱们提到了，武王在临终前告诉儿子成王，说洛阳这个地方很好，是天下的中心，你要到这个地方去修一个都城。结果成王继位之后，就让周公负责去建造王城，而且，洛邑建完之后，还把那个定鼎中原的九鼎给放到王城了。成王后来大多数的时间也都是待在王城的，可见，王城在西周时期已经是一个都城了。

其实当初文王建造丰京的时候，是在原来崇侯虎的崇国都城基础上建造的，所以规模不算大，而且在河边。而武王建造镐京的时候，选择了河的另一边。这样的结果使得丰镐二京的建造是没有长远规划的，很可能这个京城并不能让当时的统治者非常满意，所以才会有后来的王城。

图7-3 河南洛阳东周王城遗址实测图（《考古》1998年第3期）

周公在建造王城的时候，应该是一张白纸随便规划，也因此，这个王城才有可能成为一个真正的理想城市。

而且，人们在王城遗址发现了城墙，王城的城墙范围不小，外城郭长度预计在15公里左右，覆盖范围超过10平方公里，宫城长度超过5公里，面积在1.6平方公里以上（图7-3）。

在王城的发掘中还发现了不少能够证明这是东周王城的好东西，尤其是一套当年天子的超豪华座驾，由六匹马拉的一辆马车，这个叫

图7-4 天子驾六

作天子驾六，是礼制当中明确规定的，这个发现是非常重要的，至少对王城的身份是一个证明（图7-4）。

不过，在很多年以前，人们还经常把王城和周公建造的另一座城市搞混，那就是其东面17公里的成周城，甚至在很多史料中也是一会王城，一会成周，让人迷惑。

问题是成周这个城市本来并不是用来做都城的，而是一个超级大监狱。

商纣王被周武王打败之后，那个时候的君主没有后来的皇帝心狠手辣，同时武王为了能够安抚那些商朝的遗老遗少，就让纣王的儿子武庚继续待在朝歌。为了防止武庚造反，安排了自己的三个兄弟管叔、蔡叔、霍叔在周边建了三个小国看着，但没想到的是，武王死了之后，这三个叔不干活了，甚至带上武庚开始造反，史称三监之乱。

不过这几位也有点傻，因为当时姜子牙还没死呢，这位中国历史上著名的军事家重出江湖，帮助周公迅速平定叛乱。

事情结束之后，周公觉得商朝人实在是太不听话了，很危险，于是就开始修建成周。一方面，在成周驻扎了大量的部队来保护王城，

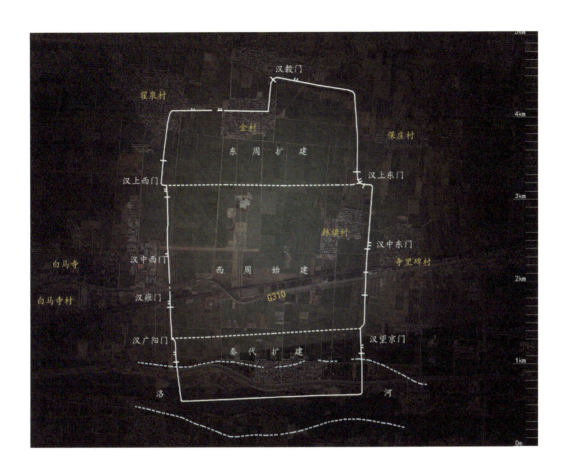

图7-5 周、秦成周洛阳城平面发展示意图(参考《考古学报》1998年第3期)

另一方面,也把很多不听话的商朝遗族直接放在成周,天天看着。

但令人万万没想到的是,成周在这种情况下发展得不错,到了春秋后期,周王朝发生了一场皇位之争,也是嫡子和庶子之争,史称王子朝之乱,最后以周敬王向晋国借兵获胜结束。当时的王城因为这场动乱而变得很糟糕,因此周敬王正式把都城迁到成周(图7-5)。

今天我们看成周虽然开始并不是用来做都城的,但修建的规模并不比王城差,甚至在朝向上更像一个都城。王城的方向并不是正南北的,而成周是正经的南北向,而且成周和洛河的关系非常理想,所以后来在东周和秦成周都有扩建,而到了东汉时期,更是成为东汉的正统都城。

下面咱们梳理一下周王朝的各个都城，丰京、镐京、王城、成周，你会发现，周王朝的都城在一步步向东方移动。

不过因为王城和成周都在洛阳地区，因此这两座城也被合称为洛邑，甚至在很多史书里也经常提到这个名字。但这里有一个非常矛盾的问题，那就是名字。咱们前面说过，周王朝时期，没有宗庙的城市才叫邑，这种城市也不能做都城，所以，如果仅从洛邑这个名字来说，其实它不能算作都城。

但没办法，历史上这种自相矛盾的问题还真是不少。

而且叫法还是小事，城池的建造才是大事。我们刚才是要验证王城规划理论，而这些都城都是周王朝时期建造的，甚至王城和成周确定都是周公负责的，但根据目前的考古情况，这些都城都不能完全和王城规划理论吻合，无论是在大小，还是内部的布局，至少都没有严格执行。

那么当时的诸侯国呢？下面我们看几个当时著名的大都市。

二、春秋时期鲁国都城曲阜

我们知道，曲阜（图7-6）是孔子的故乡，现在最有名的就是孔庙。现在曲阜的老城区周边有一条护城河，但实际上，西周时期的曲阜是今天那个古城区的六倍大，很大。今天考古发现，这个巨大的古城当时是有十一道门，不是十二道，比王城规划理论少了一道，就少在最南边的城墙，只有两座城门。

不过，从南边城墙的东门进入曲阜城，就是一条看上去非常像中轴线的空间序列，轴线向北对应的是一个夯土台的遗址，应该是一座宫殿，轴线向南出城门之后，对应的是一个祭祀的场所。这是我们目前发现的历史上最早的城市中轴线的案例。

不仅如此，刚才的那个夯土台应该是古城的主宫殿所在，所以今天认为曲阜古城的宫城当初是在城中央的，这个看上去非常正常的做法，和王城规划理论基本一致，但在当年其实是个另类，因为我们后

图7-6 山东曲阜鲁古城遗址分布图（参考《文物》1982年第12期）

面要讲到的很多古城都不是这样的。

比如当时另一个非常著名的城市——临淄

三、齐国临淄

齐国是师尚父姜子牙（又称姜太公）建立的，而且《考工记》目前主流观点认为作者就是齐国人。那齐国人的都城是不是就应该比较守规矩呢？

齐国在当时是一个比较强大的诸侯国，都城临淄是在龙山文化时期遗址附近成长起来的，它位于鲁中地区的居中位置，控制着东西交通大动脉，成为一座影响深远的名都。临淄鼎盛时期城内居民有7万户，男子数量多达21万，这在当时的中国是绝对的超级大都市（图7-7）。

图7-7 山东临淄齐国故城实测图（参考《文物》1972年第5期）

临淄的选址位于两条河的中间，因东临靠着淄河，故称临淄。该古城有一个大城和一个小城。大城对外有七个城门，北面三座，南面两座，东西各一座。整个大城面积大概17平方公里。小城面积大概3平方公里，有五个城门，西边一座和南边两座城门都对外直接开门，北面和东面则各有一个门与大城连接。

从图上可以看到，全城的形状非常不规则，大城的北城墙西端有个大缺角，东临淄河也有两处折角，南城墙向西伸出几乎半个城（近1000米），最痛苦的是小城，被挤在外城的西南角，并向西伸出了100余米。

临淄的宫殿在小城的西北角的一个土台上，被称为桓公台，台高约14米，分为三层，至今尚遗存，现在认为这就是齐国宫殿所在。

看到这样一个城市的布局，大家还觉得这个都城和王城规划理论有丁点关系吗？简直一丁点没有，周天子看到不知道会不会气得吐血，不过吐血也没用，因为不够吐的，后面这种情况更多。

四、河北易县燕国都城

燕国在武王分封的时候是三大诸侯国之一,实力强劲,结果这个实力直接体现在都城的大小上了。燕下都是我们今天考古发掘发现的周王朝城市遗址中最大的,达到了30平方公里,远远超过当时的政府规划标准(图7-8)。

这个城市的选址也是在北易水和中易水河两条河的中间,但整个城的格局很有趣,分为东西两城,关键是这两个城的大小差不多,并不是大城小城,而是双城的概念。

经过考古研究,东城是先建的,时间在战国中期,宫城也是在东城的北侧居中的位置。另外,在东城的北侧内部不知道为什么又发现了一条东西走向的城墙。而且在东城的西北角还有一处集中的墓地,是燕国王侯的墓地,目前知道,这种把墓地安排在城里的做法是西周到春秋时期的做法。

图7-8 河北易县燕下都城址及建筑遗址位置图(参考《考古学报》1965年第1期)

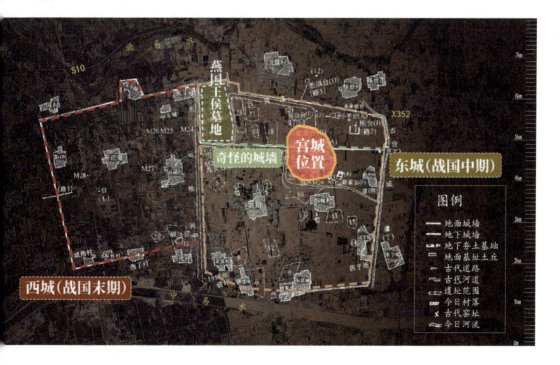

西城是在战国末年修的,研究认为应该是为了保护东城而修建的。燕国的都城规划就和王城规划理论差得更远了。

五、河北邯郸赵王城

齐国和燕国都是当时的强国,赵国是战国时期靠给晋国分家才崛起的,其都城是邯郸。邯郸是战国时期最繁荣的城市之一,《资治通鉴》称其"邯郸之仓库实"。后来到了汉代,邯郸还被列为全国有名的"五都"之一。由于地处太行山东麓东西向"太行八陉"与南北大路的交汇点处,历来是兵家必争之要地。

但你绝对想不到的是它的都城形式,更加另类(图7-9)。

图7-9　河北邯郸赵王城及王郎城遗址平面示意图(参考《考古》1980年第2期)

赵王城的遗址分为两个部分，一个是独立的大城，叫作郭城，在东北方向，这个郭城的西北角有个缺口，但整体上还是一个比较大的城池。而另一个部分是在郭城西南方向的宫城，这个宫城是一个"品"字形，而且和郭城是完全分离的。

当笔者第一次看到这个城池的规划方式，非常费解。如果这是真的，那么，赵王是有多惧怕自己的国民啊，竟然把自己的宫城和郭城彻底分开了，问题是如果人家来打你，不是可以直接去打你的宫城吗？

赵王城的这种布局方式当然就完全不需要考虑什么规划理论了，现在很多人都还在纳闷，怀疑这个"品"字形的宫城外围应该还有一个城郭环绕，但到现在并没有发现任何蛛丝马迹。

要是赵王因为这个亡国，那这肯定是战国时期唯一因为规划不好而导致亡国的案例了。

六、周王朝城市特点

我们能够发现，不管是哪里的城市，宫城、城郭都是最重要的核心元素，各种城市都是围绕着这二者进行规划。而在这种规划中，宫城是因保护君主而建，城郭是因保护市民而建。但问题是，这二者之间又是什么关系呢？说白了，君主和市民是什么关系呢（图7-10）？

如果君主信任自己的市民，那就会像王城规划理论中说的那样，把宫城放在城郭的中间，因为这样是最安全的。如果敌人来攻，宫城离城郭最远，最不容易被打到，敌人除非杀死所有市民才能到宫城。

图7-10　城郭宫城关系图

鲁国、魏国等　　　齐国、楚国、郑国、韩国等　　　赵国

抱有这种想法的包括鲁国和魏国。

但如果君主是一个多疑的人，就不太一样了，他就不会把宫城放在城郭的中间，因为怕市民造反！市民如果造反，直接就能把宫城围了，君主还能跑得了吗？所以很多君主把宫城放在城郭的一侧，宫城中必定有一道墙直接对外，这样的好处就是，万一市民造反，君主可以从这里直接跑掉。像这样想法的人占据了大多数，包括齐国、楚国、郑国和韩国等。

但是，可能部分君主觉得这样也不安全，于是就干脆把宫城和城郭分离设计，比如像刚才的赵国（邯郸城）。

当然，一个城市的规划到底是怎么做的，原因绝不会如此简单，地形地貌、供水资源、交通条件、政治形势、国力大小等，相信都是会影响到城市格局的重要因素。

不过从这些城市的规划布局中，我们可以很明显地看到，王城规划理论在周王朝时期并没有获得重视，但好在后面有人识货。随着孔老夫子的理论获得了君主们的支持，《周礼》的地位与日俱增，王城规划理论终于成为历朝历代的金科玉律。

周之后就是中国历史上最传奇也最短命的秦朝。秦朝是法家的时代，对待《周礼》的态度就一个字，烧！问题是，这些东西都烧了，秦始皇怎么来规划自己的都城呢？人家做到了，而且做的貌似比谁都宏大，完全无愧于秦始皇这个响当当的称号！

第八讲
两千多年前的天上都市震撼寰宇
——大秦咸阳

周王朝时期虽然初步形成了中国历史上的城市规划理论，但实际各路诸侯建起城市还是我行我素，完全不按照礼制的约定来搞，因此形成了中国历史上的一次城建高峰，这个高峰在秦朝达到了一个顶点，这个顶点就是秦朝的都城——咸阳。

咸阳遗址在今天的咸阳市渭城区，西安市的西北方向，渭河的北岸（图8-1）。

一、穷乡僻壤的秦雍城

秦国原来的都城并不在咸阳，是搬了好多次家才到的咸阳，在咸

图8-1 秦都城变迁示意图

阳之前还有两座都城非常重要，第一个是位于今天陕西宝鸡市凤翔区南郊的雍城。雍城是秦国早期都城，仅从雍城的位置就能看得出来，当年的秦国在周王朝初期有多么"非主流"，因为雍城实在是太偏僻了，典型的穷乡僻壤。

但秦国在雍城有一个好处，因为西边就是热爱战斗的少数民族西戎，所以秦国把自己也练成了战斗民族，为将来称霸中原创造了条件。

雍城本身和同时代的城池并没有什么不同之处（图8-2），整体算是一个方形，东西长3300米，南北宽3200米，面积约10.56平方公里。

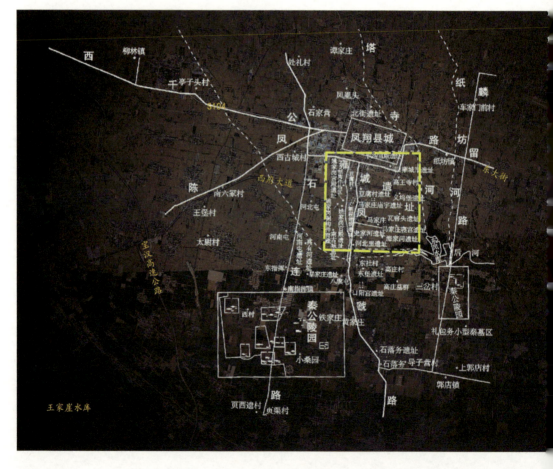

图8-2 秦雍城遗址位置示意图局部（《陕西考古五十年综述》焦南峰）

秦在雍城一待就近300年，非常专一，所以今天雍城遗址发现了很多秦国的遗存，各种瓦、砖、铜构件、陶器，成为研究秦文化的重要信息来源。

二、秦称霸天下从迁都栎阳开始

雍城之后秦国的都城是栎阳，栎阳城遗址在今天的西安市阎良区武屯镇，渭南市的西北方向。我们可以看到，从雍城到栎阳是很远的，对于整个秦川地区来说，几乎是一个在最西边，一个在最东边。秦为什么会从一个待了快300年的都城一下子跑到这么远的一个地方来定都呢？

只为了和当时秦国的世仇魏国干仗！

当时迁都的秦献公本身曾经流亡魏国多年，后来回国废掉小君主夺得王位，因此在继位的时候担心在雍城根基不稳，万一小君主的余党闹事呢，而且，当时秦国和魏国是世仇，天天为了领土问题干仗。让秦国人特别痛苦的是当时魏国实力强盛，从秦国手里夺走了特别肥沃的河西地区，简直把秦国人恨死了。

现在你一个从魏国回来的秦献公当了老大，你能真心和魏国打仗吗？为了向国人表达自己的决心，秦献公就把都城定在了栎阳，那意思是，你看我，把家都放在前线了，和魏国拼命，我先来！

秦献公估计是喊着口号迁的都，只是迁都之后，秦献公并没有开战，而是开始了苦心经营，毕竟当时确实打不过魏国。秦国在栎阳发展了34年，经历了秦献公到秦孝公两代人，终于在商鞅的帮助下，把秦国的战斗力又搞起来了。

我们看今天栎阳古城的遗址并不大（图8-3），所发现的无非也就是一些城墙遗址、道路等，但这个地区在当年却奠定了秦国后来统一天下的基础。而且，栎阳的战略地位非常重要，是秦川地区向东控制中原的关键点，因此秦国一直非常重视这个地方，甚至到了后来楚汉相争的时候，栎阳又成为刘邦最为重要的一个据点。

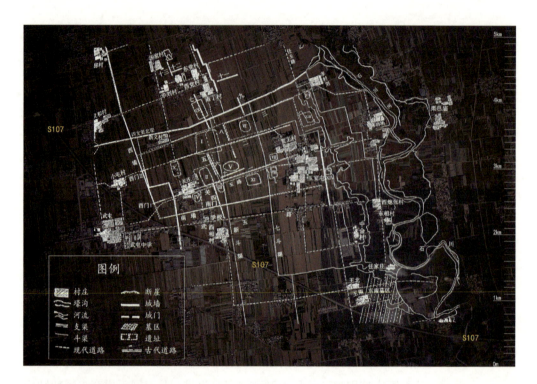

图 8-3 秦栎阳古城位置及实测平面图（参考《考古学报》1985年第3期）

三、咸阳崭露头角

当然，栎阳再好，做都城比起咸阳来那就不是一个档次的了，所以，秦孝公在商鞅完成第一次变法之后就决定迁都咸阳。

为什么说咸阳更好，我们看看位置就知道了（图8-4）。

首先咸阳位于渭河的北岸、北山山脉的南面，这种河的北侧、山的南侧在古代都叫阳，因此这是两个阳，所以合在一起叫咸阳。咸字的意思就是全部、都是。

在咸阳的南侧，渭河以南，就是西周的都城丰镐所在，因此在秦国定都咸阳的时候，这个地区已经被西周开发了接近300年，各种基础条件都非常完善。

另外，古代建城选址最为关键的因素是交通，但那个时候没有高铁，交通依靠的都是河流，在秦川地区，中心河流非渭河莫属。渭河是黄河最大的支流，正好贯穿秦川的中部，因此，定都咸阳最大的好

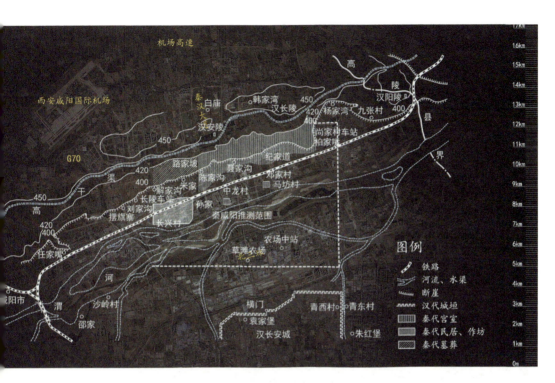

图8-4 秦都咸阳位置示意图（参考《中国古代建筑史》）

处就是方便。无论是前进打到黄河，夺回失地，甚至问鼎中原都行，实在打不过了，真要跑也很方便，可以一溜烟回到老家雍城。

还有，从地形来说，咸阳所在的秦川地区是一个四面环山、易守难攻的地区。

所以，咸阳所在的地区实在是一个宝地，要不也不会前前后后有那么多的君主都喜欢在这里定都。

秦孝公定都咸阳的时候秦还只是一个诸侯国，新的都城建在了渭河北岸，当时的渭河不在现在的位置，而是还要向南偏两三公里的位置，但新城的面积在战国时代也已经远超周王朝礼制的规定了。

秦孝公在新都城完成了商鞅第二次变法，就此，秦完美蜕变，升级迭代（图8-5）。

但咸阳真正的建设发展还是要靠秦孝公的儿子——秦惠文王。

很奇怪是不是，为啥老爹叫公，儿子就叫王了呢？

秦惠文王是秦国的第一个王，这个王比公高一级，和当时的周天

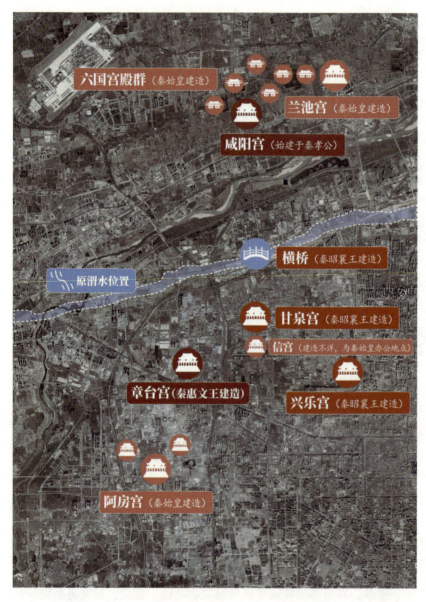

图8-5 秦不同时期宫殿建造分布图

子是一个级别，所以叫王就意味着我彻底不归你周朝管了。战国时期的另外六国这个时候也都已经称王。

秦惠文王对于咸阳的建设力度非常大。首先，他突破了渭河，开始大面积开发渭河南岸的土地，在渭河南岸新建宫殿，像章台宫就是这个时期建造的。而到了后来秦昭襄王时代，除了继续建造宫殿，包括兴乐宫、甘泉宫，还在渭河上修建了横桥来联系渭河南北两岸用地。

就这样，从公元前350年秦孝公开始，一直到公元前246年秦始皇继位时，咸阳已经苦心建设了一百多年了，是当时数一数二的国际大城市。

四、秦始皇与法天象地的宇宙中心

在这种情况下，咸阳遇到了嬴政，基本等于火星撞地球，绝对震撼！

因为嬴政确实太厉害了，他不仅建立了中国历史上第一个中央集权制国家，而且还定了一大堆中国以后几千年都在遵守的各种规矩，还主持了多个超级工程项目，世界建筑奇迹，比如咱们最熟悉的长城。

但其实长城不是秦始皇的代表作，长城并不是秦始皇独创，相比之下，对于咸阳的扩建与规划才真正体现出这位牛人的气魄与格局不是一般的大。

秦始皇接手咸阳之后，先是对北侧的咸阳宫进行扩建。秦始皇估计是比较爱玩，所以就在咸阳宫的东侧建了一个风情街，怎么个风情法呢？他每灭一个国家，就仿照这个国家的宫殿风格建一组建筑，最后他灭了六国，就建了六国宫殿群，我估计这个可能是中国最早的民族风情街了。

只有这种宫殿还觉得不够，他在旁边又依托渭河建了一个兰池宫，兰池宫的重点在"池"上面，他也建了一个水池，用的水就是从渭河导入的。

这是渭河北岸的工程，再看渭河南岸。

当时的秦始皇很喜欢在南岸待着，甚至经常在南岸的信宫办公，他认为咸阳未来发展一定是向南的，毕竟向北也确实没有什么条件。

所以他在南边建造了一座巨无霸宫殿——阿房宫。

1992年联合国教科文组织去实地考察阿房宫，确认秦阿房宫遗址建筑规模及保存的完整程度，在全世界的古建筑中名列第一，被誉为"天下第一宫"。这个天下第一可不是浪得虚名，阿房宫的主要宫殿前殿目前留存下来一个巨大的夯土台基，这个基座长1320米左右，宽420米左右，是联合国认证的世界已知最大的夯土建筑台基。

看这个尺寸一般人没有概念，今天北京故宫最大的太和殿长64米，宽37米，阿房宫可以装下200个太和殿！而这个前殿台基的尺寸就算和整个故宫相比，也毫不逊色（图8-6）！

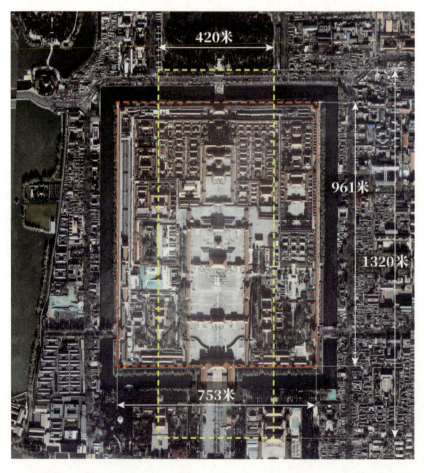

图8-6 阿房宫前殿遗址与故宫尺度比较

但问题是,阿房宫从来就没有建成过,因为秦国存在的时间太短了,根本没有时间完成。

说到这里,大家可以看看咸阳的规划,中间一条渭河,北边是咸阳宫、六国宫殿群、兰池宫,南边是阿房宫、信宫、甘泉宫和兴乐宫,在渭河上还有一座横桥连接南北。

看到这里,大家是不是有一种感觉,咸阳的规划好像挺乱的,没什么章法,而且,这个咸阳的城墙也不见了吗?

为什么咸阳给人的感觉这么散,因为它本身就是一座散点式布局的城市,但看上去非常零散的形态,背后却有一个惊天秘密,有相当多的人认为,咸阳的宫殿布局是根据天空中的星系来布局的,这个叫作"法天象地"的原则。

法天象地,听上去好像比天人合一还玄妙,实际上,中国古代的都城规划和天空中的星系方位有关系,这种做法是一直都存在的,只不过在咸阳之前都没有如此具象过,这次是开天辟地头一遭。

首先,古人对于星空的理解可以归结为一句话,三垣四象二十八星宿(图8-7)。所谓三垣就是"紫微垣""太微垣"与"天市垣",其中紫微垣指的是天帝住的地方,而太微垣则相当于天上的政府部门,而天市垣则是天上的集市。

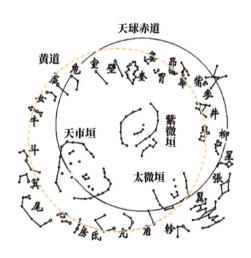

图8-7 三垣四象二十八星宿示意图

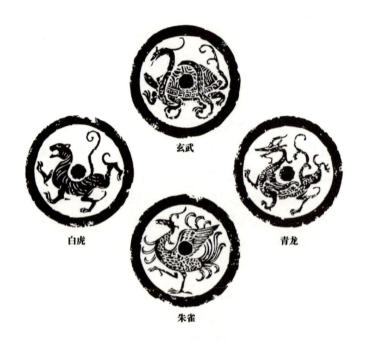

图8-8 四象位置示意图

四象指的是大家经常听到的左青龙,右白虎,前朱雀,后玄武,相当于东西南北四个方位,四种形象(图8-8)。

二十八星宿则是四象将天上分成四块,每块再分七个区域,这样加在一起就是二十八星宿。大家最熟悉的应该是在西游记里,孙悟空曾经去搬兵,就找了这么一堆"小废物"。

简单了解了这点小知识,咱们再看咸阳城如何和天象发生关系。

在古书《三辅黄图》中说秦始皇筑咸阳宫,"以则紫宫,象帝居。渭水贯都,以象天汉;横桥南渡,以法牵牛"。这段话点明了很多关于咸阳城的格局构想(图8-9)。

首先,咸阳宫和天上的紫微垣相互对应,是天极所在,我们上面说了,紫微垣是天空的中心,象征天帝的居所,和咸阳宫由秦始皇居住一样。也因为这个对应,后世就开始把皇宫称为紫宫,又因为皇宫往往是有城垣的,而且禁止人们随便进出,所以就叫作紫禁城了。

渭河和天上的银河相对,银河又叫天汉,所以说"渭水贯都,以象天汉"。

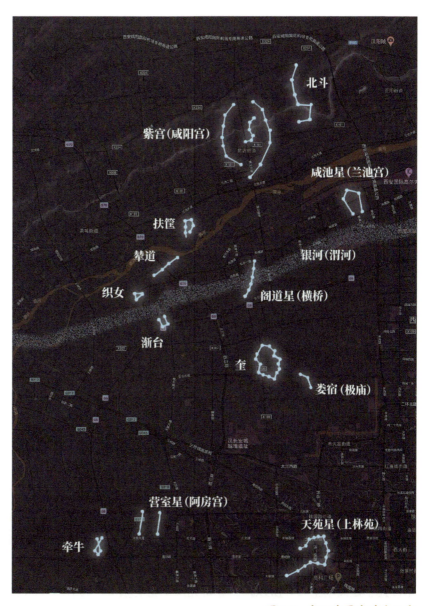

图8-9 咸阳城星宿对应示意

再有，在渭河上修的桥叫作横桥，横桥对应的是"天上银河的阁道星"。《史记·天官书》中说："紫宫……后六星绝汉抵营室，曰阁道。"意思是阁道六星位于紫微宫之后，在银河中南北排成一条直线，横跨银河，就是横桥。

横桥的作用是连接渭河南北两岸，将咸阳宫与阿房宫连接起来，这一点就像天上的阁道星连接紫宫与营室一样。《晋书·天文志》中说："阁道星，天子游别宫之道也。"这句话很明显就是说这个意思。

所以阿房宫象征着天上的营室星。而阁道南偏西处，也是帝王之居，正好和地面的阿房宫完全对应。

另外，咸阳宫东侧的兰池宫与紫宫东侧的咸池星对应，横桥南侧的极庙与阁道星南侧的娄宿对应，渭河南岸的上林苑与银河南侧的天苑星对应……

关于这些一一对应的关系有不少史书都提到过，因此我们也很难说这个就是编出来的故事，或者说巧合。总之，咸阳的规划布局是非常宏大独特的，而如果你将咸阳周边的其他宫殿和陵墓都放到一个更大的范围中去理解，你会觉得背后好像还有更多的秘密，有兴趣的朋友可以再做深入的研究。

在前面，我们提到咸阳没有发现城墙的问题，在书籍中确实没有任何记载。而且，从目前我们看咸阳的布局情况，这个城根本没法建造统一的城墙。所以，如果我们能够获得咸阳更多的信息，我猜这个城市的布局和感觉可能与今天的城市会更像。

只是很可惜，这些东西要么被项羽给烧掉了，要么就已经消失在历史的长河中了，不过，好在秦朝的继任者——大汉王朝对于秦朝的东西几乎是照单全收。所以，当你研究汉王朝的城市格局时，你能清晰地感觉到秦的影子。

第九讲
北斗之城与它背后的疑团
——大汉长安

秦国靠法家征服天下，但真正守天下，法家就不灵了，因为太残酷了，没事就杀你全家，带上邻居和小动物，这哪里受得了？所以很快到处都是造反的，实力最强的是刘邦和项羽，这就是著名的楚汉之争。最后是小人物刘邦战胜了大英雄项羽，大汉王朝建立了。

一、小人物左右大汉王朝定都之争

国家建立的第一件事当然就是定国都在哪儿，本来刘邦定的都城是在洛阳，为什么呢？刘邦是这么想的，秦国定都在关中的咸阳，结果十几年就完蛋了。而之前的周王朝，西周时代洛阳就是半个国都，到了东周更是正经的国都，结果周王朝持续了好几百年，简直太牛了。所以当然要选洛阳，这是一个多么吉利的城市啊！

结果就在这个时候，有一个人直接把刘邦的想法给否了，还说的让刘邦很信服！他就是娄敬。娄敬原来是齐国人，本来是要去边疆当个小官，结果在上岗的路上经过洛阳，于是就去找刘邦。当然，这种小人物直接去见老大肯定没戏，好在娄敬有一个同乡是当时的一个将军，于是这个将军把他带到刘邦面前，刘邦也很好奇，这么个小人物来找我干什么呢？

结果娄敬上来就说，陛下现在是不是打算定都洛阳啊，我认为您决定定都洛阳肯定是为了像周王朝一样可以千秋万代吧！刘邦嘴上承认，但心里肯定在骂，这不是废话嘛，刚建国，当然要这样想了，难不成要向秦国学习。但他万万没想到的是，娄敬接下来说，您错了，定都这件事情绝对不能向周王朝学习。

刘邦这就好奇了，估计当时杀娄敬的心都有，但还是耐心地听他吹牛。

娄敬说，周王朝发家的时候是在陕西，经过几代人的苦心经营才一点点建立起王朝的基业。灭掉商纣之后，天下人都服他们，所以他们把国都定在洛阳是很正常的。因为洛阳在天下的中心，到哪儿距离都一样，这样诸侯朝拜的时候很方便。但问题是，洛阳虽然位置不错，但那个城市无险可守，结果造成了周王朝后期诸侯实力强大之后，洛阳就对大家没有任何控制力了，因为人家要是不乐意了，可能随时带兵把你灭了。以至于周后期的几百年君主形同虚设，最后终于亡国。

现在陛下夺得的天下是怎么来的？打来的！连续几年的战争百废待兴，和周王朝建国的时候完全没法比，也非常不安定，你知道哪天会不会再蹦出一个人来造反打你呢？因此，现在选都城就绝对不能选择洛阳了，因为洛阳实在太不安全了！

反而关中地区，就是原来秦国的老家，在秦国多年的经营下本身经济底子好，而且关中地区的地形太好了，那是一个被山水包围的区域，非常安全。天下人听话也就算了，如果不听话，在这里打仗很方便，进可以控制中原，退可以守住关中保全自己，所以关中才是最理想的都城所在地啊（图9-1）！

娄敬的这番话说完，刘邦就不想着杀他的事儿了，而是觉得，这个人不简单啊，听上去分析得很有道理。但刘邦自己文化水平不高，所以也把握不好，就把大臣们找过来讨论这个话题。

结果这个问题一扔出来，大多数的老臣都反对定都关中，而建议在洛阳！大家表面上的说法和刘邦的想法一样，但实际的原因其实是这些大臣大多数的家乡都在洛阳附近，和刘邦一样，面上是因为千秋万代，实际上都是想着以后可以常回家看看！

轮到张良的时候，就不是这个观点了。

张良说，洛阳的位置确实和中原关系更近，但也确实是很危险的一个城市,四面受敌。但关中就不一样了,三面都是山,只要控制了东面就可以控制中原的诸侯。诸侯听话的时候可以通过渭河把各种好东西运过来,如果不听话了,我们就用船把兵运到中原,所以娄敬是对的,应该定都关中!

刘邦这个人心眼多啊,这么简单的事情能想不明白嘛,自己好不容易折腾到手的王朝,哪天再完蛋了,那多悲惨啊,所以回老家的事情就顾不上了,必须定都关中!

二、装腔作势刘邦打造长乐未央

定都关中是定都关中,问题是到哪里去建设这个新都城呢?

当时的咸阳已经被项羽给烧了,而且,阿房宫只有一个基座,比较成熟的其实就是兴乐宫附近。而且,我们上次讲过,在秦朝建立的时候,咸阳的重心已经南移了,再加上渭河南岸的发展空间要远远大

图9-1 关中地区与洛阳地区地理形势比较

于北岸，在这种情况之下，直接在秦朝宫殿的基础上建设显然是最划算的。因此刘邦决定在兴乐宫附近建造新的都城，名字就沿用本地的地名——长安乡，城市就叫长安，这就是汉长安（图9-2）。

为了建造新都城，刘邦把萧何和阳成延找来了。萧何我们知道，那个为了韩信和月亮赛跑的男人，刘邦的大管家，钱袋子，刘邦能夺得天下，没有萧何做后盾根本没戏，这次营造都城的事儿当然少不了他。而阳成延又是何许人也呢？《史记》里说阳成延，"以军匠从起郏，入汉，后为少府，作长乐、未央宫，筑长安城，先就，功侯，五百户"。

很显然，这位是实实在在的阳工，汉长安的规划师、建设者，因

图9-2　汉长安选址位置示意图

此还被封侯。

刘邦找到他们，要求很简单，先建个宫殿用用，就用原来的兴乐宫做底子。

所以汉长安的第一个工程是改造工程。公元前202年，兴乐宫改建完毕，前后花了两年的时间，改建完的宫殿命名为长乐宫。

长乐宫建完之后，萧何请刘邦去看，结果刘邦一看很不高兴，说你怎么这么劳民伤财，把宫殿建得这么富丽堂皇，你没看多少朝代都毁在铺张浪费上了。但萧何会说话啊，当时就说，咱们这么牛的国家当然要配最棒的建筑，才能烘托出国家的伟大啊，而且，这次咱们建好了，一步到位，以后就不用再花钱浪费了，还是很值得啊。

刘邦一听非常开心，本来就是，谁不喜欢新家啊。很快，刘邦就搬进长乐宫了，长乐宫就变成刘邦睡觉、开会以及玩乐的地方。但是也很快，刘邦就不满足了。

毕竟长乐宫还是在前朝旧址的基础上改建的，所以刘邦再次安排萧何二人，在长乐宫的西侧开始兴建著名的未央宫。又用了两年，未央宫也建成了，从此，未央宫成为西汉王朝的权力中心，以后历代皇帝都在这里办公、居住。

就这样，刘邦建造了汉长安的两个核心宫殿，长乐和未央。长乐这个词源于礼乐制度的乐，讲究的是一种团结，乐就是和，所以长乐的意思是皇帝和臣民要永远地团结在一起。而未央则源于《诗经》，原文是"夜如何其？夜未央，庭燎之光"，这个夜未央指的是夜晚无穷无尽的意思，所以未央宫是象征大汉王朝无穷无尽的意思。而长乐未央合在一起，就是永远在一起，没有终点。

不知道这个名字当初是谁起的，但真的是太有文化了。

而且，假如从最开始长乐未央就已经是刘邦心中计划的话，那么可能汉长安还是有一个最初的蓝图的，虽然今天我们看这个城市的形状实在太不像一个有计划的城市了（图9-3）。

图9-3 汉长安平面图（参考《中国古代建筑史》）

三、令人困惑的汉长安城墙走向

汉长安的东城墙长5917米，南城墙长7453米，西城墙长4766米，北城墙长6878米，总面积34.4平方公里，很大，相当于半个北京二环内的面积。

但汉长安的平面设计走的完全不是中国传统王朝都城的套路。城池方正，中轴对称，宫城居中，百姓簇拥，所有这些王城的特点，在汉长安你啥都找不到。我们能看到的，就是一个完全异形的城池，东南西北四面城墙几乎没有一面是直的，最直的东墙，也是一个斜墙，这是为什么呢？

很简单，因为刘邦当初建造宫殿的时候没有建造城墙，汉长安的城墙是后来修的。

第九讲
北斗之城与它背后的疑团——大汉长安

刘邦死了之后，他的儿子汉惠帝继位，这才开始修建城墙。

那为什么刘邦不修，非要留给自己的儿子干这事儿呢？

经过对当时事件的分析，我的答案是：都是匈奴惹的祸！

我们知道，一部汉朝战争史就是一部和匈奴作战的历史，汉朝最大的敌人是西方的匈奴，刘邦打了一辈子仗，最大的耻辱不是输给项羽，而是败给匈奴，还差点被人家生擒活拿。当时是匈奴来打汉朝，估计是觉得汉朝立国不久，好欺负，结果一上来就打赢了好几仗，当时刘邦封的一个诸侯王——韩王信还因为被包围，最后投降了匈奴（大家注意，这个可不是那个有名的韩信）。

这件事情对于大汉王朝来说实在太丢人了！于是刘邦御驾亲征，带领部队一路追踪匈奴到了白登山，结果到了才发现上当了，犯了孤军深入的毛病，但为时已晚，刘邦被匈奴重重包围，眼看就跑不掉了。

你说刘邦要是死掉了，那还怎么长乐未央啊。好在刘邦有个手下陈平，很机灵，他听说匈奴王是一个妻管严，怕老婆，于是就拿了一堆珠宝贿赂匈奴王的老婆，结果这女人是真能办事儿，收了东西就搞定了大王。当然，也可能是匈奴王觉得这就杀死刘邦没啥意义，于是就接受了刘邦的求和。

到了惠帝时期，汉和匈奴的关系也是时好时坏。汉惠帝毕竟不是汉武帝，心里肯定怕得要死，老爹都干不过的匈奴，自己当然更搞不定了。再一看老爹留下的王城竟然只有一个王，没有城，这哪儿行啊，于是立马开始紧急修建城墙。

那个时候不仅有长乐宫和未央宫，还有北宫、武库也都建成了，所以这个城并不小。这么大的王城，一次修建难度太大。于是惠帝把工程分成了三期，花了五年的时间，动员了几十万人，这才把长安的城墙给修好了。

听上去好像没什么，但你知道这件事对惠帝有多重要吗？

汉惠帝是个短命皇帝，实际当皇帝的时间一共就七年，然后就死了，为什么这么短命？因为他有一个极其彪悍的老妈，历史上有名的吕后。吕后把当年和她宫斗的妃子当咸菜腌在酱缸里,还请自己儿子汉惠帝去看,结果把汉惠帝吓得灵魂出窍,本来就很软弱的他更没有安全感了。汉惠帝在位期间基本天天在修城墙。

正是因为汉惠帝后建的城墙,而刘邦先建的长乐宫和未央宫,所以现在的大多数人认为,这是影响城墙不规则的最主要的原因。

但真的是这样吗?就没有别的因素吗?

我们再来看长安的平面图。长安在汉朝是三面临水,北面渭水,西面是沉(音"绝")河,东面也有一条河流,只有南面没有水。所以根据当初的河道位置,确实可以很容易地理解汉长安的北墙、西墙和东墙的位置,但唯独南墙很难解释,为什么没有河流,没有需要拆迁的钉子户,这个南墙还要修得这么婉转。

因此后来又出现了一个新的解释,北墙折成那样是对应天上的北斗星,而南墙则是南斗星,所以长安又叫斗城。很显然,这个说法和当初秦咸阳很像(图9-4)。

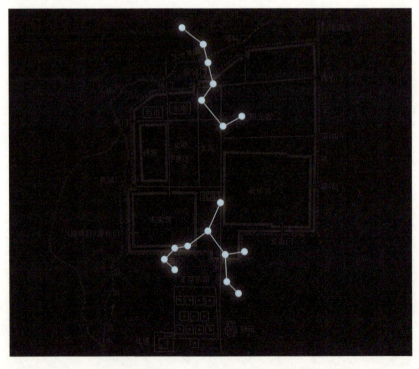

图9-4　汉长安"斗城"概念示意图

而历史上，虽然秦朝亡国很快，但它的大部分东西其实都在西汉得到了发展，所以，如果汉长安真的是因为这种原因建造的城墙也是很有可能的。

四、王城规划理论影响汉长安布局

你要说汉长安是完全学秦朝的，也不是，为什么呢？因为汉长安虽然城墙不规矩，城门可挺规矩的，城门有十二道，而且是每面三座，这不正是王城规划理论中说到的做法吗！

所以，我们可以看到，周公的礼乐制度可能很早就开始影响汉王朝的皇帝们了，从长乐宫的名字，到现在城门的设置，都可以感受到这点。

但一个新的问题又出现了，既然符合礼乐制度，汉长安的城市布局有轴线吗？

一打眼看过去，你肯定会觉得这个城市是没有轴线的，但其实是有的，而且还不止一条。

一条比较明显的轴线是以未央宫为中心，一路向北，到达东市西市。但这条轴线显然气势不足，而且仅限于城池之内（图9-6a）。

另一条就不明显了，但却是汉长安真正的轴线，利用的是安门大街这条线。安门大街是汉长安最主要的一条干道，也有些图上叫章台街。这条街宽50米，南北贯通，很明显是一条中心道路。虽然道路两侧的城市建筑空间序列看上去并不是特别明显的对称，但如果你将这条轴线向城外延伸，就会有不一样的收获了。

这条轴线向南可以一直通到秦岭的子午谷，而向北则可以一路到汉高祖和吕后的陵墓——长陵，又和渭水支流清峪河的一段重合，最后到达天齐祠遗址，总长74公里（图9-5）。

这样极度夸张的轴线在咸阳也曾经存在。

看样子轴线有，那另一个问题又出现了，道路又是怎么回事呢？

显然，你就是说破天道路也不可能靠到王城规划理论上了。汉长

伟大的城市
98　30天看懂5000年中国城市史

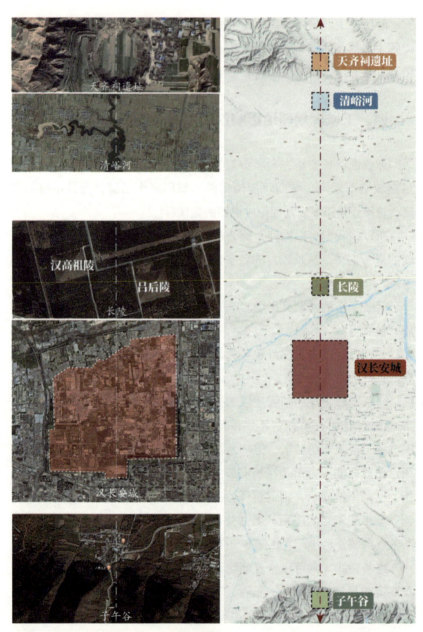

图9-5　汉长安城超强的南北轴线示意

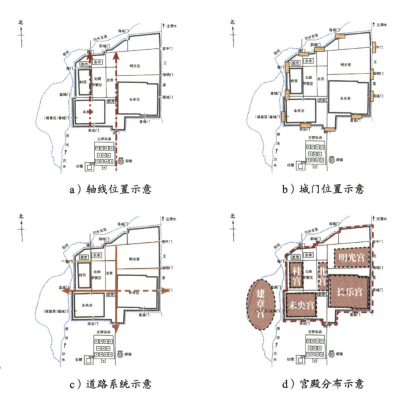

图9-6 汉长安城系统分析

a）轴线位置示意　　b）城门位置示意

c）道路系统示意　　d）宫殿分布示意

安的道路只有上面说的安门大街和从东面的霸城门到西面的直城门的横向道路是全线贯通的，这两条路形成一个"十"字形，而这条横向道路甚至还将长乐宫一分为二，城里其他的道路就都是丁字路（图9-6b，图9-6c）。

这种布局的方式有一个最大的特点，就是比较利于开展巷战，对于城市的防守方是比较有利的，你想那些善于骑马的少数民族如果进得了这种城市，骑兵的威力肯定会大大减弱的。因此，在道路规划上，汉长安考虑得更多还是实用的原则。

五、凭空消失的数十万汉长安百姓

说完了这些，我们再来看看宫城和外城的比例关系问题，这个问题太独特了。

从图9-6d来看，汉长安有长乐宫、未央宫、桂宫、北宫、明光宫，城外还有建章宫。然后你可以看到，整个汉长安城里几乎都是各种宫殿，所以人家说，汉长安的宫殿占据了整个王城几乎三分之二的面积。

自打刘邦死了之后，长乐宫就变成吕后睡觉的地方。因为长乐宫在未央宫的东边，所以也被称为东宫，咱们经常说东宫太后，就是从这来的。

而桂宫、明光宫和建章宫就都是汉武帝建造的了，基本都是用来享受生活的，有些是给嫔妃用的，有些是给自己用的，其中最有名的是建章宫。这个宫殿建造在城外，因为城里实在没地方了，挨着未央宫建设，便于汉武帝没事在两个宫之间行走。

说到这，也许有朋友会有疑问，建了这么多的宫殿，都是给皇帝睡觉和玩耍的，那汉长安的居民呢？普通老百姓呢？在哪里睡觉和玩耍呢？

我们看汉长安除了宫殿还剩什么，几乎没什么了，就一个东市和西市了，这是老百姓买东西的地方，大家注意，买东西，这个说法很可能就是从汉长安开始的。

不过，当时的市不仅可以买东西，还是用来看杀人的。一般死刑犯都在这里被砍头，因为这是人最多的地方，可以起到警示的作用。而这个杀人的习惯后来一直延续下来。

所以，汉长安城里除了市就没什么地方给老百姓了，那老百姓到哪里去了？

这个问题特别有意思，也是现在的一个难解之谜。首先在史料中有记载，说是汉长城有闾里一百六十户，人口应该超过三十万人，可问题是这么多的人在哪儿待着呢？如果这三十万人都住在城里，那肯定是人挤人，人挨人，容积率超级高，不来几个摩天楼住宅估计是没戏。所以，当时的居民应该大部分都住在城外，这样的结果当然就是特别不方便了。

而且，万一敌人打过来了，皇帝躲在王城里还算安全，老百姓怎么办？如果老百姓都没了，那不是成光杆司令了？所以，一直都有人觉得，汉长安应该还有一个外城郭，至少应该把百姓保护一下，这个内容现在只在极少的史料中有所记载，但尚未发现真正的遗迹，非常令人困惑。

不管怎么说，汉长安的规划所展示出来的思想还是非常自由的，和后世的都城区别很大，今天看来，影响汉长安最大的很可能是秦咸阳，但可惜的是两个城市的资料其实都很有限。

汉长安的建设经过了汉惠帝，最后在汉武帝的手里到达了顶峰，那个时候也是西汉王朝最强大的时候，当时的汉长安也成为世界上最大的城市，规模远远超过同时期的罗马。

后来到了西汉末年，王莽夺权，建立新朝，在汉长安的南门外修建了宗庙，辟雍和社稷。只是王莽的新朝因为新政的问题，很快就不行了，一时之间，天下大乱。长安先是被更始帝占据，定为都城，接着又被赤眉军给废了，长安再次易主，直到赤眉军败给刘秀，从长安撤走，那个时候长安已经是破败不堪。赤眉军走的时候还不忘放一把火，终于，这个曾经的世界最大都市化为灰烬。

虽然汉长安毁掉了，但汉长安的规划理念在东汉洛阳的建设中得到了继承，不仅如此，随着大汉王朝的终结，一种全新的规划形式诞生了。这种形式以王城规划理论为基础，真正成为影响后世的终极城市理论，中国古代城市规划史的转折点出现了，一个真正的城市巅峰时期即将登场！

第十讲
中国城市规划史的转折点低调登场
——曹魏邺都

公元25年，刘秀平定天下，建立东汉王朝，定都洛阳，从此，历史上最温柔的开国皇帝登场。

这个事情非常有意思。当年周王朝的时候，西周的都城是西安的丰镐，而到了东周，都城就改到了洛阳，当时叫洛邑。我们前面讲过，洛邑两座都城，王城和成周，这是从西周到东周的演变。现在到了大汉王朝，历史似乎又在重演，西汉都城定在丰镐的隔壁——长安。到了东汉，刘秀又在东周成周城的原址扩建作为自己的都城（图10-1）。

西安到洛阳，直线距离也就是三百多公里，你仔细想想就会发现，从传说中的夏王朝开始，一直到唐朝结束，将近三千年的时间，中国的政治中心一直在这个地方晃荡，历朝历代的君主都特别喜欢这个地方。

这一次，洛阳再次成为政治中心。

一、刘秀父子爆改东汉洛阳

为了成为一个合格的国都，洛阳开始了大量的改扩建工程。好在这样一个没事总做都城的城市，基础总是不错的，因为在东汉时，这里也算是一个小陪都，已经有了两座宫殿，叫作北宫和南宫，只是北宫原来的规模应该很小。

因此最开始的时候，刘秀主要是住在南宫。本来从公元25年刘秀登基到公元57年驾崩一共有32年的时间可以搞城市建设，但刘秀既没

图10-1 东汉洛阳平面复原图（参考《汉代考古学概说》）

时间，也没心情。

因为刘秀登基的时候，国家还是四分五裂。

于是，从公元25—36年，一共11年，刘秀一直在全国打仗，费了九牛二虎之力才把分裂的国家再次统一。

就这样，到了公元38年春，才开始建造南宫的前殿。到了公元56年，整整18年，才建造了明堂、灵台、辟雍等这些用来祭祀的建筑（图10-2）。

等到这些都建完了，刘秀也在公元57年直接驾崩于南宫前殿。

你看刘秀建造的这些建筑，基本都是必需的，几乎没有任何奢侈过度的东西，所以可以看出，这位东汉开国皇帝确实是一个非常节俭的好皇帝。

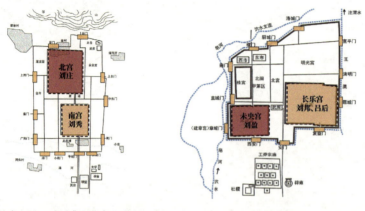

a）东汉洛阳城（《汉代考古学概说》） b）西汉长安城（《中国古代建筑史》）

图10-2 东汉洛阳城和西汉长安城平面对比

到了刘秀的儿子刘庄继位，这位汉明帝也是历史上有名的好皇帝，东汉也在这个时期开始逐渐进入最好的阶段，国家的"GDP"眼瞅着往上涨，因此汉明帝对原来的北宫进行了大幅度的改扩建。

这个北宫在刘秀时期是个小宫殿，汉明帝改建之后，就成为汉明帝主要的休息和办公的宫殿。

这件事情也很有意思，你会发现汉朝的皇帝们还真是一脉相承。刘邦当年建造长乐宫，当时就一直以长乐宫作为活动中心，刘邦的儿子刘盈就转战到了未央宫，老爹待过的宫还是留给老妈。现在刘秀父子也是一样，刘秀待在南宫，而到了刘庄就跑到北宫去了。但刘庄这次转移是非常重要的，这次转移为未来皇城的规划思路调整埋下了伏笔。

不仅宫殿的更换方式相似，我们看西汉和东汉的都城布局特点更像！

我们前面说西汉长安宫殿的面积占城市的比例很大，百姓几乎没有太多的空间了，所以长安的百姓应该有很多都是住在城外的，东汉的都城也是一样。南宫和北宫也是占了主要的城市面积，目测比例应该和汉长安不相上下，所以虽然时间过了两百多年，可皇帝们还是没打算让百姓弄个"城市户口"。

如果要细说这两个都城的区别，一个是东汉城墙的城门数量，虽然也是12个，但不是旁开3门，而是南4北2东西各3，而宫殿位置，西汉是东西排列，东汉则是南北排列。

由于主宫殿位置的不同，导致其他的东西，比如武库、太仓、市集的位置就都不太一样。

所以，东汉时期的都城规划思路几乎没有什么变化，完全是照搬西汉的做法，那西汉的做法说到底是什么思路呢？就是实用第一的思路。现有的宫城能用的绝对不另外再建，不够用了，等经济好了再慢慢建，而且规模绝对不大，而对老百姓是绝对不考虑的。

更关键的是，我们知道，西汉汉武帝时，儒家就已经开始登上政治舞台，基本上变成国教了。而到了东汉王莽时期周公的那套理论已经开始大行其道，这种状态延续到了东汉，本来应该被推崇备至的《周礼》依然没能真正影响都城的规划。这只能说明，汉朝的皇帝都很理性，他们心里特别清楚儒家这套东西到底用来干吗，至于建造都城，那还是实用第一。

不过，西汉与东汉的做法很快就开始发生改变，中国古代城市规划的转折点随着东汉的瓦解出现了！

二、十八线小城市的逆袭之旅

东汉末年，历史上最精彩、最富戏剧性的时代开始，三国闪亮登场。

三国之中，刘备占据巴蜀，建造成都，但这个时候的成都城和刘备那个人一样，比较普通。

孙权占据江东，为了和曹操、刘备打仗，孙权的重心在武昌和建业之间来回摇摆，还修建了著名的石头城，开创了南京的都城时代。关于南京城的内容，我们留到后面再说。

咱们要讲的这段故事，重头戏还得在男主角曹操身上。

枭雄曹操初期的中心城市是许昌，后来在官渡之战中打败袁绍之

图10-3 曹操定都邺城示意图

后,占领了整个北方地区,于是就将都城定在邺城,从此,这个原来的十八线小城市一跃变成中国著名的六朝古都,而邺城的规划也成为中国规划史上的转折点(图10-3)。

邺城位于河南安阳的北侧,距离殷墟14公里,在邯郸的南侧,距离赵王城30公里。相信很多人,尤其是非建筑规划专业的人,对邺城遗址是非常陌生的。

但如果说一件事,可能很多人都还知道。2009年的最后三天,有一个特别轰动的新闻,就是发现了曹操的墓,这个墓的位置就在河南省安阳市安丰乡西高穴村。一时之间,大家都特别兴奋,但大家有所不知的是,这个墓的位置就在邺城遗址的隔壁。

曹操一定非常看重邺城,否则怎么会把自己的墓葬选择在邺城的附近?

那么,为什么曹操这么看重邺城,邺城到底是一座怎样的城市呢?

我们先来看看邺城的位置,正好就在安阳和邯郸的正中间,行政上是属于临漳县,而临漳县现在归邯郸市管,但实际上,无论是安阳,还是邯郸,还是邺城,在历史上,都曾经地位显赫。

先看安阳。商王朝的时候,曾经两次迁都到这里,第一次时安阳叫相,第二次就叫殷了,也就是殷墟。

再看邯郸,邯郸的知名度很高,其原因需要归结到咱们的小学课本,什么围魏救赵、纸上谈兵、负荆请罪,这些成语故事都发生在邯郸。作为战国时代赵国的都城,邯郸曾经风光无限。

最后我们再看邺城,从三国曹魏定都开始,前后还有后赵、冉魏、前燕、东魏、北齐等六个政权选择定都在这儿,虽然这六位时间都很短,但加在一起也有三百多年、快四百年的时间,从这一点来说,邺城的排名就绝对能到中国古都的前十。

所以,我们必须承认,以邺城为中心的这个都城城市群可以被称为中国王城的城市群。

三、枭雄曹操改造邺城暴露其矛盾心理

下面我们来看一下邺城究竟是一个什么样的城市。

图10-4就是曹魏时的邺城平面复原图。在曹操手里,邺城并不是一个新城,这里原本是属于袁绍的,所以曹操是在原来的基础上进行改建。而且更加重要的是,我们都知道曹操在有生之年,虽然挟天子以令诸侯,但他是不肯自己当皇帝的,怕后人骂他,这就有点矛盾了。我们能想象曹操一方面很想当真正的君主,一方面又不敢过于明目张胆,所以也许正是这种特别矛盾的心理,才造成了邺城的规划既像个都城,又不是都城的模样,而这种模样就变成一种特别的创新,结果对后世产生了巨大的影响。

在西晋文学家左思的《魏都赋》中提到,"览荀卿,采萧相",这里的"荀卿"是荀子,"萧相"是萧何,意思是曹操在设计邺城规划方案的时候是参考了这二位的思想,其实就是沿用周王朝和汉王朝的思路。但就这一点来说,就非常矛盾了,因为其实周王朝的都城规划思想和汉王朝根本就不一样。

1—凤阳门 2—中阳门 3—广阳门 4—建春门 5—广德门 6—厩门
7—金明门 8—司马门 9—显阳门 10—宣明门 11—升贤门 12—听政殿门
13—听政殿 14—温室 15—鸣鹤堂 16—木兰坊 17—楸梓坊 18—次舍
19—南止车门 20—延秋门 21—长春门 22—端门 23—文昌殿 24—铜爵园
25—乘黄厩 26—白藏库 27—金虎台 28—铜爵台 29—冰井台 30—大理寺
31—宫内大社 32—郎中令府 33—相国府 34—奉常寺 35—大农寺
36—御史大夫府 37—少府卿寺 38—军营 39—戚里

图10-4 曹魏邺城平面复原图（参考《中国古代建筑史》）

所以，各种矛盾搅和在一起，就生成了现在的邺城平面。

邺城整体基本是一个长方形，东西长2400米，南北长1700米，东西各有一道门，北侧两道门，南侧三道门。光看这个门的分布就能知道，这个城开始建造的时候不是按照都城的标准建造的。

邺城的宫城位置位于城池的西北角，沿东西向可以分为三个区（图10-5）。

图10-5 曹魏邺城平面功能分区图

中区是以文昌殿为中心的国家举办各种典礼活动的地方,东区是曹操当年办公和休息的宫殿群,西区则是铜爵园,也叫铜雀园,是统治者休闲放松的好地方。其中还有铜爵三台,也被称为邺城三台,包括铜雀台、金虎台和冰井台。三台实际上就是一个宫殿群,只不过这些宫殿都是建在高大的台地上,所以叫什么什么台。但这三台可太有名了,甚至比邺城更有名。

其中的铜雀台可能是最高的,有多高呢?北魏郦道元的《水经注》中说,"中曰铜雀台,高十丈,有屋百一间",可以看得出来铜雀台应该就是当时邺城的地标建筑,而且是一个建筑群,很庞大,按现在的标准高度应该达到三十多米,接近十层楼的高度,很壮观!

而曹操呢,非常喜欢铜雀台,没事就把一堆文人,还有自己的两个儿子叫到台上一起作诗,结果这些人作着作着,就把著名的"建安文学"搞出来了,很厉害。

不仅如此,铜雀台还有很多有趣的故事。

在《三国演义》里面,诸葛亮为了联合东吴跑到江东去舌战群儒。后来遇到周瑜，为了刺激这位都督，就说曹操做了一首诗《铜雀台赋》，说是打算把东吴灭了之后，"揽二乔于东南兮，乐朝夕之与共"。意思是将来要与大乔小乔在铜雀台上一起开心，那周瑜能受得了么。

实际上，《铜雀台赋》是人家曹植写的，也没有写大小乔什么事，但周瑜也不知道是真信还是装的，反正气坏了，把曹操一顿骂，然后就死心塌地准备赤壁之战了。

不过呢，曹操在铜雀台确实有谈恋爱，只不过不是和二乔，而是与著名的才女蔡文姬。蔡文姬当时很有名，想来长得应该也不差，曹操非常喜欢，听说她被匈奴抓走了，就赶紧派人带着钱去赎，回来就立刻请到铜雀台一起谈心。

总之，三台对于邺城和曹操都具有非常特别的意义。

上面这是邺城的宫城部分。除了宫城以外，我们可以看到剩下的地方基本都被方方正正的路网像切豆腐一样切成了一块一块的，这个就是里坊，里坊就是现在的居住区。

其中，宫城东部的里坊又叫戚里，戚里指的是皇亲国戚住的地方，说白了都是有头有脸的大人物。

而在整个城市南部的里坊，就都是普通的百姓居住区了。

这样，如果你仔细看邺城的整体布局，就能发现，一条东西走向的轴线将刚才提到的宫城、戚里和百姓的里坊分隔开，就是从金明门到建春门的一条横向的道路，这条道路把整个城市分为南北两个区，北区是官方的，南区是平民的（图10-6）。

这种用一条道路将官方用地和百姓用地南北分开的做法，在邺城之前从来没见过。

除了东西轴线，我们还能明显看到一条南北轴线，就是从南部的中阳门一路向北，通过宫城东区南部的司马门，沿着宫殿轴线一路向北。

这样两条十字架形状的轴线让邺城的规划布局变得很不一样。

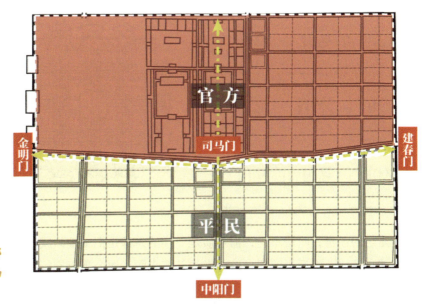

图10-6 曹魏邺城平面分区及轴线示意图

四、邺城为何成为中国城市规划史上的转折点

我们前面讲过的几个城市,大家可以回忆一下。周王朝,群雄争霸,修的都城也都是千奇百怪。到了秦始皇建造咸阳,虽然是号称按照天上的星象来建的,但还是看上去一盘散沙。后来又到了汉朝,西汉长安,东汉洛阳,皇帝整天光顾着修自己的宫殿了,整个城市都显得特别没有章法。

现在到了邺城,感觉整个都城的布局一下子变得无比的规矩,这是为什么呢?

也许一切都只是巧合,或者说,刚好发展到这个时候了。

邺城在曹操定都之前就已经是一座成熟的城市,只不过之前不是都城。宫城区的位置是原来的政府办公所在,后来被曹操改成了宫城;而戚里原来也是普通的居民区,也被曹操拿过来改成了高档居住区。

至于说里坊,实际上,里坊很早就有,周王朝的时候叫作闾里,

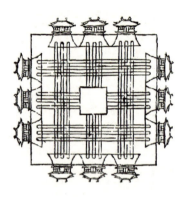

图10-7　周公的井田制示意图

就是里坊的前身，叫法不同，但本质是一样的，都是把土地画成规规矩矩的豆腐块，然后再使用，这种做法其实来源于周公当年推行的井田制（图10-7）。

井田制被认为最早在夏王朝就有了，到了周王朝初期变得非常成熟，是周公当年主推的土地政策。简单理解就是一个把土地按照九宫格来划分，中间一块叫作公田，周边一圈都是私田，其中公田的所有收成都要交给国家，而私田的收成土地主可以全部保留。

你看这个九宫格，是不是就想到王城规划理论的那张简图了，所以很多人认为王城规划理论和井田制关系密切（参见图6-1）。

从周王朝的时候开始，后来的秦、汉都在沿用闾里，只是面积大小，也就是一个闾里单元的尺寸发生变化。

我们在之前的各个都城都没有看到闾里，想来只是因为现在已经无法找到当年的城市居民区街道的确切位置和形态，所以好像没有似的，但其实不是。

所以邺城的里坊应该并不是突然出现的，只是因为之前的痕迹都已经无处可找了，图上也从来没有反映，所以给大家造成了错觉。

尽管如此，邺城的十字轴线也是非常独特的，这个做法确实在之前的城市非常罕见。

东西轴线强化的是南北分区，皇家的跑到北边去了，你仔细想想就会发现，这个和以前，尤其是西汉时期是反的。西汉的未央宫和长乐宫都在城南，曹操为什么没有按照汉长安的方式呢？因为还有东汉洛阳，咱们刚刚说，东汉洛阳的南宫和北宫，到了后期，重心已经跑到北宫了，也就是说到了城北。可以说，东汉洛阳是一座将城市的重心从南向北转移的过渡型城市，而曹操应该正是受到了东汉洛阳的启发，才将整个邺城的北侧改造为皇家区域的。

而南北中轴线的出现是一个意外的惊喜，因为在西汉长安和东汉洛阳中，都没有这样的轴线出现，你再往前找也非常少。我就记得咱们前面讲过的那个春秋鲁国曲阜古城，里面提到一条简单的南北轴线。但实际上，即使是王城规划理论中也压根从来没有一个字提到过需要有一条中轴线，更没有提到要做成对称的样子。

所以，这种中轴对称的方式，其实是后人发明的。目前来看，曹操显然是这方面的先驱了。

好了，说到这，大家可能就会明白，为什么说邺城是中国古代城市规划的转折点了。从邺城开始，后面的很多重要城市开始注重宫城和外郭的位置关系，开始注重城市的中心轴线，开始注重普通百姓的里坊布局，邺城给整个中国古代城市的规划打开了一扇门。

经过曹操的建设后，邺城虽然不大，但规划得很好。也因此，后来的几个朝代就在这个基础上进行了扩建，其中最大的一次扩建发生在东魏时代。以原邺城为基础，直接向南扩建了两倍，这才形成了正经八百的都城模样。这个扩建之后的都城格局，很多地方就比较符合王城规划理论了（图10-8）。

不过邺城虽然不错，在当年还是没有长安洛阳"根正苗红"。因此曹操死后，曹丕继位，建立魏国之后，正式定都就又回到了洛阳，这下洛阳再次迎来自己都城生涯中的顶峰，而且这个顶峰还无比耀眼。

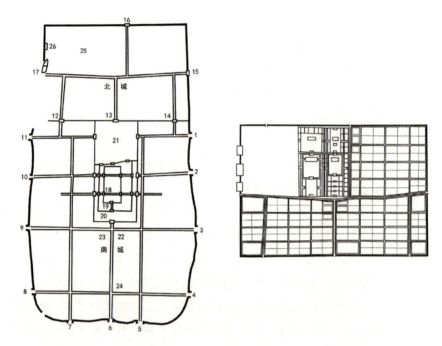

1—昭德门 2—上春门 3—中阳门 4—仁寿门 5—启夏门 6—朱明门
7—厚载门 8—止秋门 9—西华门 10—乾门 11—纳义门 12—凤阳门
13—永阳门 14—广阳门 15—建春门 16—广德门 17—金明门 18—阊阖门
19—端门 20—止车门 21—华林园 22—大司马府 23—御史台 24—太庙
25—铜爵园 26—三台

图10-8 东魏、北齐邺城平面复原图(参考《中国古代建筑史》)

第十一讲
三国时代的城市更新杰作
——曹魏洛阳

曹魏邺城毕竟不是像长安或洛阳这样的"都城专业户",甚至曹操在建的时候都不是完全按照都城设计的,因此邺城的规划虽然创新性十足,但在当时,影响力也许并没有那么大。直到很多年之后的洛阳,在继承和发扬了邺城的规划思路之后,终于形成一个更加完美的都城格局,这个格局对后来的隋唐长安城的规划影响深远。

一、曹魏重归洛阳,短命家族难以为继

要让洛阳重新回到中心,就必须提到三国时代最为特殊的两年,公元219年和公元220年,三国时期的大事其他时间加在一起好像都没有这两年发生的多,洛阳也在这两年重回权力中心。

首先这两年死了很多人,一大堆的牛人不是杀死了别的牛人,就是被别的牛人杀死。公元219年初,名将夏侯渊被黄忠在定军山斩杀;年中,关羽在樊城水淹七军,擒于禁,杀了白马将军庞德;结果到了年底,吕蒙白衣渡江,关羽败走麦城,最终关羽父子被孙权所杀。

公元220年,在曹操的带领之下,先后又有吕蒙、蒋钦、甘宁、夏侯惇、程昱、刘封、黄忠、法正,这一大票的牛人先后"回家领盒饭"。

不仅如此,公元219年,刘备占领汉中,自称汉中王。公元220年曹操死后,曹丕继位,这位五官中郎将立马急三火四地把汉献帝给办了,灭了东汉,建立了魏国。

再往后的事情我们都知道，刘备建立蜀国，在成都称帝。接着为给关羽报仇，发兵攻打东吴，结果张飞先被部下所害，刘备的部队后又被陆逊击败。孙权不久之后也在武昌称帝，建立东吴。从此，三国鼎立的局面正式形成。

所以说，公元219年和公元220年这两年对于三国来说是具有里程碑意义的两年。而在公元219年，曹操已经在洛阳开始了重建工作。客观地说，曹操虽然定都邺城，但心里永远想的都是什么时候把都城搬到洛阳，为什么呢？因为洛阳才是天下的中心，东汉的正牌都城，西汉的陪都，东周的正牌都城，西周的陪都。在那个年代，所有的人都认为，只有在河洛之地定都，才是正统的汉家王朝，哪怕当时的洛阳还是一地的宫殿碎片。

所以等到了公元220年，曹操一死，曹丕上位，立刻放弃了已经经营了17年的邺城，宣布正式定都洛阳，并且开始了紧锣密鼓的洛阳改建工作，算是圆了父亲的梦想。

当然，从统一天下的角度，定都洛阳更有利于平定当时的刘备和孙权。

不过，毕竟在邺城呆了那么多年，当时的曹丕已经习惯了邺城的格局感觉，再加上，我们曾经讲过，在东汉时期，洛阳的南宫和北宫就已经是以北宫为主了，因此，曹丕把重修的重点定在北宫（图11-1）。

曹丕花了整整六年的时间重修了宫殿、宗庙、官府、库厩、宅第，甚至还有苑囿华林园，仿照邺城三台的陵云台。曹丕干了这么多土建的工作之后，就不干了，因为在位六年之后，曹丕英年早崩了。

接着，曹丕的儿子曹叡继位，魏明帝，洛阳的重建工作主要是他完成的，不是因为他有多能干，而是因为他比曹丕在皇帝位置上的时间长一些。上岗13年，终于算完成了洛阳的主要重建工作，然后也崩了。

说到这我们必须提一句，曹操这一支真的是基因不好，都太短命了。曹操还可以，65岁死的。曹丕就不行了，39岁就死了。到了曹

第十一讲
三国时代的城市更新杰作——曹魏洛阳

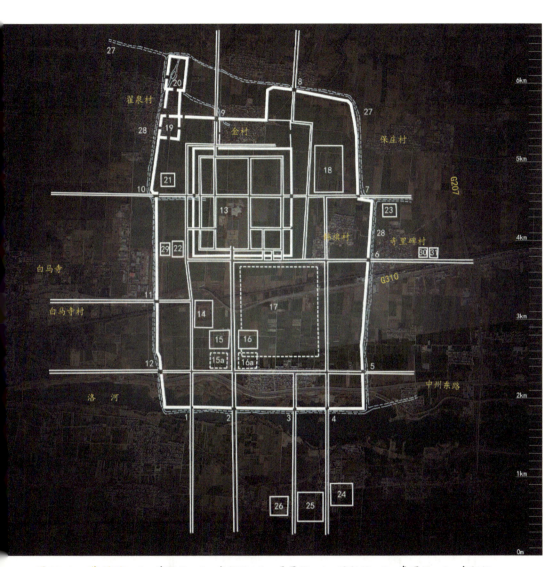

图11-1 曹魏洛阳复原平面图（参考《中国古代建筑史》）

1—津阳门 2—宣阳门 3—平昌门 4—开阳门 5—青明门 6—东阳门 7—建春门 8—广莫门 9—大夏门 10—阊阖门 11—西明门 12—广阳门 13—宫城（东汉北宫） 14—曹爽宅 15—太社 15a—西晋新太社 16—太庙 16a—西晋新太庙 17—东汉南宫址 18—东宫 19—洛阳小城 20—金墉城（西宫） 21—金市 22—武库 23—马市 24—东汉辟雍址 25—东汉明堂址 26—东汉灵台址 27—穀水 28—阳渠水 29—司马昭宅 30—刘禅宅 31—孙皓宅

叡，更糟糕，35岁就没了。所以该着曹魏的天下被司马家偷走。这件事再次告诉我们，身体是革命的本钱，谁能长寿谁才能笑到最后。

二、优秀规划师魏明帝巧改洛阳

回到魏明帝，这位皇帝重建的洛阳有几样东西和之前的很不一样。

第一，他在城的西北角建了一个孤立于城外的小城堡——金墉城。而为了联系金墉城和洛阳城，又在二者之间建造了一个"洛阳小城"，又名"洛阳垒"（图11-2）。

魏明帝修建金墉城的目的本来是为了模仿邺城三台，建造一个防御性的城堡，后来在修建北宫的时候，金墉城又变成魏明帝的临时居所，所以金墉城又叫西宫。但特别尴尬的是，在魏明帝之后，司马掌权，结果就把所有被废掉的曹家皇帝、皇后、太子都关在这，变成高级冷宫。

再后来，到了隋朝末年，著名的瓦岗军首领李密也曾经在这里称帝，所以金墉城还经常被叫作"李密金墉城"。

曹魏洛阳和东汉不太一样的第二点就是沿用了邺城的做法，将皇家的东西都放在了北城。刚才咱们提到了魏明帝彻底放弃了重建南宫

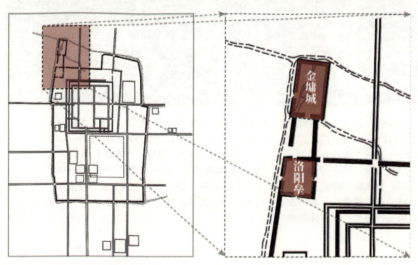

图11-2 金墉城示意图

计划，重建了北宫。不仅如此，包括上面的金墉城——西宫，还有在北宫的东面新建的东宫——太子住的地方。另外，就是北宫自己内部也不一样，魏明帝的北宫是被一条东西走向的主要干道一分为二的，因此在很多的史书资料中提到这段历史的时候，还是会有南北宫的说法。

比如《三国志》和《水经注》中都有提到曹魏洛阳的南宫，《资治通鉴》中也明确提到了南宫，结合其他史料进行分析之后，可以确定，这个南宫和对应的北宫应该指的不是原来的南北宫，而是被分隔之后的北宫，因此，曹魏洛阳应该是有东南西北四个宫（图11-3）。

另外，除了这些宫殿，在宫殿的北侧还有皇家园林——华林园。

和邺城相似的还有道路的设计。曹魏洛阳也是有两条最重要的十字道路，一条是从宫城正门阊阖门一路向南，到达宣阳门的南北大道，另一条则是从东阳门一路向西横过宫城的东西大道。为了强调这两条道路的重要性，还特别从汉长安弄来了铜驼放在路口，所以南北大道就叫铜驼街，而东西大道则叫铜驼陌。

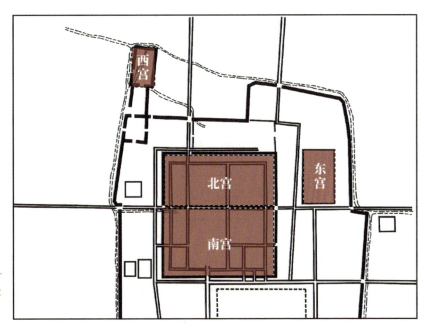

图11-3 曹魏洛阳宫殿分布示意图

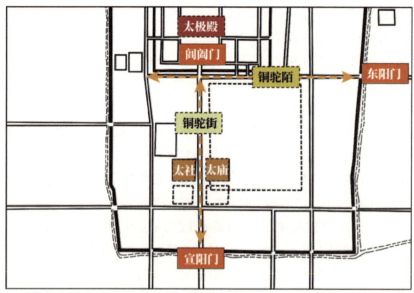

图11-4 曹魏洛阳重要轴线和建筑物分布示意图

在阊阖门的外面建有对称的阙，阊阖门的里面就是宫城的主殿太极殿，在铜驼街的中段还建有东西相对的太庙、太社，这条南北中轴线是非常强烈的。这一点显然也和东汉洛阳不一样（图11-4）。

所以，我们可以看到，魏明帝建造的曹魏洛阳，虽然规模没有多么宏大，但规划思路非常巧妙。在利用了城市原有建筑的基础之上，还能提炼出特别的城市轴线，强化了城市的空间序列，分区明确，布局合理，所以魏明帝实在是一个非常称职的规划师。

正是由于这次的改建非常成功，所以当司马家篡位，西晋成立，就直接用了曹魏洛阳作为自己的都城，而没有做太大的改变。直到46年之后，公元311年，匈奴刘聪攻陷洛阳，一把火又把辛辛苦苦建造的洛阳城烧成了废墟。

在三国时代，曹魏洛阳无疑是个耀眼的明星城市，这种光芒来自于洛阳这座城市与生俱来的气质。然而，在当时的中国，并不是只有一个洛阳曾经这么显赫，在长江以南，东吴治下，一座新的城市也在同时期开始登上历史舞台。这座城市的气场超强，强到让众多帝王为之侧目，不能拥有就要毁掉它，这种近乎癫狂的做法成为这座城市在中国都城发展历史上一个特殊的标签。

第十二讲
虎踞龙盘的金陵命运为何如此可悲
——东吴建业

中国城市发展史上最可悲的城市，南京！

南京在中国古代都城中很有特点，第一个特点，南京是一个传说中很牛的城市！

南京历史悠久，如果算上中华民国，前后有十个朝代都在南京建都。依次是三国时的东吴，当时叫建业；东晋，改名叫建康；南北朝时期的宋、齐、梁、陈，沿用建康的名字；五代十国时期十国中的南唐，又改名叫金陵；大明，改名南京；太平天国，又改为天京；中华民国，又改回南京。

这是南京建都的历史，是不是看上去很牛的样子？

但是南京的第二个特点马上就来了，南京的牛好像只是一种传说！

为什么这么说？你看在南京定都的那些朝代。第一个东吴，虽然是比蜀国后亡的，但实力应该是三国中最弱的；第二个东晋，持续时间103年，天天想着北上统一，然后就被自己人给统一了；接着是南朝的宋、齐、梁、陈，这四位更糟糕，每个都是三五十年的寿命，而且，当最后一位陈被隋灭的时候，南京城还被隋直接给铲平了。

接着是五代十国的南唐，南唐最有名的不是国家有多强盛，而是那位南唐后主李煜，醉心于诗词歌赋、风花雪月，这种皇帝还能带出什么厉害的国家呢？

然后是明，明朝还是比较厉害的，无奈明朝定都南京不久，朱元璋的孙子就被儿子给收拾了，结果这位燕王实在受不了南京的气候，于是就把都城迁到北京去了。

等到了太平天国，更惨，定都南京对南京一点好处都没有，最后天京城破的时候，太平军被杀无数。

最后到了中华民国，在南京建立国民政府，是不是应该好一些了，没有，又遇上日本侵华，老蒋顶不住，就跑到重庆去了。结果南京被日本人占领之后，遭遇了震惊世界的南京大屠杀。

所以你一路看过来，南京这个城市虽然时不时就变成中国的政治中心，但总体来说，比较弱势，命运坎坷，多灾多难。

一、几乎被名声压垮的城市

为什么南京这么惨，原因很多，其中很重要的一条，就是它的名声。

南京的名声可不像有些都城，南京属于那种打小儿就是咱爸咱妈嘴里的别人家的孩子，简直优秀得不行。

有史书记载的，最早是在北魏时期的《魏书》中说："金陵王气兆于先代，黄旗紫盖，本出东南，君临万邦，故宜在此。"这句话的意思很简单，就是说金陵这个地方有王者之气。

这是史书里的记载，如果要是说讲故事，那就更早了。

战国时期的楚国有一位很厉害的君主楚威王，楚威王当政的时候楚国的疆域创有史以来的记录，但据说这位君主对南京意见很大，不仅是他，后来的秦始皇对南京意见也很大，所以后来宋朝人写的《太平寰宇记》中说："昔楚威王见此有王气，因埋金以镇之，故曰金陵，秦并天下，望气者言江东有天子气，乃凿地脉、断连冈，因改金陵为秣陵。"

还有，明朝人的《阅内城记》中也说："金陵，在春秋时本吴地，越勾践灭吴筑城于长干里，俗呼越台，楚置金陵邑于石头，金陵有城邑自此始，秦始皇以望气者之言，凿方山，断长垄，以泄王气。"

这两段话不长，但信息量很大，说的是楚威王和秦始皇都觉得南京这个地方有王气，很可怕。于是楚威王的办法就是在这个地方埋了很多金子，用来镇压这个王气，所以这个地方从此就叫金陵。而秦始皇呢，派人去破坏这个地方的山形，古人不是很讲究风水吗？我把你风水破了，看你还有没有王气，因为秦始皇的这个举动，这个地方的名字又从金陵改为秣陵。

这两件事听起来好像很合情合理，但后来人们发现没那么简单。

宋朝的时候，在南京发现了一个秦朝的碑，上面写着："不在山前，不在山后，不在山南，不在山北，有人获得，富了一国。"这个碑文立马就让人产生疑问了，这明显是一个关于藏宝的故事啊，再联想到前面两位君主的做法，大概就可以猜到了。

楚威王和秦始皇对南京的王者之气很郁闷是真的，但埋金子可能是假的。说埋金子只是为了告诉天下的老百姓，那个地方山上有金子，这样大家肯定都去淘金了，其结果就是那个地方的山还不得翻个底儿朝天？这样就不用派人去破坏风水了。

那为什么各位君主对这个地方这么害怕呢？

因为南京这个地方的地理条件确实很不一般（图12-1）。

图12-1 南京地形示意图

三国时诸葛亮路过这个地方就被震撼到了，然后说"钟阜龙蟠，石城虎踞，真帝王之宅。"今天形容南京虎踞龙盘就是这么来的，那诸葛亮为什么这么说呢？我们看看南京的地形就知道了。南京的西侧是长江，古代的长江比现在的位置还要靠东。当时的孙权在长江的边上修了一个石头城，非常险峻，而南京的东侧是钟山。所以如果按字面意思来理解，诸葛亮是说钟山看上去就像是龙盘在那儿，而江边的石头城则像老虎一样与龙相对，这才是帝王应该待的地方啊！

据说诸葛亮说完了之后就力劝孙权定都南京。

二、好孩子孙权的艰辛搬家路

当然这个是传说故事，不过南京确实是从孙权开始才真正实现了传说已久的王者之气，这个时候距离楚威王已经过去了五百多年了，这股子王气才算冒出来。

不过孙权也很累，就这个建都的事情来回折腾（图12-2）。最开始的时候，孙权是待在吴，也就是今天的苏州，那个时候还没有称帝。在吴待了8年，结果曹操带兵来打，占领了荆州。孙权一看，这待在苏州不行啊，距离战场太远了，于是就把家搬到了京，这个京就是今天的镇江。当时靠长江修了一个铁瓮城，你听这个名字，就知道这个城

图12-2 孙权迁都示意图

有多牢固。

后来就是孙权和刘备联军击败曹操，打了那场很有争议的赤壁之战。曹操被赶回了中原，孙权又因为这个铁瓮城实在太小，于是又向西搬到了秣陵，也就是今天的南京，当时改名叫建业。

孙权在建业开始修城，修了历史上著名的石头城。当时长江的位置就在石头城的旁边，这个城的修建各方面的感觉其实和铁瓮城是很像的。不过这个石头城毕竟是个防守的堡垒，孙权的官室当时建在了石头城东北的平地上，当时号称将军府舍，不过没有修城墙。

结果孙权屁股还没坐热，刘备又来打东吴了，就是因为关羽之死，荆州之争。因为蜀汉是在西侧，于是孙权又开始搬家，这次搬到了鄂城，去了之后就把鄂城改名叫武昌，又在武昌开始建城池和宫殿，在武昌待了九年，而且是在武昌宣布自己当皇帝。

这个武昌城和前面的铁瓮城、石头城一样，也是临江而建，估计当时的孙权对建造这种江景城池已经非常娴熟了。

孙权称帝之后，刘备死了，蜀汉对东吴的态度又转变了，和东吴继续联合打曹操，这可好，孙权继续搬家！

又搬回了建业，住进了上次的那个将军府舍。这时距离上次离开建业已经过去了19年。

好在这次终于再也不用搬家了，孙权这时也已经不是将军而是皇帝了，于是就在原来的将军府舍的基础上开始扩建宫城，名字叫作太初宫。另外，还用了一些木栅栏、竹篱笆和夯土把这些宫殿围起来，建了城墙。

你可能会觉得这也太简陋了，实际上孙权这个人真的是一位好皇帝，他在世的时候没有浪费一砖一瓦给自己修建奢华的宫殿，甚至连太庙、社稷这些都城必备的都没建，能省的都省了，省下来的钱都用于发展国家的经济，稳定政权。

不过孙权的后代就没有这么节俭了。孙权死后，他的子孙孙亮、孙皓开始修建宗庙和新的宫殿，东吴的都城这才开始符合帝都的特点。

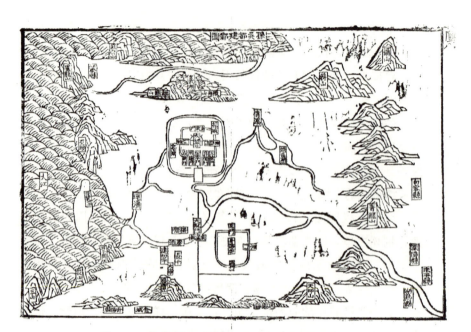

图12-3 东吴建业示意图（《金陵古今图考》）

不过因为东吴都城的位置是在今天南京的市区，根本没办法挖掘，所以到现在也无法真的确定这个都城的详细形态，只能从古人的文字中寻找线索，其中最重要的就是咱们之前提到过的西晋左思的《吴都赋》，另外还有唐许嵩的《建康实录》，而有具体图像的则是各种版本的《金陵古今图考》（图12-3）。

根据这些信息，我也推测了一个平面示意图，给大家做一个参考（图12-4）。

三、南京的都城规划处女作

建业的位置在石头城的东侧，玄武湖的南边，钟山的西南方向，是一个南北略长的矩形城池。城池周长二十里十九步，只知道城南有一个门，叫作白门，可以直接连到秦淮河，河上当时有一座南津大桥。

图12-4 东吴建业平面示意图

在城里的布局可以分为南北两部分，北部是宫苑区，有太初宫、昭明宫，这两个宫殿呈东西排列，前者是孙权建的，后者是孙皓建的，整个宫苑区的面积可以占到建业城池的三分之二。

在宫苑区的北侧和东侧是苑城，类似皇家园林，孙权经常在里面和将领一起练习武艺。

宫苑区向南大概有三四条南北向的主干道，其中也有御街，一直延伸到城外。御街的两侧排布有对称布置的宫门和双阙，还建有大量的政府部门。

这些建有政府部门的街道应该是按照棋盘式布局的，百姓的居住区都不是在城里，而是在城外到秦淮河之间的三角地里。

建业的市集经推测也是集中设置，而且直接连接水陆交通，因此认为应该是在秦淮河边设置。

说到这，凡是认真看过前面内容的朋友肯定会想起三国邺城和曹魏洛阳的内容，没错，东吴的建业都城布局其实和邺城很相似，也和曹魏洛阳有相似的地方。比如宫苑区在北侧，比如南北的对称御街等。

但也有不同的，因为建业是一个江南城市，借用秦淮河又产生了新的做法，而且孙权在建造建业的时候也是广开水道，用来解决运输、饮用、防御等各种问题。

总之，建业的出现对于中国都城建造史来说是一个惊喜。首先，这是中国第一个建在长江以南的正统都城，这个里面咱们必须声明，春秋战国那些诸侯国的都城不能算。

其次，建业的选址是非常成功的，当时看好建业的可不只是诸葛亮，还有刘备，以及孙权自己的大谋士张纮，张纮是哪一位？大家肯定知道张昭，老头子虽然看上去迂腐保守，但却是当时孙权手下数一数二的人物，而张纮在当时和张昭合称江东二张，在孙权心中的地位丝毫不比张昭差。

南宋李焘在《六朝通鉴博议》中说："十七年九月初，张纮以秣陵山川形胜，劝孙权以为治所。及刘备东过秣陵，亦劝权居之。权于是作石头城，徙治秣陵，改秣陵为建业。"

这段话清楚地讲出了建业诞生的经过。

证明建业的选址非常成功的还有后来的历朝历代，后来凡是在南方建国建都的，大多数都选择了南京这个地方。东吴的下一位继任者就是东晋，东晋对于建业城进行了大规模地改扩建，终于形成了南京城历史上的第一次都城高峰，而且东晋的这个都城非常不一般，从某些方面来看，甚至超过了长安洛阳，令人惊叹不已！

第十三讲
千古第一陪都的荣耀亮相
——北魏洛阳

三国割据时代持续了60年之后，被司马家终结，西晋建立。然而在治国方面，司马家的水平实在是令人大跌眼镜，西晋仅仅持续了52年就被匈奴干掉了。司马睿在原来的东吴建业开启东晋时代，而北方则陷入了中国历史上最混乱的时期，史称五胡十六国。

五胡十六国时期是中国北方大混战时期，说白了就是匈奴、鲜卑、羯、羌、氐五个民族搅乱中原，今天我打你，明天你打他，一会儿大哥和小弟反目，一会儿叔叔和侄子拼命，简直乱得不行。

直到公元439年，北魏拓跋焘统一北方，建立一个相对稳定的政权，而当时的南方也已于420年由刘裕建立南朝宋，由此中国开始进入南北朝时期。

而洛阳，也由于北魏孝文帝（471年继位）的出现而再次"满血复活"了。

一、孝文帝上演中国史上最戏剧性的搬家情节

孝文帝继位之后，最想干的事情就是把北魏的都城从当时的平城迁到洛阳，但他的这个想法遭到了大臣们的集体反对。为什么反对？很简单，这些人很多都是鲜卑族的，鲜卑族可是起源于蒙古高原的游牧民族，你让他们拖家带口地跑到千里之外的洛阳生活，换你你能同意吗？

那孝文帝为什么这么向往洛阳呢？甚至当时的洛阳应该还是一片焦土。

因为孝文帝其实也没办法，受到当时的形势所迫，孝文帝清晰地知道，如果想要自己的王朝长治久安，必须走汉化这条路。在过去几百年的时间里，少数民族从来都是在中原的边缘徘徊，骑着马到处搬家，所以中原的稳定生活对于他们来说就像一个难以实现的梦想。

直到这次，历史上首次少数民族占据了中原核心地带，结果就是王朝像走马灯似的更换，说白了，原因就是文化底子太薄，根本不懂得如何经营国家。

而孝文帝深深意识到了这一点，他明白，要想占据中原，甚至统一天下，用少数民族的思维方式肯定是不行的，长时间地把占人口多数的汉民族当二等公民也不可行，唯一的办法，就是把自己的民族变成汉文化的一部分，进行鲜卑族全面的汉化，因为只有你变成了汉人，你才真的可能在汉人的土地上长治久安。

不管怎么说，当时汉化的最好方式就是迁都洛阳，只有迁都洛阳才可以远离原来的鲜卑族势力，从而达到全盘汉化的目的。

但可惜的是，当时没有人赞同孝文帝的想法。

结果，中国历史上最具戏剧性的迁都情节就此上演了。为了能够迁都，孝文帝假装宣布要南下攻打当时的刘宋王朝，夺取天下。这个命令一出，大臣们也不好说什么，毕竟当时的北魏实力确实还是可以，统一天下也是所有统治者的梦想，因此大家虽然不赞同，但也没敢拼命阻拦。

就这样，孝文帝带着部队和大臣们开始了南征，结果一路就走到了洛阳。从平城，也就是今天的山西大同到洛阳的直线距离是600公里，这个距离在古代，靠人走，又没有高速公路，孝文帝走了快两个月，可想而知当时的部队得有多累。

结果到了洛阳正赶上下雨，大家心情更沮丧了。你要知道，当时是九月底十月初，在那个年代，估计下雨的洛阳肯定是非常阴冷的。在这么糟糕的条件下，孝文帝反而很兴奋，催促大家立刻南下。当时一大堆的大臣就跪在地上不肯走了，因为这些人有不少岁数都不小了，大家想，这要是再往下走，别说打仗了，估计路上就得玩完，所以都不愿意走了。

结果孝文帝就说，给你们两个选择，要么和我南下打仗，要么咱们就留在洛阳，从此洛阳就是都城，你们看着办。这下众人傻眼了，你要是反对迁都，那皇帝让你南下你得死，就算不南下，让你立马回平城，再走600多公里，那绝对疯了，所以大家就只好从了。

二、最强大脑蒋工智取建筑秘籍

搞定了手下的老顽固，北魏定都洛阳，孝文帝首先要考虑的就是新洛阳城的建设。当时的洛阳是一片焦土，据说孝文帝第一次看到当时洛阳的惨样儿，心疼得都哭了，当然，也可能是领导觉得现实的洛阳和心里的想象差距有点大，也可能是领导想到这样的洛阳要改建，那得花多少时间和银子啊！

事实证明，后来的洛阳改建确实困难重重，足足用了十年的时间才完成，远比建造一座新城要难得多，而且到北魏洛阳完全建成的时候，孝文帝自己也已经死了三年了。

而且根据史书记载，由于当时洛阳的宫殿已经大多被毁掉了，以至于开始孝文帝临时住在金墉城，后来估计是条件太糟糕了，就住到邺城去了。

为了完成这次超级都市改造计划，孝文帝特别安排了自己的三个得力帮手来负责这件事，他们是穆亮、李冲和董爵。这三位除了董爵，另外两位都是当时孝文帝的重臣，穆亮是鲜卑族，北魏的驸马爷、大将军，德高望重，孝文帝后来去打刘宋南征，都是让穆亮负责守卫都城洛阳，属于绝对的心腹大臣。

而李冲，汉族，还是孝文帝的老师兼老丈人，北魏数一数二的首席建筑师，曾经全面负责北魏都城平城的规划建设工作，经验丰富，深受器重。

但实际上，一位驸马将军，一位国丈老师，这样的官干这个事情，肯定不行啊，所以除了这些挂名的人物，还必须得有实际干活儿的苦力建筑师。

这样，另一位牛人就浮出水面了，这位没有什么太高的官职，因为出身俘虏、奴仆，身份低微，因此向来不被重视。但这位却是北魏平城规划建设背后的主要功臣，而且也成为北魏洛阳规划建设的主要具体工作负责人，他就是李冲的助手，当时北魏建筑界真正的一哥，蒋少游。

这位蒋工的能力很强，如果放在今天，肯定是网红级的建筑师，因为这年头网红建筑师肯定都不只会做设计，这位蒋工就是这样，他特别不会吹牛，但干起事儿来，基本上是干啥啥都行，属于那种集万千技能于一身的人。

首先他会画画、写书法。唐朝有一位艺术评论家张彦远，写了中国历史上第一部绘画通史著作，叫作《历代名画记》，虽然书中对于北魏绘画描写不算多，但还是提到了蒋工，说："少游敏慧机巧，工画，善行、草书。"而在著名的《水经注》里也说："太和殿之东北，接紫官寺，南对承贤门，门南即皇信堂，堂之四周，图古圣、忠臣、烈士之容，刊题其侧，是辩章郎彭城张僧达、乐安蒋少游笔。"你看，蒋工可以随便在皇家的建筑上画画题词，可见水平是非常高的。

另外，蒋工还会设计服装。孝文帝推行鲜卑族汉化有一项非常重要的举措就是换服装，而这个新服装的设计蒋工也是作为主要的设计师之一参与其中。他设计的服饰主要是褒衣博带的样式，这个样式其实是综合了胡服和汉服的一种新的样式。这个样式后来非常流行，甚至连石窟里的佛像都受到了影响（图13-1）。

当然，这些东西对于蒋工来说都是副业，他的主业还是建筑。但中国古建筑的特点咱们多少都知道一些，想成为古建筑实操大咖，雕刻也是必修课，因此蒋工还是一个雕塑家。

但最厉害的还是建筑，有多厉害，有一个历史真事可以证明。

这件事的起因是孝文帝当时在平城要建造太庙和太极殿，但不知道该怎么建。当时不像现在，网上什么都能买得到，当时不行，很多人甚至都没见过正经的宫殿，历史上做过都城的就那么几个城市，北

第十三讲
千古第一陪都的荣耀亮相——北魏洛阳

图13-1 龙门石窟褒衣博带的佛像

方的洛阳毁了，很多技术也都没有人知道，怎么办？

孝文帝听说当时的南朝南齐都城建康，城市建设搞得不错，于是就派蒋工去考察，但不能直接说去学习人家的宫殿，估计那会这个都算是国家机密，于是就让蒋工作为当时特使的副手跟着去建康，在《南齐书·魏虏》中是这么记载的："永明九年，遣使李道固、蒋少游报使，少游有机巧，密令观京师宫殿楷式。"

结果这个事儿被当时南齐的一个人崔元祖识破了，这位是蒋工的舅父，知道蒋工这个人的本事，于是就找到当时的齐武帝，建议把蒋工留下，以免"令氈乡之鄙，取象天宫？"就是说怎么可以让那些只会搭建帐篷的乡野村夫学会建造我们皇帝的宫殿呢？

结果齐武帝没信这个乡野村夫那么聪明，于是蒋少游就回去了，万万没想到蒋工真的凭借自己偷偷观察和记录的东西，就学会了怎么建造正宗的汉家宫殿。

蒋少游的这次考察对于北魏都城平城的建造帮助很大，也直接影响了后来洛阳的改造。

三、巨无霸都城北魏洛阳登场

当然，建造一个都城，不可能全都听一个小小蒋少游的，一定是经过了很多人的讨论才确定的。而且，为了让这次的规划能够很好地实施，孝文帝还特别发布了《都城令》来确定这次重建的规划原则，这个《都城令》有点像今天的总体规划纲要。

虽然《都城令》到今天已经找不到完整的文字，但根据史料可以推断出它的主要内容，主要包括七点。

第一，魏晋的宫殿太大太奢侈，建议减小精简，节约为主；第二，拓宽道路，曲里拐弯的道路要捋直；第三，疏通所有的沟渠下水道；第四，官方的机构要尽量集中布置；第五，居住的里坊要按照居民的职业进行集中分类布置；第六，住宅要按价格定出不同的档次，防止浪费现象发生；第七，在城内和郭内只允许各有一个寺庙，其他的都需要放在郊外。

这七条内容堪称实用至极，一点都没有玩虚的，所以在后来的工程实施中，大多数都实现了。

就这样，在大家的努力下，北魏洛阳逐渐显露真身，还没建好就轰动了！

当你看到北魏洛阳的平面图时，你还能认出这就是原来的东周成周、东汉洛阳、曹魏洛阳吗？

如果只看轮廓，没人能猜得到，因为这个洛阳比之前的那些都大太多了。

实际上，当时孝文帝在建设洛阳的时候，开始住在金墉城，后来搬到邺城。因为当时的邺城保存得还不错，不像洛阳那么惨，甚至北魏建国最开始定都的时候，当时的皇帝拓跋珪还一度想要定都邺城。因此孝文帝在邺城住的时候，相信邺城当时的规划形态对于孝文帝决定洛阳的改造方案产生了巨大的影响。

如果你结合邺城，再看洛阳，你就完全能够明白，为什么北魏会把洛阳改造成那个样子。

首先，从全局来看，当时的洛阳本身并不大，东汉时宫殿在城里占据大部分土地。而到了曹魏，废弃了南宫之后，将宫殿就聚集到北侧，南边的用地也非常有限，所以几乎可以肯定的是，在曹魏之前的洛阳，老百姓大多数时候都是被扔到城外居住的，这一点在当时的北魏就肯定不行了！

因为当时洛阳的百姓大多数都是孝文帝从平城带来的士兵、随从，还有后来陆陆续续过来的家眷，现在跟着他背井离乡来到洛阳，如果不把这些人好好安置，而是扔到城外不管，那还不得造反！

但这么多的人怎么安置？据某些材料说这些人有一百万人之多，为了安抚这些人，唯一的办法就是在洛阳的外围再修一个外城郭，街道的划分方法参考邺城的豆腐块里坊，这样看上去不就很舒服了。

但洛阳的南侧是洛河，向南没法扩建得太多，而洛阳的宫城又在北侧，因此北侧也不能扩建太多，因为宫城一定要临近外城郭，便于皇帝出逃，所以没有别的选择，只能向东西扩建，就这样，一个前所未有的巨大都城出现了（图13-2）。

新洛阳城的外城郭尺寸东西二十里，南北十五里，整个面积算下来大概有53.4平方公里。如果把外城郭的南中轴线延伸部分也算进去，那估计辐射范围超过100平方公里，是一个不折不扣的巨型城市（图13-3a）。

刚才我们说到，北魏洛阳的建设受到邺城规划的影响很大，除了上面的里坊式布局，我们再来看看还有哪些地方相似。

首先是城市轴线。邺城有一个十字轴线，东西轴线将城分为南北两城，南北轴线强化宫殿空间序列，新洛阳城呢？一模一样，新洛阳城也有一个十字形轴线，从平面图来看，这个十字轴线几乎是城市的中心（图13-3b）。

东西轴线是从西阳门到东阳门的一条线，向东西分别贯穿到外城郭，那个感觉非常像北京的长安街。而且，最关键的是，这条轴线可不是洛阳原来就有的，曹魏西晋洛阳的西阳门的位置并不在这个地方，而是在更加靠下的地方，所以，这条轴线完全是北魏设计的，为

1—津阳门 2—宣阳门 3—平昌门 4—开阳门 5—青阳门 6—东阳门
7—建春门 8—广莫门 9—大夏门 10—承明门 11—阊阖门 12—西阳门
13—西明门 14—宫城 15—左卫府 16—司徒府 17—国子学 18—宗正寺
19—景乐寺 20—太庙 21—护军府 22—右卫府 23—太尉府 24—将作曹
25—九级府 26—太社 27—胡统寺 28—昭玄曹 29—永宁寺 30—御史台
31—武库 32—金墉城 33—洛阳小城 34—华林园 35—曹魏景阳山
36—听讼观 37—东宫预留地 38—司空府 39—太仓 40—太仓署导官署
41—洛阳大市 42—洛阳小市 43—东汉灵台址 44—东汉辟雍址
45—东汉太学址 46—四通寺 47—白象坊 48—狮子坊 49—金陵馆
50—燕然馆 51—扶桑馆 52—崦嵫馆 53—慕义里 54—慕化里 55—归德里
56—归正里 57—阅武场 58—寿丘里 59—阳渠水 60—谷水 61—东石桥
62—七里桥 63—长分桥 64—伊水 65—洛河 66—东汉明堂址 67—圜丘

图13-2 北魏洛阳平面复原图（参考《中国古代建筑史》）

第十三讲
千古第一陪都的荣耀亮相——北魏洛阳

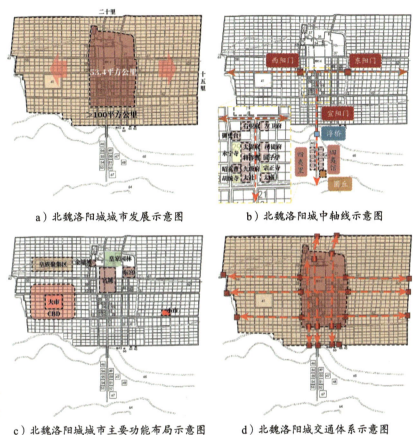

图 13-3 北魏洛阳系统分析示意图

a) 北魏洛阳城城市发展示意图
b) 北魏洛阳城中轴线示意图
c) 北魏洛阳城城市主要功能布局示意图
d) 北魏洛阳城交通体系示意图

了实现东西贯通,就把西阳门的位置上移,放在了和东阳门一条线的位置上。

这是东西轴线,接着是南北轴线。这条南北轴线还是沿用的原来曹魏改造洛阳所形成的南北轴线,从宫城的正门到内城南侧的宣阳门,只是北魏把这条轴线向南继续加强,延伸到外城郭外,渡过洛河,最后到达伊河。

在设计上,这条南北轴线进行了绝对的强化。内城部分,沿轴线两侧排列了大量的政府部门,护驾的左卫府、右卫府,首席大官太尉府、司徒府,监视官员的御史台,管规划建设的将作曹,管学习的国子学,管寺庙的昭玄曹,管国库的九级府,还有最为重要的太庙和太社。另外，这条轴线旁还有永宁寺、胡统寺和宗正寺，其中最有名的地标建筑就是永宁寺，堪称古往今来第一寺。

总之，城里的轴线很强大，而且，太祖、太社就是王城规划理论中的"左祖右社"，这次也放在了最南端，非常完美。

南北轴线穿过南城之后，出了外城郭，就到了城外，先是到了洛河上，新建一座浮桥，有可能是仿照当时的建康在秦淮河上的浮桥朱雀桥。经过浮桥，就进入了一个片区，西侧是四夷里，东侧是四夷馆，你一听这个名字就能知道，这就是今天的使馆区，外国人住的地方，中国古代的传统是不允许外国人住在城里的。

使馆区之后，轴线到达最后的重点——圜丘，也就是皇帝祭祀的地方。

这就是北魏洛阳的南北轴线。

看完这个东西和南北轴线，我不知道你有什么感觉，我是觉得这不就是一个北京城吗？当然，我们后面要提到的很多城市也都有，但这样强烈的轴线应该说是从北魏洛阳开始的，甚至超过了它的师傅，当时的建康。

说完轴线，我们再看分区（图13-3c）。

宫城依然沿用曹魏思路，放在北城，宫城的东侧依然是太子的东宫，西北是金墉城，北侧是皇家的园林，和宫城直接相连，便于皇帝出逃。

但南部就不能像曹魏一样了，因为太大了，而且，不仅有南城，还有西城和东城了。

面对这么大的居住区，怎么办呢？

根据《洛阳伽蓝记》记载，除了外郭西侧三十个里坊是皇族聚集区以外，洛阳的其他有特别职业特征的人群基本聚集在市的周围。新洛阳的市分为西侧的大市和东侧的小市，这样就以市为中心形成了城市当中的商业中心，尤其是大市，更是整个城市的商贸区所在。

其他的区域就都是普通的居住区了。

至于北魏洛阳的里坊数量，不同的史料说法不一，《洛阳伽蓝记》中说有二百二十个里，《魏书·世宗纪》说有三百二十三坊，具体到底是多少，现在也没有定论，目前的图也都是推测示意。

最后，我们再来说说城门和交通（图13-3d）。新的洛阳的城门和原来曹魏时基本一致，北二，南四，东西各三。但因为这次增加了外城，所以外城的城门也和内城的城门相互对应。

对应城门的位置，全城的交通主要有六条主要干道，也是洛阳城的御道，东西三条，分别是北路阊阖门到建春门一线，中路西阳门到东阳门一线，南路西明门到青阳门一线，这三条都是贯穿全程的东西干道。

南北也是三条，分别是西路津阳门一线，中路宣阳门一线，东路平昌门一线，这三条虽然并没有贯穿全城，因为北侧有大量的官殿，但这三条在空间感觉上都有延续。

轴线，里坊，御道，这些因素还不够，北魏洛阳还有一个最大的特色，就是寺庙众多。

我们都知道北魏时期是佛教大发展时期，为什么孝文帝在《都城令》当中特别强调了寺庙的数量，就是怕将来搂不住，没想到的是，就算有了规定，还是没搂住。

杜牧有两句诗特别有名："南朝四百八十寺，多少楼台烟雨中。"说的是南朝建康的佛寺特别多，四百八十寺，听上去好夸张啊，但实际上，这个数量比起北魏洛阳城来说，简直是小巫见大巫，北魏迁都洛阳是在公元494年，到了公元534年，北魏结束，东魏开始，迁都邺城，这区区40年的光景，洛阳城的寺庙数量达到一千三百六十七所，简直夸张得不得了。

也正是因为寺庙太多了，所以北魏洛阳当时应该是一个高层林立的城市，因为佛塔肯定是多得不得了，想象一下，这样的城市如果放到今天，得有多震撼（图13-4）！

遗憾的是到了现在，我们能看到的也只有当年巍峨高耸达136.7米的永宁寺塔的塔基而已。

虽然北魏洛阳的辉煌令人神往，但孝文帝的迁都汉化也给北魏的亡国埋下了祸根。在孝文帝死后仅仅35年，北魏就因为内部矛盾的激化而解体，分为西魏和东魏，北方再次进入分裂时期，北魏洛阳也因为战乱，再次结束了自己的政治使命。

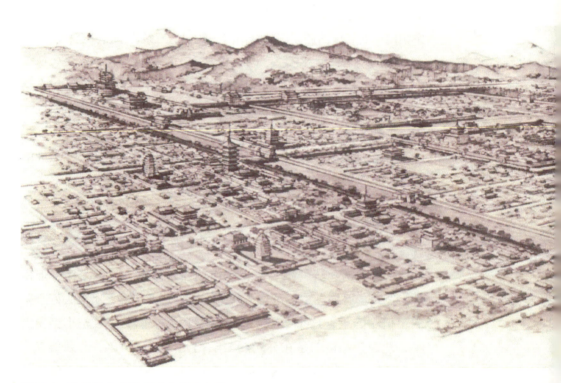

图13-4 陈寅恪先生复原的北魏洛阳城

第十四讲
超过长安，碾压洛阳，这个城市为何如此厉害
——六朝建康

北魏洛阳是中国历史上非常有名的都城，然而这个都城的主导者，北魏孝文帝，毕竟来自少数民族。虽然这位皇帝是汉文化的"超级粉丝"，但令他顶礼膜拜的汉文化正统当时已经移至江南，因此才有了"蒋少游偷师建康"的传奇故事。

那么，建康到底是一座怎样的城市呢？

建康的前身就是东吴的建业，公元279年年底，司马炎水陆并进，搞了一次渡江战役，攻占建业，东吴灭亡，中国重回统一，西晋开始统治。36年后，西晋灭亡，中国北方被少数民族占领，而司马睿就跑到建业建立了东晋。

东晋建立这件事引发了一个很重要的后果，就是当时因为北方变成少数民族当政，所以汉人就开始成群结队地往南方跑，尤其是那些读书人、当官的、有钱的，很多人跟着司马睿跑到了建业，这个事情被称为"衣冠南渡"。

这是中国历史上的第一次衣冠南渡，导致汉文化正统首次从北方转移到了南方。衣冠南渡在历史上还有一次，就是后来的赵构建立南宋，一堆人跟着跑到杭州。

这种南北的变换很显然是可以促进南北文化交流的，对于城市来说，规划思想和建设方式也有机会进行融合，结果当北方的轴线遇到了南方的山水，东晋都城建康诞生了。

建康是东晋建立之后改的名，原来叫建业，因为当时西晋的最后一个皇帝晋愍帝名字叫司马邺，所以邺这个音就不能用在都城了。

从此，建康开始了长达272年的都城生涯，直到毁于隋文帝之手。这两百多年的时间，建康先是经历了东晋，然后是南朝的宋齐梁陈四个朝代，一步步发展成在中国历史上数一数二的顶尖城市，并对后世建都产生了巨大的影响（图14-1）。

一、篱笆城翻版洛阳变身超级都市

东晋刚建立的时候，当时天下还很乱，天天担心北朝的人哪天打过来，所以大家都没什么心思建造都城和宫殿，就沿用了原来东吴的东西。不过当时的皇帝为了证明自己是从中原来的，是正统的皇帝，所以就把建康的很多名字都改成了和洛阳一样的名字，比如原来的将军府舍改名叫太极殿，新修一个城门就叫宣阳门，那感觉好像对大家说，虽然咱们打不回洛阳，但改改名字是不是也有一种时空穿越的感觉啊！

尽管如此，东晋刚建立时的建康真的很惨，连像样的城墙都没有，用竹篱做墙，号称"篱墙"。而且这个城周长只有二十里十九步，很小，修城门甚至就修了一个门——南面的正门宣阳门，这感觉完全是一个超级农家乐。

除了这个简陋的城墙，建康城的外围当时还有两道屏障，外层还是竹篱，史书中说有五十六个门，也不知道是不是记错了，怎么会有这么多的门。内侧的屏障是一种临时的栅，这个栅很有意思，东边挨着青溪，南边到秦淮河，西边是长江，北边是玄武湖，这个栅就建在靠近河边的地方，被称为"栅塘"。

结果这个栅后来就成为北方人嘲笑南方人的一个特点，因为这个栅围了之后，大家突然发现，建康变成了四面都是水的岛。于是北朝的人就讽刺建康，说南朝政权叫作"岛夷"，意思就是住在岛上的野人，完全一副瞧不起的样子。

不过笑归笑，东晋能做的只有默默地建设建康，先是把洛阳的中轴线搬过来了，沿着宣阳门一路向南修，在秦淮河上建造浮桥朱雀

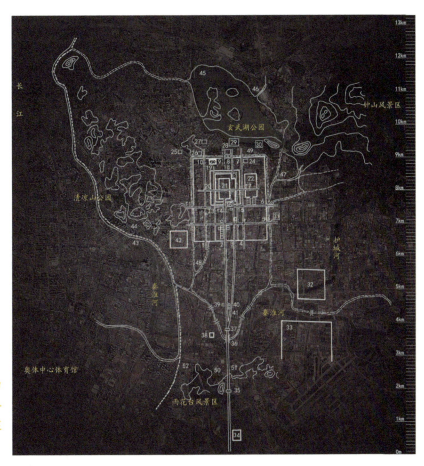

图14-1 东晋、南朝建康城平面复原示意图（参考《中国古代建筑史》）

1—陵阳门　2—宣阳门　3—开阳门（宋津阳门）　4—新开阳门（448年增）
5—清明门　6—建春门（建阳门）7—新广莫门（公元448年增）
8—平昌门（广莫门，448年改承明门）　9—玄武门　10—大夏门　11—西明门
12—阊阖门（448年增）　13—西掖门（宋、齐）　14—大司马门
15—南掖门（晋）阊阖门（宋）端门（陈）天门　16—东掖门（宋、齐）
17—东掖门（晋）万春门（宋）东华门（梁）
18—平昌门（晋）广莫门（宋）承明门（宋）　19—大通门（梁增）
20—西掖门（晋）千秋门（宋）西华门（梁）　21—台城，宫城
22—东宫　23—同泰寺　24—苑市　25—纱市　26—北市　27—归善寺
28—宣武场　29—乐游苑　30—北郊　31—草市　32—东府　33—丹阳郡
34—南郊　35—国门　36—朱爵（雀）航、大航　37—朱雀门　38—盐市
39—太社　40—太庙　41—国学　42—西州　43—长江故道　44石头城
45—玄武湖　46—上林苑　47—青溪　48—运渎　49—潮沟　50—越城
51—长干里　52—新亭

航，在轴线的两端建造宗庙和社稷，这条轴线一直延伸到门外十三里的南郊（图14-2a）。

东晋建造建康，就连敌人都来帮忙。公元328年，大将军苏峻因为军权被夺发动叛乱，焚烧了建康的宫殿官署，这下可好，等平定叛乱之后，当然就要重建新的宫殿，大工程来了。

东晋从公元331—339年用了九年的时间，对整个建康城进行了大规模的建设，这次建设奠定了后来建康城的格局基础，以后的几个朝代就都没有再做太大的改动。

首先对建康的宫城和城墙进行了完善和建设。刚才说，东晋刚建立的时候只有一个篱墙，一个宣阳门。这样当然不行，先是建造被苏峻烧毁的宫殿。苏峻烧的宫殿还是原来的宫殿，就是刚才说的太极殿，但这个宫殿的位置其实原本就不在咱们说的那条轴线的中间，可见朝廷也许本来就打算新建宫城，只是苏峻帮忙放了一把火，推动了工程的进展。

于是就在轴线的正中间建设新的宫城。这个宫城周长8里（4公里），有五个门，南两个门，东西北各一个门。南边的主门还是叫大司马门，旁边是南掖门，东西二门分别叫东掖门和西掖门，北门叫平昌门（图14-2b）。

这个宫城还有一个名字叫台城，为什么叫台城呢？因为这里原来就是当年孙吴宫室所在的后苑城，东晋改建扩建成宫城之后，由于当时皇帝住的地方叫"台"，所以这个宫城也被称为台城。

除了宫城，对城郭也进行了建设，原来只有一个宣阳门当然不够，于是又增加了五个门，变成六个门，最后形成"南三，东二，西一"的格局。

南边在宣阳门的西侧增加了陵阳门，东侧增加了开阳门，东边的叫清明门、建春门，西边的叫西明门。

说到这里，大家可以回想一下，或者查一下魏晋洛阳的资料，你就会发现，这六个城门有五个都是沿用洛阳城门的名称：宣阳门、开阳门、清明门、建春门、西明门。

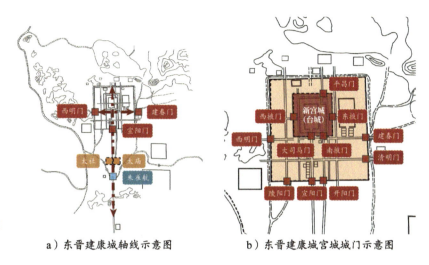

图14-2 东晋建康分析图

a）东晋建康城轴线示意图　　b）东晋建康城宫城城门示意图

当然，不能只修城门，城墙也在这个时候进行了加强，宫城的城墙整体都用砖进行了包砌，但是大家注意，这个时候建康的城墙可没有改造，还是竹篱的。

除了这些，建康的轴线关系和洛阳也很像，也是形成了东西南北两条"十"字形的轴线（图14-2a）。

东西轴线是从西明门到建春门，贯穿全城，在宫城的南侧。为了加强南北轴线，后来又新建了朱雀门，修复朱雀航，新建国学。

就这样，建康从这个时候变成洛阳的一个翻版，宫城在中轴线的北端，后面是官苑，府库在宫城的东西两侧，衙署在中轴线的两边。

不过也可以看到建康和洛阳的不同，因为建康城池不大，因此是向城外发展的，加上城的北、西、东都没有空间，所以主要是向城南延伸。

这一点成为后来北魏洛阳规划时借鉴的特点。

但是在东晋的整个时期，由于一直都是南北对峙，而建康和北朝也不过就一条长江分隔，因此在战略上还需要随时做好防守。为了保证都城的安全，东晋在建康的周围建造了一大堆的小据点，比如石头城、越城、西州、丹阳郡城等，而这些据点很多后来都发展得不错，聚集了大量的居民。

东晋发展到后期，又在40年后对建康进行了大规模的升级改造，但这些升级主要是在原有基础上的翻新加高，因此对整个城市的格局并没有太大的调整。

这次改建之后没多久东晋就不行了。

实际上，在中国历史上，西晋和东晋的政治统治都是非常糟糕的，其原因就是因为当时的门阀。

二、南朝第一帝开启建康封神之路

什么叫门阀？讲究门第出身的家族集团就叫门阀。

中国在唐朝以前，大多数的朝代选择谁做官，选择谁干事，不是因为你有没有这个本事，而是因为你爸是谁，你爷爷是谁，你爷爷的爸爸是谁，这个就是出身。

这种非常糟糕的形式在两晋时期达到了最顶峰。两晋时期天下虽然姓司马，但实权早早就落在这种门阀手中，所以两晋时代叫作"与门阀共天下"。

比如东晋时期的第一门阀，琅琊王氏。当时民间有一句话："王与马，共天下。"这句话要是放在后来的朝代，这个老王家早就被诛灭九族了，和皇帝共天下，这不是要造反吗？甚至还排在马的前面，马就是司马的意思，简直太过分了！

但这在东晋就没问题，因为皇帝早就被架空了。当然，门阀制度的问题是，这样的事情不可能长久。

你想，既然权力不在皇帝手里，那还不是谁牛谁上位，你家上位的时候权倾朝野，我就偷偷算计，直到把你家干掉，然后我家上位。就这样你搞我，我搞你，直到一个猛人出现，结束了东晋，他就是刘裕。

刘裕的出身并不好，属于那种没什么希望的二流士族。出生时家里很穷，原来的工作和当年的刘邦一样，编草鞋。

编草鞋的刘裕一直怀揣着出人头地的梦想，终于等到了老恒家造反,机会来了!

桓家原本是很厉害的门阀士族,一度过着皇帝老二我老大的生活,权力大到甚至有时会感慨自己为什么不是皇帝。

这样的家族当然不受皇帝待见,结果家族势力逐渐衰落,权力也被剥夺了,这种状态很令人郁闷,于是桓玄起兵造反,而且成功了。

桓玄逼着当时的晋安帝把位置让给自己,建立楚国,史称桓楚。

可惜这个桓楚命运不济,遇上了刘裕。几个月后,刘裕带兵击败桓玄,桓楚灭亡。刘裕把在旁边看热闹的晋安帝又找回来,重新上位。

从此,刘裕时代开始。

刘裕掌权之后,南征北战,发动了两次北伐,先后灭掉南燕和后秦,夺取了大量的土地,一度收复了洛阳和长安。向南平定叛乱,把卢循从江苏一直打到广州;向西消灭谯蜀,攻占巴蜀,对内灭掉自己的搭档刘毅。

刘裕时代是南北朝时期疆域最大的时期,距离统一全国近在咫尺。

而刘裕这个时候战功太大,所以想了一下,还是自己当皇帝吧,于是又派人把之前拥立的那个倒霉皇帝晋安帝给勒死了,立他的弟弟为新君。两年之后,代晋称帝,东晋彻底结束,刘宋建立。

你要是觉得刘裕只会打仗就错了,刘裕有一个称号,叫作"南朝第一帝",就是因为他治理国家更厉害。整个南北朝国家发展的最好时期就是他和儿子宋文帝刘义隆治理的时期,宋文帝统治的时期还因为特别好,被称为"元嘉之治"。

既然经济情况好,都城的建设当然也不会闲着,宋文帝时期对建康进行了一系列大的建设。

这些建设中最重要的是两件事情,一是改造玄武湖,一是改造城门和城内相关的道路。

玄武湖在这之前本来叫北湖,这次对湖面本身进行了改造,拓宽水面,加强了建康北侧的防守条件,同时将名字改为玄武湖。很显然，这个玄武就是四象中的北方玄武，符合天上星宿的布局，因此建康应该也有和天文呼应的考虑。玄武湖的改造一直影响到后世。

然后是城门和道路。新增了三个城门，阊阖门、广莫门和开阳门（图14-3a）。

阊阖门在西城的南侧，和东面的清明门相对。把这条轴线打通，形成了第二条东西贯通的轴线道路。另外，把北侧晋初的平昌门，现在叫广莫门改名叫承明门，然后在它的东面新加了一个门，还叫广莫门。

南边把原来的开阳门改名为津阳门，在它的东边新开一门，还叫开阳门。新的开阳门和广莫门之间用一条南北贯通的道路相连。

这样，新开了三个门，打通了两条道路，整个布局规划其实还是在参考魏晋洛阳。

在刘宋时期的建康发展得还不错，但还没有到达建康最辉煌的时刻。

刘宋之后的齐没有太大的作为，主要干了一件事儿，就是把建康的城墙从竹篱改为土墙。

齐之后的梁才进入到建康的最鼎盛时期，为什么呢？因为这个时候，北魏洛阳诞生了。

北魏洛阳我们之前已经讲过了，建得非常棒，所以给当时的梁很大的压力，因为当时的情况是南北朝对峙，谁也没有本事把对方消灭，只能在都城建设这种事情上找存在感。但建康有一个地方不如北魏洛阳，就是城墙的范围没有人家大，所以梁只能在感觉上下功夫，于是又对建康进行了新的改建。除了大规模的扩建宫殿以外，主要就是增设城门和增加主干道。

目前还没有最后定论，但推测在这个时期又新建了两座城门，都在北墙上，分别是玄武门和大夏门。这样建康城南面四个门，北面四个门，东西各两个门，一共十二个门，和王城规划理论的要求总数算是一致了（图14-3b）。

结合这些城门，建康最后形成了南北六条主干道，东西三条主

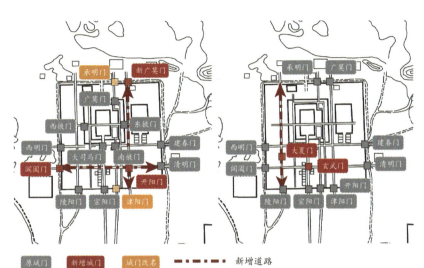

图14-3 刘宋、萧梁时期建康演变分析图

a) 刘宋建康城门改名与新增城门、道路示意图　　b) 萧梁建康城门改名与新增城门、道路示意图

干道。

南北方向，第一条北城大夏门至南城陵阳门；第二条宫城西掖门向南的大道，又称右御街；第三条宫城大司马门经宣阳门向朱雀门的大道，称为"御街"或"都街"，又叫南驰道，是整个建康的南北主轴线；第四条是自宫城南掖门至南城开阳门后转向朱雀门的大道；第五条是自宫城东掖门向南的大道，叫"兰台大道"；第六条是自北城新广莫门至南城新开阳门的穿城大道，夹在宫城和东宫之间。这是六条南北大道。

东西方向，第一条从东城建春门到西城西明门间的穿城大道，横过宫城之前，这是建康的东西主干道，道的北侧是宫殿仓库区，南侧是官署及居民区；第二条从东城清明门到西城阊阖门间的穿城大道；第三条是目前的推测，应该是从宫城的西门向西和东宫的东门向东有一条道路，但这条道路没有城门。

至此，建康的规划布局终于到达最后的顶峰，十二个城门，九条干道。现在想想，当年一定是一个非常震撼的城市。

但建康真正令人震撼的并不是这个城池，而是它庞大的规模。

三、超级都市的超级数据

据史书记载,梁鼎盛时期的建康有二十八万户人家,你知道这是什么概念吗?如果一户人家有五口人,总人口就达到了140万人,如果再加上那些入不了户的人,比如奴婢、僧尼和军队,建康的总人口可能会接近200万,这个数字不仅超过了之前的汉晋,也超过了之后的唐长安和洛阳,绝对是一个超级大都市。

那你可能会问,建康看着不大啊,这么多的人住在哪儿呢?

确实,因为历史和地理条件的原因,建康不大。因此,大量的人,尤其是普通的百姓其实都是住在城外的,主要的位置就在城南的秦淮河两岸,尤其是北岸。

为什么这样呢?因为每次有人带兵来打建康,路线都是从南边的秦淮河打过来,守城的人一般都是把河上的浮桥收起来,进行防守。这样秦淮河的南岸就免不了经常被部队骚扰,久而久之,人们就住到了北岸。

不仅如此,咱们前面说过,建康的周围有很多的卫星小城,比如石头城、冶城、越城、丹阳郡城、白下城等,这些小城在打仗的时候往往成为建康的帮手,而在平时,也成为疏解建康人口和经济的卫星城镇。到了梁全盛的时候,这些小城和建康已经几乎连成一片,发展成西起石头城,东至倪塘,北到蒋山,南到石子岗,覆盖范围接近100平方公里的城市集群,极度震撼(图14-4)。

有这么多的人、城市,建康的经济高度发达,秦淮河上仅浮桥就有二十四座,其中最有名的是四航:丹杨航,竹格航,朱雀航和骠骑航。

除了桥,还有数量众多的市,大市小市一大堆。在《隋书》中说建康"淮水北有大市百余,小市十余所,大市备置官司"。目前来看,这个大市百余,估计是写书的人夸张了,但很显然,当时的市数量是非常多的。小市基本都是专业市场,如盐市、纱市、牛马市、谷市等,非常丰富。

第十四讲
超过长安，碾压洛阳，这个城市为何如此厉害——六朝建康

图14-4 建康城市群示意图

不仅如此，由于当时建康的佛教非常兴盛，寺庙众多，因此很多市的建设都和寺庙结合在一起，甚至寺庙本身也会参与市集的经营，简直可以被称为"寺庙综合体"了。

说到寺庙，虽然北魏洛阳的寺庙总数比建康多，但建康城市的规模也比北魏洛阳小得多，因此从密度上来说并不差。当时的人们特别喜欢建寺庙，有多喜欢呢？从皇帝开始，凡是有钱有权的，甚至经常把自己的住家捐出来建造寺庙，结果搞得民不聊生。

总之，这个时候的建康可以说是当时中国人口最多、规模最大、GDP最高的超级城市。

如果不论城墙，只看城市发展控制范围，建康是超过中国历史上任何一座城市的，包括隋唐长安。而且，建康的城市发展和长安、洛阳这些城市又特别不一样。建康没有外城郭，没有很宏大的规划方案，只是随着时间的推移，朝代的更替，一点点进行的规划发展，而外城郭部分甚至都可能是无规划状态发展的，是一个完全依靠市场发展而形成的城市，充分证明了当时中国南方的经济发达状态、社会开放程度远比北方要好得多。

不过，再好的城市也有尽头，梁之后的陈没有大的作为，被隋文帝消灭。而隋文帝在占领建康之后发布了一个诏书，要求把建康从这个地球上"抹"去！

于是，这座无比繁华的城市就此被夷为平地，直到很多年后，大长脸朱元璋的出现才让这座城市再次走到政治权力的巅峰。

第十五讲
一个规划天才的风水巅峰之作
——隋朝大兴

中国有句俗语："皇帝轮流做，明年到我家。"看完这本书，你会有一种感觉，都城轮流当，不是长安就是洛阳！

公元534年，北魏终结，北方地区分裂为西魏和东魏两个国家。结果分裂之后，洛阳再一次被无情地抛弃了，东魏把都城从洛阳迁到邺城，而西魏则再一次定都长安。

虽然分成了两个魏，但毕竟都是孝文帝的后代，西魏这边是孝文帝孙子南阳王元宝炬，史称魏文昭帝；东魏那边开始是孝文帝另一个孙子元亶，后来没多久元亶被废，他的儿子，年仅十一岁的元善见被立为帝，史称魏孝静帝。

也许是因为血统太相似，所以这两个魏的命运也特别相似，每个魏都有一个权臣，西魏是宇文泰，东魏是高欢。然后每个魏都被逼禅让给了那个权臣，连时间都很接近，没差几年，结果西魏变成了北周，东魏变成了北齐。

虽然天变了，但都城没变，北周还是沿用的长安，而北齐还是邺城。然后北方就变成长安和邺城的对决，结果还是"西部牛仔"比较能打，公元577年，北周灭北齐，长安又成为北方的政治中心。

在这里提醒大家一句，东魏定都邺城是从洛阳迁过去的，当时邺城还是原来曹魏的规模，后来东魏在那个基础上建造了邺南城，形成了今天我们看到的邺城遗址的完整范围。这个城最终成为邺城政治生涯的终点！

而西魏和北周的都城长安用的还是汉长安的老城，因为这两个朝代存在时间都很短，所以也没有再进行多大规模的扩建，加上史料和现在的遗存都很少，因此也没什么好说的。但我们需要知道的是，这是汉长安城的最后一次亮相，再往后就没有它什么事儿了。

北周灭了北齐，统一中国北方，但仅仅过了4年，北周就被逼禅让给了它的另一个权臣杨坚，北周结束，隋朝登场。

说到这，还是那句话，历史总是惊人的相似！

当年西汉末年，外戚王莽专权，结果最后灭了西汉，建立短命王朝新朝，这事儿就发生在当时的汉长安。说来也巧了，时隔五百多年，在同样的地方，同样的城市，北周再次被外戚杨坚夺权，建立另一个短命王朝隋朝。

再看隋朝，隋朝虽然短命，但隋朝其实是一个非常有作为的朝代。短短38年，干了很多惊天动地的大事，其中就包括修建了举世无双的大兴城，而这个大兴城就是后来的唐长安。

一、隋文帝因噩梦舍汉长安而另建新都

我们先来看一下大兴城的位置，大兴城位于汉长安的东南方向，和汉长安最近点的距离都不到2公里，可以说是非常非常近（图15-1）！那么，为什么杨坚定都长安，没有继续沿用汉长安，而是在隔壁去建造一个全新的都城呢？这事儿咱们得从杨坚这个人的性格说起。

杨坚的人生遭遇决定了他是一个非常保守的人。

杨坚出身军事世家，父亲杨忠从西魏的将军做到北周的将军，最后的职位是柱国大将军，随国公，这个基本就是当时的最高官职了。后来杨忠死了，年仅27岁的杨坚承袭了随国公的爵位，不仅如此，当时的皇帝还让杨坚的女儿成为自己的皇太子妃，当时的杨坚绝对是万千宠爱于一身，但也同时有了生存危机，为什么呢？官当得太大了！在中国古代官当得太大的很多没有好下场。

从不到30岁开始，杨坚就天天和一堆要他命的人斗智斗勇，这些人也包括当朝的皇帝，杨坚能够坚持到最后，靠的全是运气和谨小慎微。

第十五讲
一个规划天才的风水巅峰之作——隋朝大兴

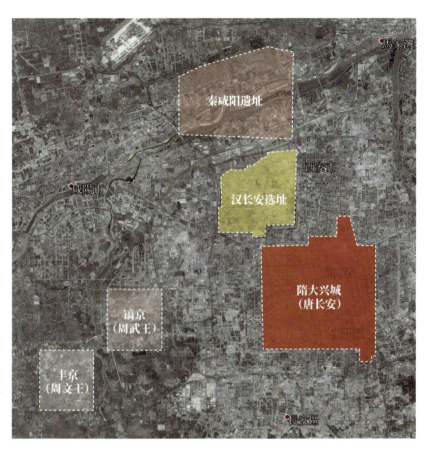

图15-1 隋大兴城（唐长安城）位置关系图

我们再看隋朝刚建立的时候是什么样子。当时中国的北方地区都是隋朝的，但今时不同往日，当时的关中地区已经不像当年周武王、刘邦时条件那么好了。从公元前1046年西周立国，到公元581年隋朝建立，关中地区已经被"摧残"了1627年，这么长的时间，别说八百里秦川，再有两三个八百里也早就开发得差不多了。

而当时中国的中原、江南的经济文化都已经超过关中，大量的物资来源、粮食来源都要依靠东部，所以定都关中在当时并不是一个非常好的选择。

但是定都关中绝对是一个安全且保守的选择。原因咱们前面说过很多次了，不重复。而且，隋朝建国后没有立刻平定南陈，要知道当时的南陈皇帝陈叔宝基本和刘禅有一拼，写情诗的精神头比治理国家高多了，就这样的一个国家，杨坚等了8年才派兵搞定，可见他的忧患意识是非常强烈的，选择定都关中非常符合他的性格特点。

那又为什么建造新的都城呢？因为当时的汉长安确实没法再待了，太破了！

在史料记载中说当时的汉长安，"凋敝日久，屡为战场，宫室狭小"，还有"建都八百载，水皆成卤，不甚宜人"。古人说话都比较精炼、含蓄，实际就是说，汉长安这边经历的战争太多了，已经破得不成样子了，而且水都被污染了，喝起来太酸涩了，这样的城市别说当国都了，给人住都问题很大。

可见当时建造新都确实是必须要做的。

另外，不仅现状惨，连老天都告诉杨坚必须建新都。

据说杨坚当时做了一个梦，梦见自己的都城被大水给淹没了，自己小命当然也没保住。受到惊吓的杨坚立马就决定建造新城，不过这个事被后代很多人认为是预示隋未来会被李渊所灭，渊不就是水吗？但实际上，杨坚如果真做了这个梦，根本的原因还是因为汉长安确实经常被大水淹。汉长安的北侧靠近渭水，渭水不太老实，没事就发发脾气，据当时的记载，渭水的水患正是当时汉长安最头疼的事情。

现在于情于理都要建新都了，问题是新都为什么要建在汉长安的隔壁呢？

为了选址，隋文帝杨坚没事就出去瞎溜达。当他走到汉长安东南方向的一个地方时突然惊呆了，这不就是理想中的都城所在吗？一打听，这个地方名字叫作龙首原，简直是老天爷给准备好的地方啊！于是就确定了这里就是未来都城的所在地。

后来杨坚在诏书中对于这个地方是这么说的："龙首山川原秀丽，卉物滋阜，卜食相土，宜建都邑，定鼎之基永固，无穷之业在斯。"听听这词用的，简直不能再好听了。

其实按照记载来说，龙首原就是一个东南高、西北低的土坡，这个土坡是从南山延续到渭河的。在《三秦记》里说："龙首山长六十里，头入渭水，尾达樊川。头高二十丈，尾渐下，高五六丈，土赤不毛。昔有黑龙从山出，饮渭水，其行道因成土山。"

既然是土赤不毛，那就拿来搞建设吧。

好了，现在地方定了，需要开始规划设计和建设了，隋文帝安排了几个人上台表演。

二、大兴城建造背后的宫斗情节

一位是心腹重臣高颎。这位是隋朝的开国功臣，南陈就是他指挥部队扫平的，是当时隋朝可以被称为功高震主的人物，所以他就是个摆设，这么大的官不可能干实事。

另一个是当时的将作大臣刘龙。这个将作大臣就厉害了，也有很多人称这个职位为"将作大匠"，是当时将作监的领导。这个将作监就是中国古代负责修建宫殿、宗庙、陵墓这些重要建筑的机构，说白了，国家级的土建工程都是这个机关来管的，做这个机关的头儿，那当然是有两下子。

只不过，刘龙的本事和作用史书里记载得太少了，只在魏征编写的《隋书》里说了一句："性强明，有巧思。齐后主知之，令修三爵台，甚称旨。因而历职通显。"文帝时官将作大匠。迁都之始，与高颎参掌制度，代号为能。

跟没说一样，所以就只剩这最后一位了，结果这座举世无双的都城规划功劳基本都归到了他的名下，他就是当时的太子左庶子宇文恺。

目前来看，如果我们要讲中国古代规划第一人，那估计就是这位宇文恺了。

很多人觉得宇文恺是一个天才，因为他进行隋朝新都城规划的时候只有28岁，确实挺天才的！

但问题来了，就算你是个天才，也要分在哪个方面。建筑规划方面很难，因为这是一个靠工程实践的专业，没有大量的时间怎么来验证呢？又不是自己在家搭积木，所以宇文恺再天才，但在当时也未必能够被委以这样的重任。

实际的情况呢？经过我的研究和想象，这个事情的背后没准是一场宫斗剧。

实际上，高颎和宇文恺都是太子杨勇的人。后来高颎就为了维护太子杨勇的地位而和杨坚闹翻了，结果被杨坚削职为民，把齐国公的爵位都给免了。而宇文恺的职位，太子左庶子，就是太子的跟班，大管家。

所以从人选上我们可以看得出来，杨坚当时的主要目的应该是考验太子杨勇的办事能力，否则怎么会把都城的营建这么重要的工作交给这几个人呢？

当然，这么说也并不是说宇文恺就不懂工程，他还是很懂的。

宇文恺本人出身武将世家，父亲宇文贵就是武将，但宇文恺从小就表现出惊人的建筑天赋。史料记载说他参与很多工程，虽然我实际查到的只有负责过宗庙的设计建造，但能够负责建造宗庙这种非常重要的国家建筑，宇文恺的设计能力可见一斑。

不仅如此，给我的感觉，宇文恺应该是一个情商与智商都非常高的建筑师。宇文恺后来对大兴城的规划思路也证明了这一点。

三、宇文恺的惊天布局搞定中国史上最强都城

现在经过很多人的考证和研究，认为宇文恺是根据周易的六爻来布置整个大兴城的格局的。说是宇文恺到现场去查看，结果发现现场的地形虽然是一个龙首的造型，但其实有很多条高坡，这下厉害了，宇文恺立刻联想到周易当中的六爻卦象。

那么，什么是六爻呢？

我们知道周易当中的卦象都是一条条的线组成的，那些长长短短的线就是爻，一条长线代表阳爻，一条断了的线则代表阴爻（图15-2），六条线叠在一起就称为六爻，古人喜欢用六爻来进行占卜预测，如果

图15-2 八卦图和阳爻阴爻示意图

是六条长线则是乾卦的卦象。乾卦是周易六十四卦的第一卦，代表的是天，描写的是一个事物从发生到繁荣的过程。

宇文恺给皇帝的规划汇报是从解读乾卦开始的，也就是天，是不是非常厉害！

说到这，我相信但凡有点设计经验的朋友都会感叹宇文恺真是太聪明了，用这样一套卦象来安排大兴城，试问哪个皇帝会拒绝呢？简直太有说服力，绝对是规划师讲故事千古第一人。

那这个故事是怎么讲的呢？

需要提醒大家的是，这张六爻图是后人研究出来的，并不是古代流传下来的，所以客观地说只是一种推测（图15-3）。

我们可以看到图中的那个方形就是隋朝新都大兴城的位置示意，里面有宫城和皇城。而在城的下面是原地形地貌的复原想象图，一共有七道高坡。

北侧第一道高坡是龙首原黄土梁，卦中被称为初九。初九在周易中叫作"潜龙勿用"，这个词的意思是说一个无比厉害的大人物正在修炼，无法出山。所以这个地方虽然牛，但是不能用，干什么呢？宇文恺说这里适合做皇家园林，只给最厉害的皇帝使用。完美（图15-4）！

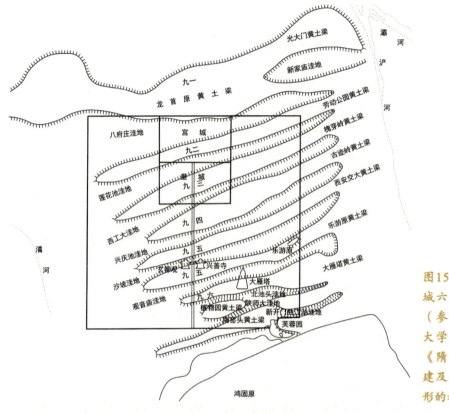

图15-3 隋大兴城六爻分布示意（参考陕西师范大学李令福教授《隋大兴城的兴建及其对原隰地形的利用》）

第二道高坡是劳动公园黄土梁，卦中被称为九二。在卦辞中说："见龙在田，利见大人。" 这段话是接着上面那句的，牛人终于练好了，现在可以下山了，见到了梦寐以求的皇帝，出人头地的时候到了。所以叫"见龙在田"，见到龙了。宇文恺说，这个地方适合真龙天子待着，等着被见到，因此把皇帝的宫殿放在这里，很完美！

第三道高坡是槐芽岭黄土梁，卦中被称为九三。在卦辞中说："君子终日乾乾，夕惕若厉，无咎。"这段话意思是说你虽然现在发达了，但不能骄傲啊，还需要继续勤学苦练，才能保持自己的地位。很显然，这句话特别适合那些埋头苦干的公务人员，因此宇文恺说，这里应该放政府机关，非常完美！

第四道高坡是古迹岭黄土梁，卦中被称为九四。在卦辞中说：

第十五讲
一个规划天才的风水巅峰之作——隋朝大兴　161

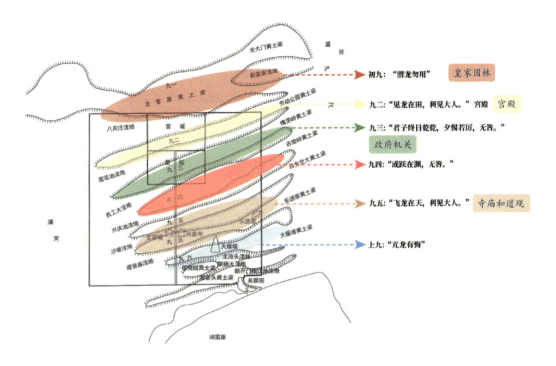

图15-4　隋大兴城六爻分析示意

"或跃在渊，无咎。" 意思是现在你有了施展的机会，尽管干！这个专家们都没有解释，估计是没猜出来宇文恺说了啥，咱们也不瞎说。

第五道高坡和第六道高坡被归在一起，并称为九五。在卦辞中说："飞龙在天，利见大人。"这个有点麻烦，因为这个意思是你遇到了比皇帝更厉害的人物，这个"飞龙在天"比前面那个"见龙在田"更厉害。问题是不可能有两个皇帝啊，这个就体现出宇文恺的机智了，他把寺庙和道观放在这里，你皇帝不是厉害吗，再厉害不也得听神仙的？简直不能再完美了！

第七道高坡是大雁塔黄土梁，卦中被称为上九，在卦辞中说："亢龙有悔。"那意思是，你已经牛到家了，现在你要考虑考虑收敛一下，别被皇帝给弄死了，物极必反。对于这个地方，专家解释的不多，不过实际上也是安排了一些寺庙，估计宇文恺的解读可能是这里比较适合退休养老，修身养性。

怎么样，这个规划理念讲得如何？是不是觉得宇文恺确实有一套，这套东西不仅适合给皇帝听，更适合给大臣听，因为你不觉得乾卦的解读完全是给大臣上了一堂成功学的课程吗？所以大兴城的规划连大臣的发展规划都放进去了，这样的方案谁能反对呢？

当然，宇文恺说得有模有样，但你如果真的以为他只是靠这个来做规划的？你就太幼稚了，实际上，宇文恺的规划还有更多的玄机和秘密！

第十六讲
永恒的传奇为何未能长治久安
——盛唐长安

对于长安本身,我们中国人的想象与憧憬是非常多的,甚至很多人都很想有一天能够穿越回唐朝,在长安生活。那么长安是不是真的那么好,而长安又为什么最后被毁?

在弄清楚这些问题之前,我们首先来了解一下唐长安到底长什么样。

隋炀帝亡国之后,李唐王朝开始,但李渊对隋原来的都城大兴的态度是全盘接受,因此并没有对大兴做出很大的改变,只是名字。原来叫"大兴"是因为杨坚曾经被封为大兴公,现在皇帝换人了,名字就改一下吧,不知道是因为觉得西汉命比较长久,还是因为这个地方就叫长安,所以新都城的名字就改叫长安,也是长治久安的意思。

因为大兴和长安两座城的变化很小,所以现代在分析这两座城的时候基本都是用唐长安的平面图来说(图16-1)。

一、实现周公梦想的完美城池

看一座城,我们先看它的城墙格局特点。

长安的城墙格局是很特别的,主要由三圈城墙组成,外围的叫大城,又叫外郭。外郭的尺寸经过考古实测,东西9721米,南北8651.7米。这个尺寸和史书的记载基本是一致的,总的来说是一个东西略长、南北略短的矩形。

在外郭的北侧,正中间的位置有两个南北挨着的小城,北侧是宫城,南侧是皇城。这两个城的东西长度是一样的,共同组成了一个

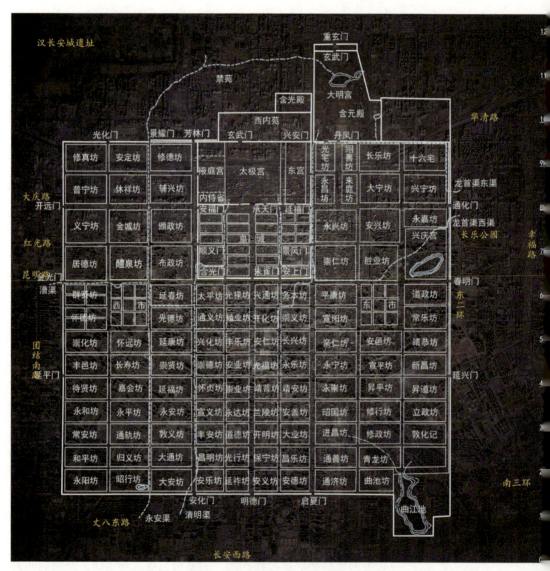

图16-1 唐长安平面图（参考《中国古代建筑史》）

图16-2 唐长安平面分析图一

a）城郭及城门示意图　　b）交通系统分析图

"日"字形。宫城东西长2820.3米，南北长1492.1米，而皇城的南北长度则是1843.6米（图16-2a）。

大家仔细想想，长安的这种宫城皇城"日"字形的布局方式之前好像没有出现过。我们之前提到宇文恺根据六爻定大兴城的布局，其中九二"见龙在田"，对应的是宫城，而九三"君子终日乾乾"，对应的是政府机关，就是皇城，所以这种宫城与皇城的格局看上去是宇文恺独创的。但实际上，如果你仔细想想北魏洛阳，你会发现，宇文恺干的事情只是把政府机关用墙给圈起来了而已，如果没有皇城的围墙，那么这个布局和北魏洛阳的核心区域是非常相似的。

看完城墙，我们再看看城门。

隋大兴城完美地实现了王城规划理论，四面墙，每个墙上都开了三个门。历史发展到隋朝时期，周公终于可以闭眼了，仔细想想之前那些都城，就会发现，在每个墙上开三个门，这个看似最简单的要求实现起来真的好难。

这里必须要说明，唐后来对大兴城有局部的改扩建，包括北侧增加城门以及著名的大明宫等。

既然开了十二个门，对应的道路规划也完美实现了。唐长安有三纵三横六条干道，每条干道都连接了两侧的城门。从明德门到朱雀门是最主要的一条大街，叫作朱雀大街，宽度达到155米；而从启夏门、安化门到北城的兴安门、芳林门的两条街道，分布在中轴线两边，宽度达到134米（图16-2b）。

在东西道路中，最北侧的，从开远门到通化门的大街是很重要的，因为这条街中间那段正好是宫城和皇城的分割线，而在皇城范围内，这部分街道宽度达到了220米，已经变成一个广场的概念；而在中部从金光门到春明门的这条大街也很重要，因为穿过皇城的南侧，和朱雀大街形成了十字形轴线，所以这条街的宽度达到了120米；只有最下面一条，从延平门到延兴门的这条街道，由于南城居民较少，发展不好，所以宽度只有55米。

总的来说，唐长安的道路规划和宽度与王城规划理论还是非常契合的！

不过，因为宫城和皇城从一开始位置就定在了北侧，所以就注定后面的布局不能完全和王城规划理论一样了，最明显的就是市的位置。市在城的中部，分为东市和西市，这就不太一样了，但这个设置方法是很有道理的，因为市设在城区的中心，从使用上来说服务半径最小，最方便（图16-3a）。

现在，如果再看唐长安的宫城、道路、市，就会发现，这座城几乎就是北魏洛阳的翻版，区别在于北魏洛阳毕竟是一个改造城市，而唐长安是一张白纸上画出来的完美都市，但二者的内在是完全一致的。

反过来，再拿唐长安和之前的汉长安、洛阳这些城市比较，再看看邺城、北魏洛阳的变化，就会彻底明白，为什么说邺城是中国古代城市的规划转折点，而北魏洛阳是洛阳城史上最伟大的创举，这一切都可以归因于唐长安的出现。

说到唐长安还要提到法天象地。我们曾经在咸阳的规划中讲到了这个非常厉害的规划原则，听上去神乎其神，但咸阳的形态和规划太零散，并且今天存世的东西太少，所以很多东西都是推测，至于汉长安的北斗之城，那个也不突出。

而唐长安在这个方面，表现得非常淋漓尽致。应该肯定的是，唐长安的规划直接影响到以后历代都城的建设宗旨：①城池方正，宫城居中；②宫前"左祖右社"，轴线对称；③严格里坊管理，宫殿与民隔离；④道路"井"字格局，全部横平竖直。其规划思想还深刻"批发"到一些邻国特别是日本，日本的古都平京城和平安京，也完全仿照了唐长安的做法。

二、唐长安背后的数字游戏

据现代很多专家分析认为，唐长安的宫城位于正北居中的位置，象征了北极星，而皇城的百官衙署则象征了环绕北极的紫微垣，而外郭城里的里坊则象征了环抱紫微垣的群星，因此唐长安城的布局其实也暗含天象。

虽然这些说法听上去有牵强附会之嫌，但后面的就确实有所记载了。

据《长安志》中说，长安的宫城、皇城东西两边的三排里坊，从北到南一共是十三个单元，这个数字代表了一年十二个月和闰月的意思（图16-3b）。

而在皇城以南，我们看一共是四组纵列里坊，这个四组代表的是一年四季的意思。这四组纵向一共是九个单元，这个九代表了王城规划理论里的那个九逵之制，大家还记得那句话："国中九经九纬，经涂九轨。"而且，在古代，九为最高级，代表的就是皇权，所以在中轴线的位置安排数字九也是别有深意。

不仅如此，到唐玄宗时，有两个坊改成了兴庆宫和十六王宅，兴庆宫是给唐玄宗和杨玉环"秀恩爱"的地方，而十六王宅是给皇子居住的地方，去掉了这两个坊，长安城坊的数量就变成一百〇八个。大家是不是立刻想到了水浒传一百单八将，也不知道唐长安的这次调整是巧合还是故意的，一百〇八这个数字和道教的天罡地煞说法就吻合

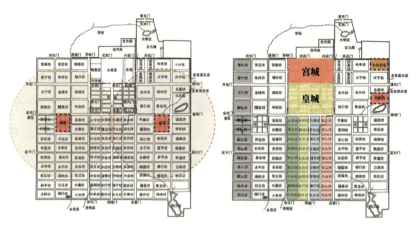

a）西市、东市位置分析图　　b）长安城的数字隐含分析

图16-3　唐长安平面分析图二

了，三十六天罡星，七十二地煞星，加在一起正好是一百〇八。

另外，宇文恺还非常巧妙地破解了唐长安地势所带来的一个问题，咱们前面说过，唐长安是一个东南高、西北低的地势，结果杨坚就总觉得我在最低的地方，那岂不是东南要压过我？而在城的东南角又正好遇到了水系，于是宇文恺就把这里规划成了一个小园林，不建建筑，这样就正好平衡了这块地比较高的缺点。而这种做法被称为"厌胜"，后来这个园林从最开始的曲江池演变成芙蓉园，成为唐长安最漂亮的园林之一。

说到这，是不是感觉唐长安好像真的超级完美！

然而，唐长安还是有缺点的！

第一个缺点就是虽然宇文恺是按照六爻的方式来布局的，但因为地形地貌的特点，宫殿的位置就是全城最低的地方，这一点就有问题了。

就在大兴城隔壁的汉长安的布局中，未央宫和长乐宫都在城市的最南端，这个是有原因的，主要的原因就是那个地方是全城最高的地方。

如果把宫殿放在全城的最低点，结果可想而知，所有的水都会向官城汇聚，结果唐长安的主要宫殿长期受到了潮气的困扰。建筑受潮了会长毛，发霉，而人呢？肯定也受不了，结果到了唐高宗时期，皇帝就因为这个得了风湿，很痛苦，于是就把唐太宗时代开始建但没有建完的大明宫提上了日程。

大明宫的位置是在长安的东北角，这个地方本来是皇帝举办射礼的地方，后来发现这个地方的地势很高，正好是龙首原的龙首所在，因此就在这个地方开始建造宫殿。唐太宗开了个头，但主要的工作还是唐高宗时完成的。大明宫主要宫殿有含元殿、麟德殿等，用地中间还有太液池。建成之后，就变成唐朝的象征，以后的皇帝就都住到大明宫去了，所以大明宫的结果恰好反映了长安规划的问题。

唐长安的另一个缺点，其实也是它的特点，就是太大了。

唐长安非常大，有多大呢？如果只算城郭的面积，84平方公里，是西汉长安的2倍多，是东汉洛阳城的接近9倍，是北魏洛阳的1.5倍，即使后来的元大都、明清北京也都没有唐长安大。这是和国内比，如果和国外比也是最大的，是古罗马的6倍，拜占庭的7倍，巴格达的2.7倍。所以如果只算城墙内的面积，隋大兴城、唐长安是人类进入资本主义社会以前所建的最大都城。

但问题来了，隋朝真的需要这么大的城市吗？

实际上，如果我们看宇文恺所做的大兴城的规划，以及后来东都洛阳的规划，都给人一种感觉，宇文恺实在是太会拍皇帝马屁了！两个城市都规划得超级富丽堂皇，然而这种超级城市的背后当然就是超级费钱，超级费人，所带来的结果是隋朝很快就亡国了。

当然，不能把隋朝亡国的因素都归结到这两个城市的建设上，但大兴城是583年投入使用的，洛阳是606年投入使用的，两个城都是完全新建，而且都是只用了十个月就完成了宫城，从史料上可以看到，建设洛阳城的时候每个月用两百万人，而修建宫城的时候，动用了七十万人，在建设期间，伤亡无数（图16-4）。

而就在建完洛阳12年之后，隋朝国亡，所以说，建造这两个城市宇文恺是尽兴的，但隋朝受不了了，最后倒台和这个还是有很大关

图16-4 隋洛阳平面复原图（参考《中国古代建筑史》）

系的。

  其实唐长安完全不必建这么大，还有一件事情也可以说明。唐长安的南城在唐长安存在的时间中，就从来没有雄起过，一直是唐长安里最荒凉、最没有人气的地方，在《长安志》中说："自兴善寺以南四坊，东西尽郭，虽时有居者，烟火不接，耕垦种植，阡陌相连。"

  很显然，唐长安的经济和人口情况肯定是要远远好过隋大兴城的，而即便是唐长安，尚且是这样状态，那当初宇文恺规划建设大兴城时，可以想象，这个城得有多空，多浪费。

所以，如果从这个角度来说，宇文恺的规划其实是非常务虚的，当然，他是幸运的，因为隋朝没几年就被李唐替代，偏赶上李唐是一个特别厉害的朝代，这才让他的大兴城和洛阳城都能获得新生，并且发展得很好。

说完了唐长安的这两个问题，我们再来看它的另一个特点，这个特点不能叫缺点，但也不算优点。那就是，唐长安的规矩。

三、唐长安超低犯罪率的真相

我们知道，李唐王朝是我国历史上的好朝代之一，如果让你排名，我估计很多人都会把唐朝排在第一位，其中犯罪率极低是李唐王朝的特色。据说唐朝早期一年全国也杀不了几个人，长安基本可以做到夜不闭户，路不拾遗。

但实际上，唐朝犯罪率低虽然主要是因为政治清明，国家富强，老百姓安居乐业，但另一方面可能也与唐朝的里坊规划有很大的关系。唐长安有一百〇八坊，洛阳也是里坊布局，唐朝很多城市都是这种方式，而里坊制其实是一个特别封闭的街区规划方式。

说里坊制封闭就是因为每一个里坊其实都相当于现在咱们的一个居住区，都设有坊墙，按照唐朝的规定，长安夜间实行宵禁，官城、皇城、外郭、坊和市全都要关闭。这是什么概念？这就是说在唐长安的夜晚，街道上是不会有一个人的，除了巡逻的，每个坊就像一个更小的城一样，你可以在坊里活动，但想出去，没门！

如果你胆子大，好奇心重，非要到外面去看看，一旦被发现，那你就死定了！

所以你就会明白，这样的城市，街道上怎么可能有小偷呢！

你可能会说，那我可以在坊里干坏事啊！

那我们就来看看坊里好不好干。在唐长安的坊中，最大的面积大概不到一平方公里，最小的接近三十公顷，这个是什么概念呢？三十公顷也就是我们现在一个规模较大的居住小区大小，而一平方公里也

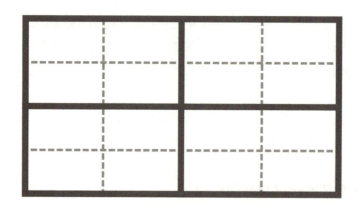

图16-5 里坊结构示意

不过就是几个居住小区。更关键的是，每个坊的内部布局还被划分成方格，以十字道路轴线先分为四部分，然后在每个部分里再分成四份（图16-5）。这样分的结果就是每个单元的面积都不大，房子也建不了多少，加上当时都是平房，根本没有摩天楼，因此就很难有陌生人住了。既然大家都是熟人，一般的坏事你还好意思干吗？

而且，为什么这些坊要有坊墙，目的就是为了把城里的人都分成一个个小组团，然后每个组团圈起来管。坊里一般都有管理机构，甚至有部队，在这种情况之下，你如果在坊里干坏事了，你根本就不可能跑掉。

所以这样的城市管理是特别严格的，严格到让人感觉太不自由了。问题是这样的城市怎么会有那么多的人喜欢呢？

其实一个城市的活力自古以来就源自商业，而唐长安的东市和西市，到了晚上也是要关门的。但好在各个坊的里面还是会有一些小型的商业，而到了唐朝中后期，坊里的夜市也出现了，虽然坊墙和宵禁还没有解除，但坊里人们的生活还是变得更加丰富了。

因此从这点来说，唐长安又给它的子民留下了一些自由的空间与余地。

所以，从规划的角度来说，唐长安实在是一个又大、又规矩、又麻烦的超级大都市。好，现在我们回到第十五讲中最后的那个问题，这么大的一个城市，二十几岁的宇文恺到底是依靠什么来规划的呢？

四、数学天才宇文恺的神逻辑

抛开前面说的那些各种理论,专家对唐长安的尺度进行了分析,得出了一个结论,宇文恺是一个数学高手,应该是依靠数字来确定的唐长安规划。

根据唐长安的规划和尺度,专家发现,如果把宫城和皇城合为一个城,假如叫子城,那么这个子城的南北深度正好等于子城左右两个坊组团的南北和东西长度。也就是说,子城两侧的城市组团其实是正方形,而子城的南侧三个组团,每个的宽度当然是和子城的宽度相等,而三个组团的南北深度则相当于子城南北深度的一半。同样的尺寸延续到东西两侧的坊组团,就变成组团东西长度相当于子城南北长度,组团南北长度则相当于子城南北长度的一半(图16-6a)。

所以宇文恺当初的规划,最开始应该是确定过了子城的长度和宽度,然后再通过子城的尺寸推演出整个唐长安城的尺寸。

不仅如此,如果你继续测量太极宫的尺寸,你会发现,太极宫的南北东西长度比例和子城的南北东西长度比例几乎是一致的,而且,太极宫的面积约等于子城面积的五分之一,而整个大兴城的面积则接

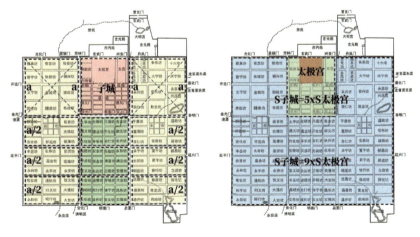

图16-6 唐长安平面分析图三

a) 建城数据推演示意图　　　　b) 城垣面积关系示意图

近子城面积的九倍（图16-6b）。

一个是九，一个是五，相信大家已经想到了"九五之尊"。

我们不得不承认，宇文恺真的是一个天才型的选手。

在后来的洛阳规划中，宇文恺同样玩了一次数字游戏，大家如果有兴趣可以自行查看相关资料。

天下没有不散的宴席，天下也没有永恒的都市，唐长安在经过了322年的风风雨雨之后，终于随着唐王朝的土崩瓦解而再次化为一片废墟。最关键的是，长安的这次消亡不仅代表了长安的结束，还代表了整个关中地区的没落，从此中国的政治中心开始向东转移，再也没有回到关中地区，长安也从此成为真正的传说。

第十七讲
兴衰荣辱都是河流惹的祸
——五代开封

如日中天的大唐结束之后,中国再次四分五裂,五代十国开始了。时间不长,只有七八十年,但换起皇帝简直比变脸还快。不过虽然脸变得快,都城却不是,核心王朝中的五代,除了一个后唐还对洛阳依依不舍,另外四个王朝都把都城定在开封。就此,开封正式登上中国权力中心的宝座,这一待就待了两百多年。

那么,为什么开封这样一个原来根本就没人注意过的城市竟然取代了长安和洛阳?说到底,还是命好!

一、魏惠王依靠鸿沟发展大梁城

首先开封在历史上也曾经短暂的辉煌过,当时还是春秋战国时代。

春秋郑庄公的时候,他认为开封这个地方土地肥沃,位置也很不错,于是就在这个地方圈地开发新城,取名叫"启封",意思是"启拓封疆"。后来到了汉朝,景帝的名字叫刘启,于是城市就不能用启这个字了,从此启封就变成开封了。

这是开封最早的城池,但规模不大,影响力有限,后来也沦落为十八线小县城了。

真正有影响力的是在战国时期,魏惠王把自己的都城从安邑,今天的山西夏县,迁到了开封,在开封的西北建造了一座新城,就是著名的大梁城。

因为魏国的都城叫大梁,所以魏国也叫作梁国。

这个大梁城建造的质量是非常高的,是当时有名的难打的城池。史书里面说:"以三十万之众,守梁七仞之城,汤、武复生,不易攻破也。"厉害吧,而且说七仞,合今天的尺寸大概十二三米,四层楼高,非常夸张。

当然,建造城池是要发展经济的,古人的办法就是开凿运河。公元前360年前后,魏惠王从"荥阳下引河东南为鸿沟,以通宋、郑、陈、蔡、曹、卫,与济、汝、淮、泗会于楚,西方则通渠汉水云梦之野,东方则通鸿沟江淮之间"。就此,中国历史上最有名的水沟——鸿沟诞生(图17-1)。

魏惠王修建鸿沟的目的是为了连通黄河与淮河水系。当时的黄河线路和现在不太一样,位置要更加靠北,而鸿沟从荥阳到中牟,再到大梁城,最后汇入淮河北部的支流。正是因为鸿沟的成功修建,大梁

图17-1 大梁城与鸿沟位置假想图

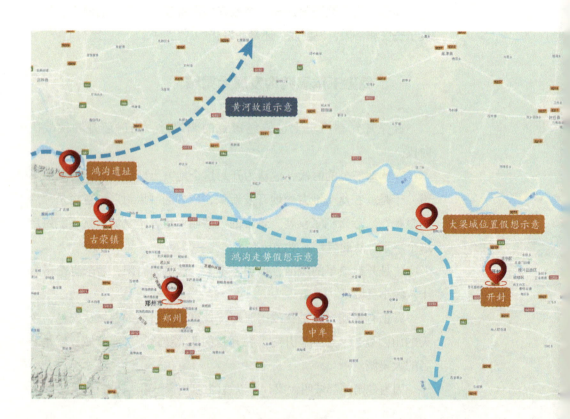

城变成战国时期最有钱的城市之一。

不过历史总是喜欢开玩笑，鸿沟成就了大梁城，也变成大梁城的终结者。公元前225年，秦国大将王贲攻打魏国，面对七仞的大梁城实在没有办法，结果灵机一动，把鸿沟的堤坝给挖开了，于是水淹大梁城，围城三个月，终于城破，魏国也跟着灭亡了。

秦国人多狠啊，大梁城破就意味着被毁掉了，所以到今天都找不到大梁城准确的位置，这个地方也一直就是个普通的小县城，这种状态一直持续到鸿沟复活，开封才再度崛起。

二、城里有河的都城东京登场

隋炀帝修建举世闻名的京杭大运河，结果其中的通济渠利用的就是原来的鸿沟。虽然这个时候鸿沟已经改叫汴河，但还是在同一个位置。所以京杭大运河通航之后，沿线城市都开始飞速发展，开封位于大运河与黄河的交汇处，大量的漕运货物在此中转运输，逐渐成为交通枢纽的工商业重镇，终于满血复活，这个时候的开封已经叫汴州了（图17-2）。

隋炀帝的大运河救活了汴州，但毁灭了自己。很快，大唐王朝开始。

汴州的位置在大运河中非常好，那个时候还没有郑州什么事儿。沿着运河从汴州到洛阳就两站地，再到长安，最多三四站，所有从江南运到京城的东西都得经过汴州，汴州想不发展都不行。

不仅如此，汴州在唐朝后期还变成非常重要的军事重镇。

如果说洛阳可以算作长安的门户的话，那汴州就是洛阳的门户。而洛阳作为唐朝的陪都，唐朝当然不舍得只把它当门户，所以汴州就变成长安的军事前沿。

我们都知道，唐朝亡国的原因就是因为藩镇势力的崛起。当时给中央政府带来最大威胁的，就是中原地区的藩镇势力。为了应对这种威胁，唐朝的皇帝就把宣武军节度使从商丘移到了汴州，设置重兵，

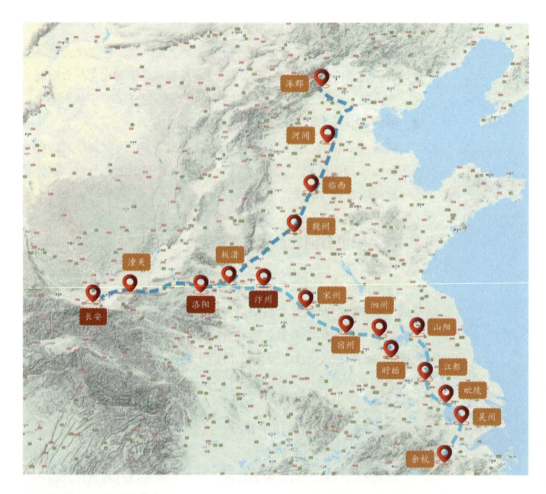

图17-2 隋京杭大运河线路示意图

用来阻挡中原藩镇的势力。

而为了能够满足这个军事要求,当时的汴州刺史李勉就对整个城进行了大规模的重建。这次的重建对之后汴州城的形成意义非常重大,是后来汴州城形成的基础。这次改造的一个最为重大的内容就是将汴河从城外扩到了城里,从此,汴州就成为一个城里有河的城市。

这件事其实非常值得深思。我们看之前的城市,尤其是都城,很少有见到城里有河的。长安号称"八水绕长安",也只是绕而已。后来洛阳倒是有河,但那个是洛河,是一条特别特别大的河。结果洛阳把洛河放进来之后,洛河就成为洛阳的噩梦,洛阳要不就没事被洛河冲一冲，要不就在被打的时候发现，原来洛河的口子太大了，根本守不住啊！最后洛阳城被毁也是这个原因。

而汴河就不是了。汴河不算很宽，所以进城之后，就可以设置水门来控制，但也不算小，因为是京杭大运河的一部分，因此行船没有任何问题。所以你想，汴州把汴河变成自己的内河，那不就是把京杭大运河变成自己的内河了吗？那汴州不就变成大运河的闸门了吗？那得多厉害啊！

所以，当李勉改造完城市之后，汴州就变得越来越强大。结果驻扎在这儿的宣武军节度使也越来越强大，强大到最后节度使梁王朱全忠一想，皇帝轮流做，今天到我家，干脆废了唐哀帝，灭了大唐，建立一个自己的王朝——大梁，定都汴州。

就这样，开封终于从一个十八线小城市变成一国的国都。

仔细想想，开封能上位，全靠汴河。

当然，肯定有朋友会问，朱全忠为啥不定都在长安或者洛阳呢？

这个里面有三个很重要的原因，一个是由于连年的战乱，长安和洛阳已经被摧毁得残破不堪，重建修复的代价都是非常高的，对于朱全忠来说，皇位还没有坐稳，哪还有工夫干这种事情。

第二个原因，当时的中国经济重心早已从关中地区向中原地区转移。我们看当时最发达的京杭大运河，京杭大运河的主体线路基本是一条从北向南的河流，而当时的长安和洛阳实际是在支流上。而且，当时的长安和洛阳已经无法依靠关中地区的生产来供应都城的需求，大量的生活物资都需要通过水路从中原和江南运进来，所以关中地区在唐朝其实已经开始被边缘化，因此，选择中原地区的汴州当然更好。

第三个原因，应该也是最重要的，朱全忠毕竟是在汴州发迹的，汴州是他的老巢，他原来的封号叫梁王，建国也叫梁，既然是梁国，当时要把都城建在梁，那不是汴州还能是哪儿呢？

朱全忠定都汴州之后就把汴州改名叫东都或者东京，而且朱全忠开了这个头儿之后，后面的统治者也都觉得汴州不错，于是除了后唐假模假式地把都城定在洛阳,其他都在汴州。

到了五代的最后一个朝代——后周。后周的实力很强,而且当时的皇帝周世宗绝对是一个好皇帝,所以后周发展得不错。周世宗觉得东京汴州太破了,应该搞个旧城改造,于是就开始改扩建汴州。

三、周世宗的城市更新堪称样板

改扩建的方法就是在原来李勉的老城外面再建一个新城,和北魏洛阳有点像,只是规模没那么大。

为了这次改建,周世宗发布了一个诏书,干什么呢?就是要和广大的市民去解释,为什么要搞这次改建。这个诏书很有代表性,基本可以算是中国古代旧城改造文案的代表作。

诏书意思大概是这样的:现在国家稳定,大家生活安定,都城南来北往的人越来越多,买的,卖的,到处都是。而我们的都城太老了,地方狭窄,条件糟糕,很多政府的管理部门都没地方建造自己的房屋,老百姓就更不用说了,因此旧城改造迫在眉睫!但考虑到尽量不要影响到大家的生活,我们计划先测绘,做标记,等到春暖花开,大家农闲的时候,再开始修筑。等我们把城墙、公共环境、政府部门都修好了之后,剩下的地方就交给各位市民自由发挥。

各位可以听听,这样的一份诏书你能想象出现在一千多年前吗?可见,在当时的年代,君与臣、与民的地位关系其实正在发生微妙的变化。

周世宗的改造非常成功,先是修筑外城的城墙。后来,又梳理了城里的道路,把汴州的道路统一分为80米、50米、40米三种道路标准。这还不够,还开始建造道路景观,在路旁的5~8米之内种上行道树,甚至还建造了景观凉棚,简直不能再贴心了。

等到了让大家自由发挥的时候就更厉害了。周世宗提了一个想法,允许京城官民沿街起楼阁,说白了就是允许沿街建高层,这个思路和今天的城市规划简直如出一辙。结果当时就有一个大将军周景,立刻响应号召，沿街建了十二座巨楼，有多巨我不知道，但肯定是当时的摩天楼。

结果周景不仅没有被罚款，还获得了周世宗的嘉奖。后来周景把这些巨楼做成酒店、仓库、市场，专门提供给那些经过汴州的商户，大大地发了一笔横财。

在这种情况之下，汴州的沿街建筑你想那得发展成什么样啊？

而这件事，可以说和唐长安的情况简直是天壤之别。我们都知道在汉唐之前，城市的管制特别严格，临街建高楼，还对外经营，开玩笑呢，在坊墙上开个门都能把你直接砍了！

当然，我们必须客观地说，即使在周世宗时期，也并没有完全废除里坊制，拆掉坊墙，周世宗的做法也算是一种尝试而已，但这种更加自由的思想却开始产生，也为后面两宋的发展打下了基础。

不过，周世宗工程虽然干得好，但架不住身体不行，汴州城改造之后三年就去世了，结果他七岁的儿子却被迫禅位给赵匡胤，就此，中国历史上"最古怪"的朝代开始了！

先是北宋，然后是南宋，为什么说两宋是"最古怪"的朝代，因为这个时期实在是太矛盾了。

论经济，两宋是中国历史上最有钱的朝代，没有之一，什么大唐，大明，大清，根本没法跟两宋比。有一种说法，说是两宋时期中国的GDP占世界的60%，富得绝对令外国人钦羡。

经济发达的结果当然是科技也很发达。两宋时期中国的科技水平绝对位于世界前列，四大发明几乎都是在两宋达到真正的顶峰。航海员随身携带的指南针，应用到战争的火药武器，价格低廉但质量超好的纸张，影响了整个东亚的出版行业，科技水平登峰造极。

还有被李约瑟评为"中国科学史上的里程碑"的科学著作《梦溪笔谈》，由沈括编写，影响了全世界。

其他像天文、数学、地理、物理、生物等各个方面也都非常先进。

还有建筑领域，现在研究中国古建筑依靠的是什么，最重要的就是北宋官方的设计施工规范《营造法式》。不夸张地说，没有这本书，今天我们对中国古建筑的了解至少减少七成。当然，这本书也影响了后来各个朝代的建筑发展。

这么有钱，这么发达，这么先进的朝代最终却意外地成为中国历史上"最怂"的朝代。而两座都城，北宋的东京，南宋的临安，虽然都是当时世界上顶级大城市，甚至有些地方超过唐长安，却成为中国历史上耻辱时代的见证者。

第十八讲
一张传世名画背后的金钱都市
——北宋东京

干工程能手周世宗死得早，结果小儿子一继位就便宜了手下大将赵匡胤。赵匡胤也不客气，搞了一次陈桥兵变，假模假式地把后周江山就给接管了，但名义上是禅让，所以还比较有礼貌。越匡胤对后周的一切基本照单全收，也包括周世宗刚刚改造完的汴州。

一、赵匡胤定都东京的忧虑

当时赵匡胤定都汴州也是心里犯嘀咕的，为什么呢？像汴州这种城市，战争期间在这待着还行，作为军事重地很适合平定天下，但到了和平时期就不行了，因为无险可守啊！如果遇到兵变，或者被突然袭击，这个城还是很危险的。所以他当时也曾经想把都城定在洛阳，甚至长安，但最后还是被当时洛阳、长安城市的惨样儿给吓到了。再加上当时的经济状况，汴州远远好过千疮百孔的洛阳，已经是中国数一数二的商业中心。所以赵匡胤一咬牙，一跺脚，就定都在汴州了，命名东京。

不过赵匡胤还是有想法的，为了稳定局势，他拿出了自己的办法。

第一个办法就是杯酒释兵权。这个历史故事咱们不细讲，总之，皇帝拿走手下的兵权，让那些将领后来都去享受生活了，从此，北宋变成一个绝对的中央集权国家，确定了"与士大夫治天下，非与百姓治天下"的原则，这样宋朝就形成典型的文强武弱。所有的皇帝都不信任武将，结果在整个宋朝的对外战争中，虽然出了那么多的名将，但因为无法获得统治者的信任，最后都没有什么好下场，而宋朝也变成中国历史上"最怂"的朝代。

第二个办法就是在汴州周边安排重兵驻扎，安排了整整四十万兵力，这个太夸张了，四十万兵力在当时的那个年代是个什么概念，基本相当于一个中型城市的人口了。安排了一个中型城市的人口来保护自己，可见北宋的皇帝得多怕死。

第三个办法，一旦这些都不灵了怎么办，还必须得有一个逃跑路线啊。于是北宋又把洛阳设为陪都，叫作西京。到了后来的皇帝，觉得一个西京不够，于是又搞了北京大名府，就是今天的河北省大名县，叫作北京；南京应天府，今天的商丘，叫作南京。这样就有三个陪都，加上一个汴州，共同构成北宋的东南西北四座京城（图18-1）。

当然，不管多少个京，最主要的还是东京。

下面我们先来看看东京汴州到底是一个什么样的城市（图18-2）。

图18-1　北宋都城分布图

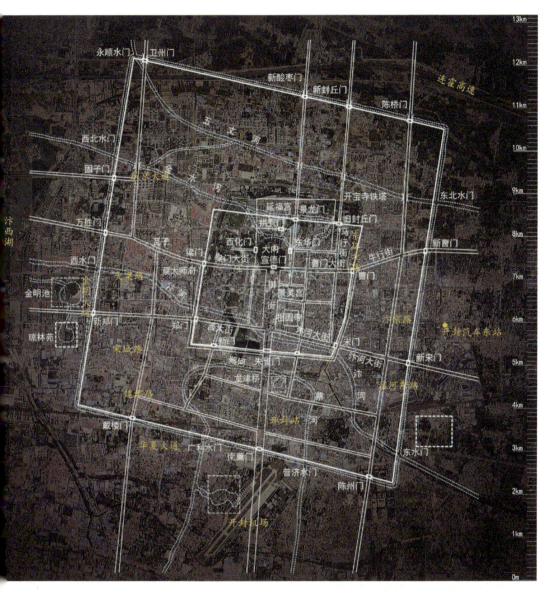

图18-2 北宋东京城市结构图（参考《中国古代建筑史》）

二、自由都市东京

东京基本是一个三环套城的格局。最外面的是外城，东墙长7660米，西墙长7590米，南墙长6990米，北墙长6940米，这个外城就是当初周世宗修建的，也叫罗城。外城的城门共有十九座，其中陆门十二座，水门七座（图18-3a）。

外城的里面是又一圈内城。这个内城接近一个正方形，周长11550米，应该是李勉修建的。再往里就是宫城，宫城是一个长方形，周长2520米。

外城、内城、宫城共同构成东京都城的规划格局。

这是东京城的基本情况，但大家真正应该关注的其实是下面三个内容。

第一个内容是东京的河流。

东京是一座有四条河流穿城而过的都城，被称为四水贯都，这个在历史上非常独特（图18-3b）。

这四条河从北向南分别是五丈河、金水河、汴河还有蔡河。因为有了这四条河，才有了前面的水门。而这四条河呢，五丈河的上游是汴河的支流，主要用来进行商旅交通；金水河则是为了补充五丈河水源而挖的，后来因为金水河的水质非常好，就变成东京市民的主要饮用水源；汴河，前面说了，是东京的中心河流，京杭大运河的通济渠，是城市供应、商业经济的最主要的交通动线；还有最后的蔡河，是城南通往蔡州的一条河。

有河就得有桥，四条河上修建了32座桥梁，这些桥让城市变得更加有特色。

第二点需要关注的是东京的城市结构。

别看东京是从原来的旧城改造而来，但这个城市的规划其实非常的正统。

东京的宫城位置几乎是居中的，这一点在东京之前的都城中并不多见。虽然在周王城规划理论中早就提出，宫城的位置应该在整个王城的中心，但我们前面提到的那些都城很少这么做。

另外，围绕着宫城，城里的交通干道都是以宫城为核心来布置，其中最为重要的中轴线是御街。这条御街按现在的尺寸宽大概有300米，基本上就是宫城前面的一个公共广场。御街的中间是专门给皇帝走的，只有两边才可以给平民走。平时宋朝举办各种重大的礼仪活动都要利用这条御街。

而除了御街，皇帝平时走的路主要有四条，一条是从土市子向北的路，一条是沿着御街一路向南的路，一条是从州桥向西的路，一条则是向东的汴河大街。其他还有不少东西、南北向的道路（图18-3c）。

第三点很重要的内容，东京实在是太自由了（图18-3d）！

东京的几条主要的城市干道，基本都和指向宫城的中轴线发生关系，但整个的外城和内城并不是和宫城完全平行的，再加上四条河流的穿插，这样的结果就导致东京被切割之后的城市空间变得非常自然而多姿。而这种异型的结果就是东京的街区很难再像长安那样规矩了，只能因地制宜地布置房屋，因此，我们几乎可以想象，东京的街区规划应该比长安要有趣得多。

而这种自由还表现在另一个非常重要的领域，那就是商业建筑的兴起。因为经济的发展，人口的增加，促使商业建筑大量出现，唐长安时的里坊制终于开始土崩瓦解。当然，必须说，当时的皇帝其实还是非常喜欢里坊制的，毕竟那个更好管理。但当时已经不具备里坊制的条件了。周世宗时期开始鼓励沿街建高楼，沿街商业价值的开发，在当时的汴州已经变成一种常态，结果商业建筑遍地开花，里坊的坊墙彻底消失，取而代之的是街巷制。就连东京的堂堂御街，本来最开始的时候是严格禁止摆摊设点搞商业经营的，到宋朝后期的时候，也已经失控，开了商铺，简直不敢想象。

到了后来的宋徽宗时期，皇帝出巡回来经常是从商铺中穿过，那时候的皇帝想来应该也是购物狂人。

为什么宋朝的商业会如此的发达，有一个原因是非常重要的，那

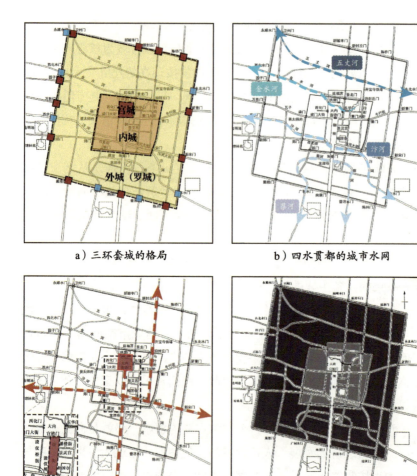

图18-3 北宋东京城市分析图

a）三环套城的格局
b）四水贯都的城市水网
c）皇帝出巡路线
d）城市地块肌理图

就是宋朝是中国历史上最尊敬商人的朝代。宋朝从皇帝到大臣，都觉得经商挣钱很重要，做做生意挺好的。

三、清明上河图的虚幻东京

为了表达北宋时期东京的繁华，画家张择端画了一幅效果图做了一个记录，这张效果图就是著名的《清明上河图》（图18-4）。

图18-4 北宋 张择端《清明上河图》局部（故宫博物院提供）

这张图现在特别火，大家特别爱看，每次一展览，就排大长队，为什么大家那么喜欢呢？一个很重要的原因应该是这张图大家看得懂。

中国古代山水画讲究的是写意，不是写实，听上去和现在的抽象画其实很像，所以看那种画，说实话，特别费劲，一堆山山水水，苍松翠柏，再配上个小老头或者茅草房，让你看出到底哪幅画得好，是真看不出来！但《清明上河图》就不是，看上去像照片一样，感觉画家就是从现在穿越回去的摄影师，特别真实，所以大家都看得很开心。

《清明上河图》长528.7厘米，宽24.8厘米，是一幅典型的长画。根据内容可以分为三个部分，从右向左看，第一部分是汴州郊外的风光；第二部分以虹桥为中心，画的是汴河的景象；而第三部分则是以城门为界，画的是汴州城里的样子。

这幅画很长，在画这种画的时候，如何让看的人不觉得别扭，控制好透视关系是非常重要的。《清明上河图》采用的叫作散点透视法，非常巧妙，你看的时候，虽然画面透视关系总在变化，但你并没有太强烈的感受，结果整幅画就像是一幅流动的电影，非常舒服。

不过，虽然这幅画画的是汴州和汴河的风光，但如果你真的把这幅画当作照片和东京平面去对应验证的话，你会发现根本对不上！大家有兴趣也可以试试，画中的那个城门到底是汴州的哪个门，那条河又是汴州的哪条河，根本找不到。所以结论是，张择端的这幅画看上去很真实，但其实也是一副写意的画，只不过是用写实的手法来表达写意的效果，雅俗共赏估计说的就是这类东西。

不过，不管写实还是写意，这幅画都充分证明了当时的北宋是相当繁华的。

首先，这幅画画的几乎都是东京的商业活动，所有的街道两边都是商业场景，酒店旅馆、茶馆餐厅，还有看病的、卖花的、算命的、美容的，应有尽有，另外，还有街边摆小摊的，甚至都摆到虹桥上去了。

其次，这么多的商业活动支撑点在哪里？就在图中随处可见的交通运输。我们可以看到地面的骆驼、马匹，我们还可以看到非常发达的水上交通，数量众多的船只、繁忙无比的码头。

从《清明上河图》中你能发现一个事实，一千年前的东京和今天的城市几乎没什么两样，发达的水平令人震撼，说它是一座金钱都市丝毫不过分，幸福指数一定超高。

当然，幸福不代表安全，就像在《清明上河图》中所暗示的危机一样，东京在极度繁华之后迎来了自己命运的终点。

公元1127年，东京在被金兵围困23天之后，终于被攻破了。宋朝的两位皇帝，钦宗和徽宗为了保全自己的小命，不惜帮助金兵镇压杀害帮助支持自己的东京百姓，最后自己也被金兵抓走，遭受了历史上最耻辱的皇家待遇。

值得一提的是，在东京保卫战中，东京城由于修建得太结实，给金兵造成了很大的困扰，而且，即便最后金兵攻破外城，也没有打进内城。可见，多重城墙的方式对于一个城市的防卫来说还是很有用的，如果不是最后两个皇帝自己软弱无能，北宋的历史很可能会因为东京城的坚强而改写。

当然，历史没有如果，北宋灭亡，南宋崛起，新的都城也应运而生，这个都城就诞生在良渚古城的隔壁，一个号称天堂的地方。

第十九讲
论一个平民城市的逆袭之路
——吴越杭州

东京和北宋终于变成了历史,这件事非常令人痛心,甚至可以说,比长安城的毁掉还令人痛心。

为什么这么说?

并不是说东京比长安更好。在中国古城的评价中,长安依然是最伟大的城市,能和长安比肩的城市好像还没有,但长安太规矩了,太完美了,反而让人觉得有些不真实,不接地气,东京就不太一样,看上去有点凌乱的城市,其实更有人情味,故事更多。

所以我们必须要了解长安和东京。长安负责拿来吹牛,告诉别人咱们的历史有多厉害,而东京则负责拿来怀念,一旦找到穿越的机会,可以回到那个纸醉金迷的享受时代,好好感受一下世界第一经济体的繁华。

东京时代结束了,我们进入两宋王朝的下半场,南宋。

一、跑男选手赵构的都城抉择

南宋的开国皇帝是赵构,赵构是宋徽宗的儿子,宋钦宗的弟弟。在东京沦陷之后,赵构侥幸躲过一劫,没有被抓,结果就跑到了宋朝的南京应天府。不是说宋朝搞了东南西北四京吗,除了东京,还有三个"备胎",赵构就跑到了南边的"备胎"应天府,也就是现在的河南商丘,在那儿宣布继位,史称南宋。

南宋刚成立那会儿,金兵还满世界追着赵构打,赵构也满世界跑(图19-1)。

第十九讲
论一个平民城市的逆袭之路——吴越杭州

图19-1 赵构逃跑路线示意图

最初开始在商丘，后来跑到扬州。扬州待了三年，金兵又来了，于是又接着跑。本来想去建康，但觉得建康不安全，于是就又跑到杭州。结果待了没几天，手下官员就不满意了，怎么领导天天就知道跑路啊，连住在建康都不敢，以后还能指望你什么？

为了让大家满意，赵构又搬到建康。但没过几个月，金兵真杀来了，这下真的不安全了。赵构接着又跑到杭州，这次比较惨，跑到杭州金兵也不放过，又追过来，于是又跑到越州，就是今天的绍兴。接着又去明州，就是今天的宁波，这次金兵比较执着，一副不撕名牌不罢休的架势，又追过来了。这下麻烦了，赵构在地面上实在没地儿躲了，只好坐上船接着跑，跑到了台州、温州。老天有眼，这个时候开始刮台风、下暴雨，金兵一看，确实撕不到赵构的名牌了，只好撤了。

赵构这才辗转回到越州，最后又回到杭州。

就此，局势才慢慢稳定，赵构说，咱不跑了，定个都城吧，朕实在是累了，这全马还真是不好跑啊！

图19-2 南宋定都形势图

既然老大发话,那就定吧。听上去似乎不难选择,在杭州待着,那就定在这儿呗。你要是这么想,那你可就幼稚了。南宋定都这件事情是一件非常难以抉择的事情,这件事情的争议甚至持续到今天,似乎到底在哪儿定都更好。

最开始的时候出现了三种意见(图19-2)。

第一种意见的代表人物是名将宗泽、岳飞。他们的主张简单粗暴,定什么定?历史说我们是南宋我们就南宋了?哥又不是打不过金兵,咱们直接带兵打回去,把金兵赶回草原,然后咱们还是定都东京,就是这么任性!

这个想法听上去很鼓舞人心,但对于当时的南宋来说确实有点难。金兵还真不是纸老虎,虽然宗泽、岳飞都是超级英雄级别的,手下的兵也确实很厉害,但当时大的形势总的来说还是金兵占据上风。关键是赵构自己并不想真的把金兵赶回草原,至少在老爹和老哥死之前不能,所以这个提议肯定得不到赵构支持!

第二种意见则是以主战大臣李纲为代表的,主张定都襄阳,位置就在今天的湖北襄阳和河南邓州那个地方!这位李纲是哪一位呢?

李纲是北宋亡国时候突然冒出来的一个牛人,第一次亮相就是东京保卫战。当时李纲在从皇帝到大臣都想逃跑的情况下，愣是带领东京军民挡住了金兵的进攻，直到金兵撤军，这一下就名满天下。从此，只要北宋的皇帝一被打就想起李纲，打完了，就把他赶走。

东京沦陷那次，皇帝宋钦宗最后发现不行了，又想起了已经被赶走的李纲，可惜为时已晚。就在李纲带着一堆人马赶去东京救驾的时候，城被攻破，两个皇帝先后被抓，没法子，李纲只好拥戴赵构继位。

对于这个定都的思路，李纲和宗泽、岳飞虽然都主战，但李纲是文臣出身，想法还是不一样，他不认为可以很容易就收复失地，赶走金兵，因此他同意定新都，但认为新都必须有利于宋朝将来的反攻。

为什么选择在襄阳？因为他认为必须占据中原，只有在中原，向东可以控制东南部，东南是中国的什么地方？粮食产量最高的地方，控制这个区域，从此不愁吃喝。而向西则可以控制西北，西北又是什么地方？当时天下最能打的士兵就是西北人，西北还有马匹，所以西北就是天下的兵营，从此朝廷就不愁兵源了。

当然，想那么多还是为了打败金兵，收复失地，将来还是要回到开封的。

不仅如此，为了满足皇帝喜欢江南的爱好，李纲还提议，可以考虑在西安、襄阳、建康同时安排三个都城，这样兵源、粮食、皇帝的爱好就能得到满足，一举三得。

听上去李纲的建议不错，但很遗憾，皇帝就是不喜欢李纲，所以也不可能听他的。

第三种意见则是将都城安排在东南地区，这个观点是以黄潜善、汪伯彦为主。这二位说现在的国家就剩东南地区了，陛下待在这边很舒服，但咱们的那些将士大多数都是西北人，因此他们特别希望都城在那边，因为那样就离他们的家乡很近，这些人都太自私了，只考虑自己，不考虑国家，更不考虑皇帝的感受。而且，如果我们去了那些地方，东南地区没准就被金兵占了，到时候我们就没有地方跑路了，那多麻烦啊。

这第三种想法其实就是赵构自己的想法，所以说什么都没用，持第一种意见的岳飞因为太想夺回开封，把徽钦二帝给带回来，结果后来被赵构杀了，持第二种意见的李纲后来被流放发配到南方去了。

问题是就算定都东南也不是只有杭州可以选，还有建康、绍兴，都可以选择。尤其是建康，现在的南京，这个绝对是著名的古都候选者，很多人都是它的粉丝。而且从防守的角度来说，建康以北是长江天险，金兵大多数都是旱鸭子，不善水战，更重要的是，建康的位置还是比较接近前线的，如果以建康为都，进可以争取中原，退可以守住江南。不管怎么说，赞同建康的人是非常多的。

赞同杭州的就是以宋高宗赵构自己为代表的一撮人了。但他们自己也清楚，杭州这个地方虽然还不错，但可从来没做过哪个大朝代的都城，这个有点尴尬，说难听点叫缺少王者之气！

但杭州也有自己的优势，那就是更加安全！

我们看一下地图就知道了（图19-3）。杭州这个地方是在一个口袋的底部，而这个口袋的口部就是苏州，苏州距离杭州其实还有相当一段距离，因此，退一万步说，即便苏州被金兵拿下，在杭州的人完全有足够的时间从海上转移。刚才说赵构大逃亡不就是这样跑的吗？

正是因为杭州独特的位置特点，因此在五代十国时期，这里独立了一个吴越国，就定都在杭州，而且在那个乱七八糟的时代竟然一直没灭亡，持续存在了72年，即使到最后，这个吴越国也不是北宋打下来的，而是自己归顺了。

所以，选择建康还是杭州说到底就是一个态度问题。如果是以攻为主，意图反攻收复失地，那肯定是建康，但如果只是想找个地方躲起来，谁也别来烦我，我好好把我的皇帝生活过完，那当然是杭州。

当时已经被金兵彻底打怕了的宋高宗最后的选择当然是杭州。

这里需要提醒大家几个小问题。一是这个地方当时名字已经叫杭州，后面改叫临安；第二是刚才说的吴越国虽然定都杭州，但吴越国这种级别的朝代当然没法和那种主流的大朝代相比，所以说杭州的出身不行；第三，虽然南宋定都临安，但当时的赵构也不能明目张胆地

图19-3 杭州周边地形图

说不想收复失地了,所以为了表明自己不会改变收复失地的决心,临安一直被定为行在。什么叫行在,就是皇帝行走临时待一待的地方,而且你看临安这个名字,临安,临安,顾名思义不就是临时安顿一下嘛!

所以南宋的临安其实是中国历代都城中最"可怜"的,一直到南宋灭亡,都还是个行在。

虽然是行在,临安城其实并不输给任何一个朝代的都城。

二、网红城市杭州的蜕变之路

杭州地区历史悠久,良渚古城就在隔壁,但原来杭州这个地方却并不好。

沿着中国东南沿海扫视一遍,就会发现哪儿都长得挺饱满的,只有杭州这个地方豁出了一个巨大的口子,像个大鱼嘴一样,这就是杭州湾。沿着杭州湾往里走,就是杭州市,连接杭州湾的就是那条著名的钱塘江,杭州城就在江北。

钱塘江现在之所以有名,不是因为杭州,而是因为这里的人们最喜欢干的事就是找一个江边的地方看一下那个特别刺激的钱塘江大潮。

那么,为什么会有钱塘江大潮呢?这个和整个杭州湾的形态有很大的关系。杭州湾就是一个巨大的喇叭,而当海水在这个喇叭口进入的时候,被月球引领的潮水从100公里外突然涌入只有几公里的河道,你说海水会变成什么?还不变成一群疯狂的野牛!

问题是,这么危险的自然条件,谁敢住在旁边?所以直到东汉时修筑了堤防,将钱塘江和西湖彻底分离之后,这个地区才变得适合人生活,人口也慢慢增加起来。

后来到了隋朝的时候,有一个特别有名的将军,听过《隋唐演义》评书的应该很熟悉,就是秦琼的义父,靠山王杨林。这个杨林虽然是小说虚构的,但有原型,就是隋朝著名的军事家杨素。杨素的军事才能不是一般的强,有人把他的军事水平和卫青、霍去病、岳飞这样的将领相提并论。当时的杨素几乎是攻无不克,战无不胜,对外打突厥,对内平天下,帮助隋朝建立了大一统的国家。在这个过程中,杨素平定了原来占据江南的大陈王朝,然后就在杭州凤凰山的东边修筑了最早的杭州城。而西湖当时因为在城的西面,所以从此就被叫作西湖。

接着就是隋炀帝开凿京杭大运河。这条运河的开通和今天的高铁效果基本一样,沿线的城市立马进入打鸡血状态,杭州当然也不例外,经济腾飞,人口增加,再加上这里有山有湖有江,因此还变成一个著名的旅游城市。

再后来,进入大唐王朝,先是李泌在担任杭州刺史的时候开凿水井,兴修水利,解决了杭州饮水的问题。这个李泌就是《长安十二时辰》里那个一脸倒霉相的靖安司司丞,历史上是一个非常厉害的人。

在李泌之后对杭州做出贡献的就是白居易了。当时白居易是杭州城的地方官,对西湖进行了全面的升级改造,不仅修筑了堤防将当时的西湖分为上湖下湖,解决了灌溉和防洪的问题,而且更重要的是白居易把西湖真的搞成了一个旅游风景区，还写了一堆诗歌赞美它。白居易的诗歌在当时营销能力是很强的，结果西湖就变成特别著名的网红景点了。

无论是李泌还是白居易，对西湖的改造都是为了更好地服务杭州城，所以西湖从根本来说，就是杭州城的一个水利工程，只是到了后期，景观园林的作用才越来越突出。

后来到了五代十国时期，天下大乱，杭州变成吴越国的都城。吴越国在那个时期是属于比较少有的、持续时间比较长的政权，相对稳定，因此可以有很多时间来改善自己的都城。杭州城就在这个时间完成了建城史上最为重要的一次蜕变。

为什么说这次吴越的建城很重要呢？因为这次是按照都城的级别来建造的，对未来南宋定都杭州有着不同寻常的意义（图19-4）。

吴越改造的第一个重点在修筑城墙，大幅度地扩建杭州城，修建了子城、内城和罗城。内城就是原来隋唐时期的城墙，进行了修补和维护工作；而罗城就是外城，是新修的，这个罗城的范围非常大，整个一圈城墙的长度达70里。整个罗城的造型后来被形容为特别像一个腰鼓，两头大，中间小，其实关键还是一个闪了腰的腰鼓，因为西湖的原因，感觉整个城市都是围着西湖转。

还有就是子城，也就是官城。其实杭州城范围内的地形基本是南高北低的格局。南面的凤凰山本来就是之前隋唐时期官府所在地，所以吴越也是沿袭了这种感觉，将官城修建在凤凰山上，皇帝嘛，当然要高高在上。我们前面说的汉长安也是把未央宫建在最高的地方，只有唐长安不是最高的，是反向的，那个最高的还被拿来建芙蓉园了。

既然南边是山，又是官城，那老百姓住的地方，还有集市这些功能当然要放到城市的北部了，所以杭州城就此确定了南宫北城的格局，这一点也成为之后南宋时期杭州的重要基础。

当然，虽然我们看吴越时期的杭州是最大的，但那个时候杭州的主要人口和建设还是集中在城市的中心地带，而这个扩大的罗城给之后杭州郊县的发展创造了条件，结果形成了特别早的卫星城镇，甚至

图19-4 南宋临安城址变迁图及吴越杭州示意图（参考《中国古代建筑史》）

城市群的概念。

吴越除了干了这些事情以外,还投钱继续改造水利,发展海上贸易。

杭州城的发展和西湖其实是息息相关的。西湖的特点就是特别容易淤积,这是和西湖的成因有关的。西湖在12000年之前曾经是钱塘江入海口旁的一个海湾,后因钱塘江冲下的大量泥沙在入海口淤积,形成了现在杭州市区的大片洪积平地,两湖就由海湾变成一个内陆湖泊。而在吴越时期,还特别设了用来"撩湖"的部队,专门负责清理淤积的西湖。吴越的这些做法,极大地改善了杭州城的各项条件,对杭州的发展相当的有利。

就这样,杭州经过了吴越的建设,终于成为江南地区数一数二的大城市,也成为南宋赵构钦定的都城。随之而来的是杭州到临安的蜕变。经过南宋的改造,临安一跃成为当时享誉世界的大都市,而且,由于山水格局的不同,临安的形态在所有中国都城中绝对是非常独特的。

第二十讲
一千年前的繁华都市发达到超乎你的想象
——南宋临安

吴越对杭州的建设非常重要。经过了吴越的建设，杭州城这才开始有了一点帝都的样子。而吴越国也很聪明，在混乱的五代十国时期，从来也不说自己独立。中原的五代，哪个皇帝上台，我就尊哪个皇帝为正统，结果就是吴越国持续的时间最长，整整72年。赵匡胤在世的时候也曾经想过把吴越国给灭了，但人家对他太好了，要钱给钱，要粮给粮，甚至直接出兵帮助北宋灭掉南唐后主李煜，加上赵匡胤还是比较厚道的，天下都平定了，也就没有动吴越。

不过等到斧声烛影之后，赵匡胤的弟弟赵光义上位了。赵光义没有他哥哥那么宽厚，结果当时的吴越皇帝钱俶实在没办法了，就直接带着所有的人和土地归顺了北宋，从此吴越国结束了自己72年的统治。

杭州被北宋接管了。在北宋年间，杭州的经济又有所发展，但因为吴越当时安排的撩湖制度被废掉了，所以很快，西湖又不行了。正逢苏轼来当地方官，苏东坡看了非常痛心。他说："使杭州而无西湖，如人而去其眉目，岂复为人乎？"意思是，如果让杭州都没有西湖可看了，不就像把人的眉毛、眼睛去掉了，那还叫人吗？

这话形容得多夸张，所以苏轼立刻向朝廷申请费用整修西湖。雇了20万人，把西湖整个修整一新，还修了一道苏堤。修完了之后自我感觉特别良好，就写了那首著名的诗："水光潋滟晴方好，山色空蒙雨亦奇。欲把西湖比西子，淡妆浓抹总相宜。"

经过了北宋的发展，杭州成为东南地区第一大城市，超过南京，这也为其之后成为都城奠定了基础。

一、腰鼓城市成就中国都城史唯一弧形轴线

就这样到了南宋时期，选择杭州作为都城之后，当然要对原有的城市进行再次的改建。下面我们就来看看南宋是怎么改造杭州的（图20-1）。

首先我们来看城墙（图20-2a）。吴越时期修建的内城基本被拆掉了，南宋利用原来的外城重新修建了城墙。从目前的资料来看，吴越当时的外城城墙范围是很大的，但实际上南宋的城墙范围在北侧和南侧都比吴越的城墙小了，都往回缩了。

南宋城墙的位置唯一超出吴越外城范围的就在城墙的东南角，这个地方向外扩建了一部分，这次扩建的原因应该是为了扩大宫城的范围。因为南宋宫城的位置还是沿用了之前的位置，在凤凰山上，也就是城市的最南端，而这个部分如果不扩建，从图上来看，应该是会影响到宫城的尺寸和规模。

如果我们做对比就会发现，杭州还是比开封小一些的。而且杭州是一个腰鼓形的城市，这样的问题就在于留给宫城建设的空间实在有限，整个城市凤凰山位置最高，宫城建在这里能够显示出皇权的尊贵，但太小了肯定不行，因此这样的扩建也可以理解。

说完城墙，我们再看看城门（图20-2b）。南宋临安的城门很复杂，因为临安本身还是一个水城，河道很多，常规的城门有八座，独立的水门有两座，同时有城门和水门的还有四座，因此加在一起一共有水陆十四座城门。

再看临安的道路系统（图20-2c）。临安最主要的中心道路就是御街，御街好像从宋朝开始就成为都城的标配了，开封有一条，杭州也有一条，都是城市的中轴线。临安的御街从景灵宫一路向南，画出一条漂亮的弧线，到达南部宫城的北门和宁门。这条轴可以继续下延，穿过宫城的丽正门，到达外城的嘉会门。

御街全长13500宋尺，合今天大概4公里多一点，用35000多块石板铺成。

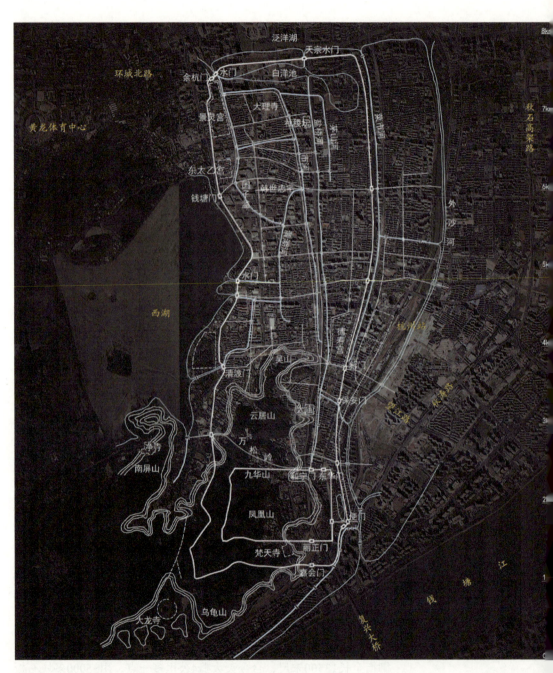

图20-1 南宋临安平面图（参考《中国古代建筑史》）

第二十讲
一千年前的繁华都市发达到超乎你的想象——南宋临安

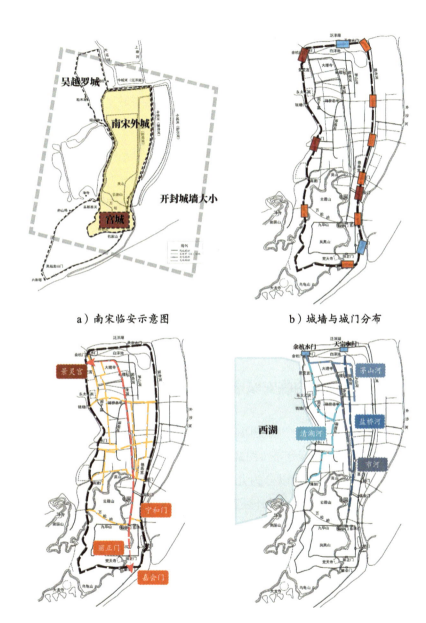

a) 南宋临安示意图　　b) 城墙与城门分布

c) 主要道路交通示意图　　d) 主要水上交通示意图

图20-2　南宋临安分析图

为了配合御街和整个城墙的形态，临安城里的道路结构基本上是东西走向和平行御街方向的，东西走向的有四条路，南北走向也大概是四条。不过，由于临安本身的轮廓就是不规则的，因此道路也并不是非常平直的。

另外还有水路，也就是水网（图20-2d）。临安城里的主要河道有四条，茅山河，盐桥河，市河和清湖河。

其中茅山河在北宋时是主要的一条运河，但到了南宋时已经淤塞了，所以也就荒废掉了。

这样就剩下三条河。这三条河的主流向都是南北向的，盐桥河和市河都位于御街的东侧。市河几乎就是御街的一条路边河道，而位于东部城区中部的盐桥河是东城的主要干道河流。清湖河位于御街的西侧，是西城的主要干道河流，而且，清湖河向西与西湖连接，向东通过市河与盐桥河连接，这样，西湖的水就成为城区里河道的主要水源。这些水在城里转一圈之后，从城北的余杭水门和天宗水门进入城北的泛洋湖，然后再进入上下塘河。

二、堪比当代的临安城市功能

由水网和路网将整个临安切割成大小不一的城市组团，临安的功能便在这些组团中进行分布（图20-3）。

整个城区大体上可以分为九个功能分区。其中最南端的是官廷区，也就是官城所在地，另外还有两处官廷区分别是城北的景灵官和社稷坛，还有御街南部的太庙和东侧的德寿宫。宫城西侧是一大片自然风景区，可以称得上临安的绿肺，各种山头寺庙分布其中，景色优美，和西湖一起组成城西最美的风景。

官城的北侧首先是一片中央行政区，这里是中央政府各部门的办公区。当然，和很多都城一样，除了中央行政区，其实还有地方行政区，就在自然风景区的西北角、清波门的北侧。

而在中央行政区的东北角是一小块官府商业区，按现在的理解叫

第二十讲
一千年前的繁华都市发达到超乎你的想象——南宋临安

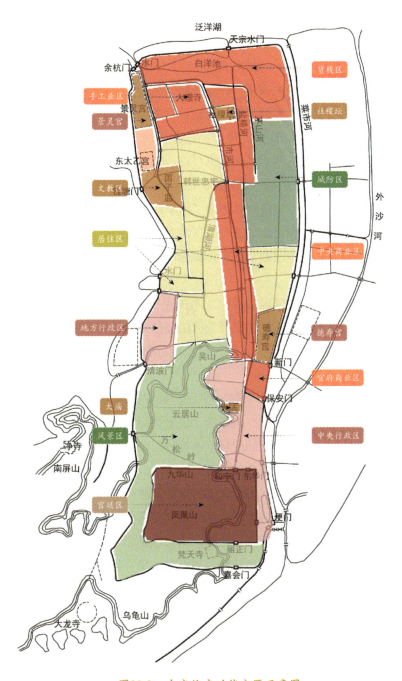

图20-3 南宋临安功能分区示意图

"官方旗舰店"，进行国营为主的商业活动，挣的钱直接进国库。

相比之下，位于这个区域北侧的商业区就显得规模更加宏大，这是临安的中央商业区。这里以御街为中心，商业分布在街的两边，有不少的建筑都是多层的高楼，非常壮观。南宋皇帝太有商业头脑了，官府出钱沿街建了好多的房廊。所谓的房廊指的就是像外廊一样的建筑，其实就是临街的铺面。政府把这些房廊出租给商户，然后收租子，以至于当时的一些官员还上书批评，说官府太狠了，竟然要和老百姓去抢生意。但没办法，谁叫当时的皇帝爱财呢。

不仅如此，在中央商业区还建了很多新的功能性房屋，其中包括酒楼、瓦子、茶坊和浴室。这个瓦子就是咱们现在的剧场，所有这些东西凑一块就是典型的商业综合体概念。也难怪当时的南宋官府那么富有。

说完了商业，我们再看居住。就在这个中央商业区的两侧都是居住区为主的区域，只不过紧靠商业区的居住区用地比较贵，所以大多数都是达官贵人的府邸，其中包括我们都很熟悉的韩世忠的家也在这里。

靠近城外的区域大多居住着平民。临安因为城小，用地非常紧张。而当时赵构跑到这里，也跟来了很多大臣和手下。因此当时为了给这些人腾地方，曾经把临安城里本地的居民外迁，这样临安城里的居住区其实平民用地是比较少的。

临安居住区的管理方式比北宋时更加开放和多元。北宋时的开封就已经告别了隋唐时的里坊制，开始走向坊巷制，变得开放起来。但当时的朝廷还总是试图恢复里坊制，因为还是想管着点这帮"刁民"是比较安全的，因此开封也曾经试图恢复坊墙，只不过因为反对的声浪太高，而且很多反对的人都是达官贵人，因此就没有恢复。

而到了南宋时期，我们看到前面官府已经主动拥抱商业经营了，甚至不夸张地说，整个临安在南宋时期的改造提升最主要围绕的就是商业的开发与经营。当时的皇帝想得很明白，政府没有钱打什么仗？要想收复中原，干败金兵，就得多多地挣钱。因此临安对于商业的支持力度之大，超过历朝历代，也因此，商业网点就进入到了所有的居住坊巷当中。不仅如此，宋朝是一个重文轻武的朝代，因此在当时的居住坊巷竟然还配有学校，从乡校、家塾到舍馆、书会，要求每一个坊巷都有一到两处这样的地方。

当时管理坊巷的上级单位叫作厢，这个厢其实和咱们今天的派出所很像。厢设厢厅，头就是厢官，每个厢管理的坊巷数量不一定，大的能有十几个，但无论大小，主要的作用就是在自己的管辖范围内维持治安，捕盗捉贼。

这是居住区的情况，那么临安哪里的房价最贵呢？显然，应该是下面这个地方。

在御街西部居住区的北侧，靠近钱塘门的位置，这里是整个临安的文教区，什么国子监、太学都在这个地方，这个地方的住宅肯定就是传说中的学区房了。

相对应的，在御街的东侧，居住区的北侧，靠近东青门的位置，我们可以看到这里是一片城防区，军队驻扎的地方。为什么军队要放在这个位置？你看杭州的地形，西侧是西湖，南侧钱塘江，北侧泛洋湖，因此如果有人来攻，显然东青门首当其冲，是最容易挨揍的地方，因此军队待在这个地方。

城防区的北侧就是货栈区和手工业区，货栈区包括整个白洋池周边，以及靠近盐桥河、市河的官府粮盐仓区。而就在御街的西侧，武林坊的附近就是手工业区，所以整个城北部就是一个集生产、加工、仓储、物流一条龙服务的产业中心。

临安还遍布寺庙，城内有57处寺庙及道观20多处，加上近郊寺庙道观总共达300多处，还有比丘尼庵舍13处，一片香火缭绕景象。

另外，在临安的外面还有码头区，通向海运和漕运的。

说到这里，大家就会明显地感觉到，宋朝的都城真的和之前的朝代完全不同。从某种角度来看，宋朝的都城格局和状态更像现代的城市，有明确的功能分区，道路交通四通八达，城市景观环境很好。如果再加上中国古建筑那种非常自然、优美的形态，整个城市简直太完美了。

我想大家可能还记得那首诗："山外青山楼外楼，西湖歌舞几时休？暖风熏得游人醉，直把杭州作汴州。"写这首诗的人显然是要抨击当时的社会状态，大家太迷恋现有的生活了，以至于都忘记了还要收复中原的决心。这首诗从另一个角度也能反映出当时的临安生活有多好。正因为日子过得太好了，所以临安地区的人口迅速增加，但问题是城就那么大，再扩建城池也不太现实，因此，在临安的周边逐渐形成了很多小型的卫星城镇，就这样，城市群出现了。

为什么临安会出现城市群？第一是经济发展到一定程度的需要；第二是临安实在是一个比较小的城，比起开封、长安，临安实在不大，而且受地理条件的限制很多，因此面对有史以来最富有的朝代，它当然无法承载日益膨胀的人口；而第三则是临安本身是一个水网密布的城市，而周边有包括钱塘江、余杭塘河、上塘河、京杭大运河等很多河流，这些河流给临安的交通带来重大的利好，你可以把它们理解为一条条的高铁线路。这样，所有的城镇全都沿着河流发展，近的距离临安只有几里，远的有几十里，全都因为便利的交通而联系起来，最终形成了以临安为中心的庞大城市集群。

通过北宋的开封，南宋的临安，我们能够看到宋朝的城市非常自由。朝廷对于城市的影响力远没有之前的朝代那么大，真正左右这两座城市发展的内在动力是城市商业的发展，甚至可以这么说，因为朝廷对于城市的管控变得很松散，结果市场经济得到了大发展，城市也开始沿着这条轨迹发展起来，于是就造就了在中国古代最为富有的两座都城。

与宋朝相比，虽然大辽和大金都挺能打，但是城市的发展就赶不上宋了。同时代的辽上京、中京、南京都城的平面还主要是以里坊制为核心，通过三城嵌套的方式来形成（图20-4）。而后来的金中都平面，也基本沿用了这个思想，学习的还是唐长安时的套路，从这一点来说，宋朝的城市要先进很多。

我们学历史的时候知道，中国的资本主义萌芽是两宋时期就已经

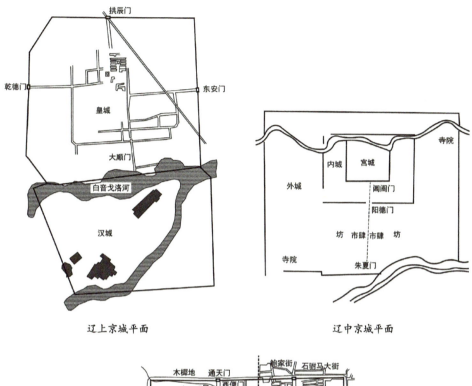
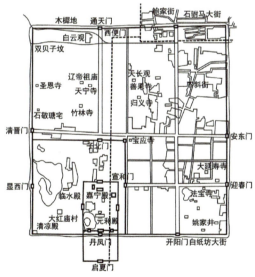

图20-4 辽上京、辽中京、辽南京都城平面图（参考《中国古代建筑史》）

出现了，也因此，有部分外国的学者认为中国的近代史其实从两宋就开始了。只是很遗憾，这么一点点萌芽也因为蒙古族的崛起而被消灭了。

蒙古大军横扫整个亚欧大陆，改变了整个亚欧的历史，南宋也不例外。南宋被蒙古所灭后，蒙古人建立了大元王朝，定都北京，从此开始了元朝的统治。

但元朝的统治只存在了98年，就被大长脸朱元璋结束了，中国又进入了明王朝。

明朝的第一任都城是南京，后来又北迁至北京。

所以从元开始，到清结束，一共六百多年的时间，中国的政治中心从西部彻底转移到了东部，而都城呢，除了明初的52年是以南京作为主要都城，其余的五百多年的时间都是以北京作为主要都城。作为中国封建王朝的收官城市，南京和北京这对多年的冤家终于聚在一起了。

第二十一讲
抄袭规划这事儿原来北京干得最狠
——大金中都

在蒙古人出现之前，金才是当时中原真正的霸主。现在有人说，当时的状态，其实金已经完成了中原的统一，至少是名义上，因为当时无论是南宋还是西夏，乃至后来崛起的蒙古都是对金称臣纳贡的，从这个意义上来说，金确实完成了中原大一统的伟业。

如果这么理解的话，北京这个地方其实很早就成为全国的政治中心，尤其是对于整个中国北部地区的人来说。

但要真正了解北京城，我们要从西周开始。

一、燕国在战国时代真正的意义所在

武王灭商纣建立周王朝，到了周成王当政，就开始搞分封。当时辅佐武王的有两个兄弟功劳都很大，一个是周公姬旦，另一个则是召公姬奭（音"是"）。这二位对于当年的武王来说，很像是两个门神，经常一左一右地站着，都是治理国家的好手。

分封的时候，召公的封地在燕国，位置大概在今天北京房山的琉璃河。可是召公还要在都城辅佐君主，于是自己就没去，而是派了自己的儿子克带领自己的族人去了燕国。就此，周王朝时期，血统最正、寿命最长的诸侯国诞生。

燕国建立的时候，在这个地方其实已经有了一个国家——蓟国。蓟国的都城就在今天北京的广安门附近（图21-1），至今已有3000多年之久，现在广安门北河边耸立着一根纪念柱，柱上写着"北京城区，肇始斯地，其时惟周，其名曰蓟"（图21-2）。

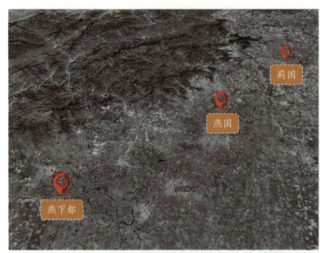

图21-1 燕国与蓟国位置图

图21-2 蓟城纪念柱（杨振华 摄）

这个蓟国商朝就有了，据说是尧的后代，在周的时候因为国小，被周武王又封了一次，十年之后，成王在它隔壁建立了燕国。

这下对于蓟国来说就麻烦了，不知道是不是燕国觉得蓟国的位置比自己好，或者羡慕蓟国的都城，很快就把蓟国吞并了，并且把都城直接搬到了蓟国的都城蓟城，典型的鸠占鹊巢。

我们曾经讲过河北易县的燕下都，而蓟城后来就成为燕的上都，北京这个地方就从这个时候开始和都城发生关系。

做燕的上都没别的好处，就是持续的时间比较久。在春秋时代，中原地区的诸侯国都在互相厮杀，今天我把你灭了，明天你把我吞了，但燕国，一直屹立不倒。到了战国时代更是如此，最后燕国被秦国灭掉已是排在六国的第五号了。

为什么会这样？并不是因为燕国多厉害，而是因为燕国的存在原本就是周王朝为了抵御北方的少数民族戎狄而设立的，后来虽然按照国力，燕国可能早就可以被灭掉好多次，但考虑到这个地方确实需要有一个看门的挡住外族入侵，所以所有的中原大国几乎都非常默契地没有真正地搞掉燕国。

就从这件事就可以看出，北京这个地区的位置特点，在周王朝时期，就是一个北部边疆的军事重镇，是抵御少数民族入侵的第一道屏障。

北京就以蓟城的状态一直持续到隋朝之前，然后情况发生重大变化。

隋朝修建了京杭大运河，这条河带活了沿线的很多城市，当然也包括终点站蓟城。只不过蓟城所在地区在隋朝的时候已经叫涿郡，在唐朝又改为幽州，所以唐朝的蓟城叫作幽州城。

二、如雷贯耳的幽云十六州

根据考古发现，初步认定唐朝幽州城的位置在北京二环的西南方向，城垣总长大约12公里，分为外城和子城两座城，子城的位置在城

图21-3 唐幽州城平面示意图

的西南角（图21-3）。

幽州城周长32唐里，约合如今的24里左右，里外一共有十座城门，外城八座，每边两座。子城两座门，分别在北墙和东墙。幽州城的东墙在今天的烂漫胡同至法源寺的南北一线，西墙在莲花河过甘石桥下东侧至会城门村东北京钢厂东的南北一线，北墙在白云观至头发胡同一线，城内居住着一万多户，6万多人。

在子城以外的区域城市规划布局应该是采用里坊制，目前能查到名字的有二十六个坊。

从现在掌握的资料来看，当时唐幽州城的商业已经很发达，是唐朝北方地区的物资集散地及商业中心城市。

从今天来看，隋朝开凿京杭大运河后，唐朝幽州城的发展最主要的原因还是在于战略需要。以北京地区为核心的区域是中原抵挡北方少数民族攻击的最重要防线，但这道防线很快因为一个臭名昭著的人而失去了。

这位就是历史上有名的儿皇帝,后晋石敬瑭。

石敬瑭这个人名声太臭了,最开始的时候还好,在后唐的建立过程中立了不少功,在自己老丈人李嗣源夺取后唐皇位的过程中更是居功至伟。但当老丈人死了,自己被后来的皇帝猜忌,于是为了保住自己,就向契丹人借兵灭唐,条件是割让整个北方的幽云十六州,外带每年送钱送礼,以及自己做儿皇帝,认契丹人做干爹。

这么恶心的事情竟然让他干成了,结果后唐最后被石敬瑭所灭,后晋建立,包括北京在内的幽云十六州就此成为契丹大辽的地盘,这下麻烦大了。

为什么这么说?幽云十六州也叫燕云十六州,相信很多朋友都是非常耳熟的,但这十六州到底是哪里你就未必知道了,我们来看一下(图21-4)。

它们分别是幽州,今天的北京市区;顺州,今天北京市顺义区;儒州,今天北京市延庆区;檀州,今天北京市密云区。以上这四个基本包括了北京全部。

图21-4 幽云十六州示意图

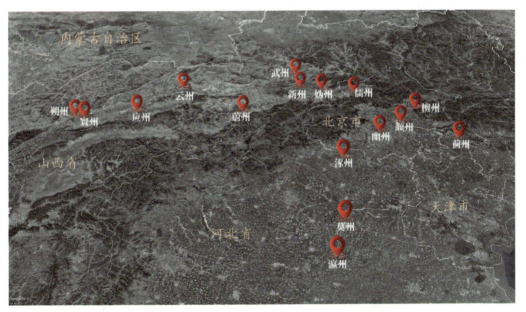

蓟州，今天天津市蓟州区，这是天津。

涿州，今天河北省涿州市；瀛州，今天河北省河间市；莫州，今天河北省任丘市北部，注意，这个实际上就在雄安新区隔壁；新州，今天河北省张家口市涿鹿县；妫州，今天河北省张家口市怀来县；武州，今天河北省张家口市宣化区；蔚州，今天河北省张家口市蔚县。以上七个州包括了河北和北京关系最密切的区域。

应州，今天山西省应县；寰州，今天山西朔州市东部；朔州，今天山西省朔州市区；云州，今天山西省大同市云州区。这四个都是山西的，但也和河北、北京关系非常密切。

所以我们看看这幽云十六州的范围，简直就是一个京津冀一体化的核心区域。

这样一个区域给了大辽，结果是北京的长城基本丧失防御功能，契丹人从此站的地方就不是塞外的草原，而是关内的华北平原，中原地区完全暴露在契丹人的铁蹄之下了。

我们都知道这些少数民族都比较擅长骑马作战，因为从小就是在马背上长大的，不是放羊就是打仗，但原来中原有北部的山脉和长城阻隔，马的作用发挥不出来，因此要打到中原的难度是很大的。

所以前面说燕国挺了那么长的时间，就是用来做障碍物的，好让中原的国家可以安心打仗。

现在好了，石敬瑭直接把这个天然障碍送给了原本在外面的游牧民族，于是游牧民族不只放羊，现在也开始种地了，游牧民族开始和农耕民族结合进化，结果就是北方的游牧民族从此可以毫无障碍地掠夺中原。

因为这个，石敬瑭被评为史上"最卖国"皇帝。

不过，石敬瑭的这次赠送，倒是把北京从州的级别正式推向了都的级别。

大辽获得幽云十六州之后，为了控制这个地区，就在北京建了自己的一个陪都——辽南京，是当时大辽五座京城之一。而南京则被称为燕京。

大辽没有大规模地扩建这个南京城，只是在唐幽州城的基础上进行了改建，大城和子城还是原来的，只是在子城的里面新建了宫城，可以看到宫城有一条非常明显的南北中轴线。

不过，这个城最有趣的是，建造者在修建宫城的时候也许是还想未来对整个城池进行扩建，因此将宫城的南边一部分伸到了子城的外面，这种形态在中国古代的城池中是非常罕见的。

关键是大辽后来一直没有完善自己的南京城，而这个事情只能由辽的继承者——金来完成了。

辽是契丹人，金是女真人，女真人很能打。金建国之后十年就灭了当初石敬瑭的干爹大辽，两年之后又灭了北宋，三年后又让南宋变成自己的附属国，从某种意义上来说，金国当时已经统一了中国。

这么强的金国在接触了汉文化之后，也不由自主地成为汉文化的"粉丝"，开始全面的汉化。

三、海陵王建造金中都

公元1153年，海陵王完颜亮将金国的都城从会宁迁到辽南京，把这个燕京改名叫金中都，并开始大规模建造这个中都（图21-5）。

这次迁都当然也是有原因的，因为完颜亮这个皇帝是篡位得来的，他弄死了自己的堂兄弟金熙宗，取而代之。但当时金国的都城本来的位置实在是太偏了，我们看一下地图就知道了。当时金国已经占领了大片的中原地带，但原来的都城却在会宁，也就是现在哈尔滨的位置，从这一点来说，迁都确实有必要。

另外，完颜亮篡位，根基不稳，支持原来皇帝的势力依然存在，因此他认为待在会宁很危险，没准哪天被人家算计了，都不知道自己怎么死的，所以需要搬家。

还有一点也非常重要，当时的金国已经非常崇拜汉文化，因此汉化是大势所趋，长期窝在会宁也不利于这个事情，因此需要迁都。

以上三个原因促成完颜亮迁都。这次迁都使北京第一次作为一个

图21-5 金中都平面图(参考《中国古代建筑史》)

国家的正牌都城出现，为以后的发展奠定了基础。

这位完颜亮也是一个奇葩皇帝，他本人有一句名言："吾有三志，国家大事，皆我所出，一也；帅师伐远，执其君长而问罪于前，二也；无论亲疏，尽得天下绝色而妻之，三也。"

这三个愿望前两个没什么，无非是治国平天下的，而第三个就不像话了，说明了只要是美女，不管是干什么的，都要"妻之"。结果他也是这么做的，只要自己看上的，都"妻之"了，不管是大臣的老婆，还是随从侍卫的夫人，甚至自己的亲戚，只要看上了，就要"妻之"。

结果完颜亮自己是高兴了，别人总戴绿帽子受得了吗，于是受害者之一完颜雍趁完颜亮南征宋朝的时候，在家里造反了，自己当了金世宗。完颜亮下面的人听到消息立马就不干了，把完颜亮直接给弄死了。金世宗完颜雍的妻子是因为完颜亮而死的，所以这位当了皇帝，直接把已经死了的完颜亮给贬为庶人。

咱们回来说金的这个新都。这个都城是建在原来的辽南京基础上的，当时负责修建的是张浩、苏保衡、卢彦伦这三位。大家注意这三位的特点，都是汉人，其中张浩官最大，宰相；苏保衡，原来是太子的助手，擅长军事谋划；卢彦伦则是具体主持过上京会宁府建造的人。

用这三位的目的，就是为了能够按照汉人的文化方式来建造金中都，结果金中都的建造方式就一个字——抄，主要是照着北宋东京抄，能抄的都抄上（图21-6）。

四、山寨东京的金中都布局

首先是城墙格局。东京是三城相套，金中都也是，宫城、皇城和大城。范围和规模在辽南京的基础上又进行了扩建。

其次是中轴线布局。东京是御街，金中都有御道，御道的两侧是御廊，东侧是太庙、球场、来宁馆，西侧是尚书省、六部机关、会同

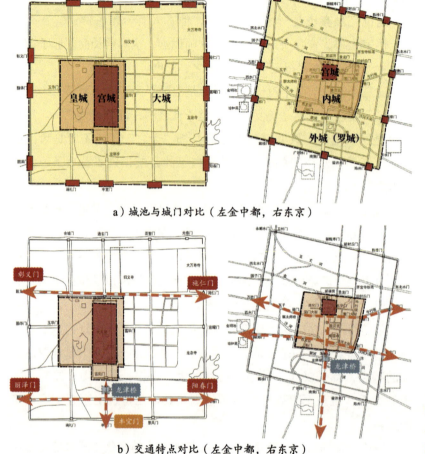

a）城池与城门对比（左金中都，右东京）

b）交通特点对比（左金中都，右东京）

图21-6 金中都与东京对比分析图

馆。这条轴线最有意思的是，东京有一个龙津桥，金中都没那么多河道，于是也弄了一个东西走向的小河，也建了一座桥。这座桥也叫龙津桥。

除了南北，还得有东西干道，一共两条。一条是施仁门与彰义门之间的大道，另一条是阳春门与丽泽门之间的大道，和东京的完全一样。

至于城门，数量很接近，北四，东西南各三，一共十三座，而东京的则是十二座，只是东城墙不太一样。但东京的水门比较多，这一点中都很难做到，毕竟没水这事可不是那么容易解决的。

还有就是商业。中都的商业也很发达，中心有两个，一处是以檀州街为中心的"幽州市"，属于城北交易市场，各种百货应有尽有；另一处就是东开阳坊的天宝宫市场，东南部市场，主要进行马匹交易。除了这两处，还有不同的手工业分布在城中。

最后是街道布局。中都有六十二坊，但这个坊并不是隋唐的里坊了，坊墙已经消失。原来辽南京留下的街道，坊的格局没有改变，只是将街巷全都通到了大路上。而金中都自己扩建的部分就彻底取消了里坊，直接采用方格网道路排布街巷，所以这一点是金中都很有特点的地方，在一个城市同时存在两种不同时期街道布局的特点。

金中都给后人留下了一些历史的记忆。城北的会城门地名一直沿用到现在，原宫城中的庭院叫鱼藻池，位于现在的广安门外角街69号院内，它的水面形状大致没有变化，是北京现存最早的皇家园林遗址，如今已辟为鱼藻池公园。

总之，如今虽然金中都遗迹不多，但这个城市在当年还是一个非常雄伟的城市，史书记载说它的建造，"役民八十万，兵夫四十万，作治数年，死者不可胜计"。

经过了金中都的建造和发展，北京已经成为北方地区名副其实的中心城市，也成为后代王朝的正式帝都。很快，如日中天的大金遇上了史上最强的对手——蒙古。成吉思汗从草原崛起，大元王朝登场。这次元朝把都城定在北京，并且完全新建了一个都城，这个都城成为当时世界闻名的国际都市。

第二十二讲
元朝第一汉臣惊天规划史上第一生态都市
——大元大都

涉嫌抄袭规划的金中都，抄归抄，但其修建其实是非常成功的。到了金后期，蒙古人在成吉思汗的带领下迅速崛起。公元1211年蒙金战争开打，蒙古人的战斗力不用多说，在那个时代，几乎可以说是打遍天下无敌手，所以金兵和蒙古人作战是屡战屡败。但成吉思汗多次攻打中都却没有打下来，原因就是中都的城修得太坚固。

最后中都的陷落并不完全是因为蒙古人，而是金宣宗因为害怕，在公元1214年再次迁都，把家搬到了南京汴京，就是原来北宋的都城。这样一来，皇帝都跑了，还有谁愿意全力守城呢？于是在迁都之后的第二年，公元1215年，金中都就被木华黎占领了。

一、忽必烈定都燕京，建造大汗之城

我们之前说过北京的战略重要性，这个战略重要性对任何一个政权都是，金放弃了中都等于放弃了北方的屏障，导致的结果就是让蒙古人的战马杀到了中原。结果迁都汴京的金国很快就不行了，再次迁都到归德府，就是今天的河南商丘，最后又被蒙古兵赶到蔡州，金国灭亡（图22-1）。

当然，最后金国的灭亡是蒙古人联合南宋的结果，但有一点是毋庸置疑的，如果金国不放弃中都，蒙古人不会那么快灭掉金国。

灭了金国的蒙古人转身就开始攻打南宋，42年后，南宋临安被攻陷，三年后，蒙宋在广东崖山海上展开了一场决战，史称崖山海战。这场战斗最终还是蒙古人赢得了胜利，南宋陆秀夫背着小皇帝赵昺投

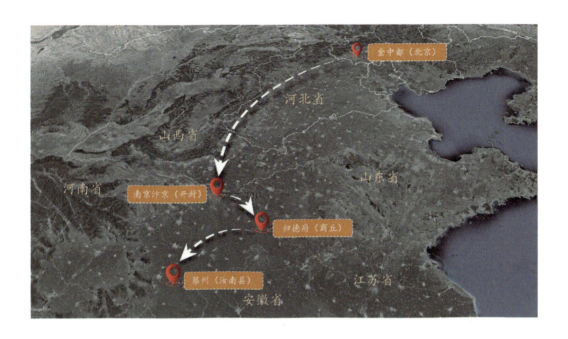

图22-1 金宣宗败退路线图

海自尽,另有十万军民也投海殉国,南宋灭亡。

这是中国历史上中原核心地带第一次全部被北方游牧民族占领。

在南宋灭亡的六年前,蒙古因为统治者更替已经开始分裂,忽必烈继承汗位建立元朝。都城开始是在开平,但开平的位置太偏北,在搞定了自己弟弟阿里不哥之后,忽必烈迁都燕京,也就是原来的金中都,并将其改名为大都。这个名字在蒙语里是"汗八里"的意思,就是大汗之城。

问题是这个大都怎么建造,又在哪里建造呢?

野心勃勃的蒙古人肯定看不上金人的作品,而且当时的金中都因为战争的原因已经不够繁华了,所以忽必烈决定另起炉灶,在金中都的东北方向建造一座全新的城市(图22-2)。说起这个让人想起当年隋朝建造大兴城,也就是后来的唐长安,也是这样的思路。

而忽必烈选择在东北方向不是因为那里有六道高坡,而是因为那里有金国遗留下的一个避暑离宫——大宁宫。大宁宫是金国第五位皇帝金世宗完颜雍建造的,这位就是前面提到那位为了给媳妇报仇而上

图22-2 元大都与金中都位置关系图

位的皇帝。

大宁宫的环境据说是非常优美的,而且估计因为是离宫的原因,可能没有受到太大的损坏,所以最开始忽必烈就住在这个宫里,因此选择这个地方也就在情理之中了。

除了这个原因,还有另一个更重要的原因。原来金中都用的水源是莲花池的水,也就是今天北京西客站西边莲花池公园的水,但这个水当时因为中都使用多年,已经不太好了,所以新都选择的位置可以使用北边高粱河的水系,这个高粱河现在就在北京的西直门附近。

这样就很清楚了,忽必烈开始着手安排人进行新都的规划与建设,主要的负责人是刘秉忠。

二、元朝第一汉臣的格局

能够负责大都的规划建设,显然,这位刘秉忠不是一个普通人,有多不普通呢?

举一个例子你就知道了，元朝原来不叫元朝，我们知道元朝的前身是成吉思汗的大蒙古国，忽必烈登基之后，大蒙古国分裂为五个政权，中原这边是忽必烈管的，另外四个都是汗国，在俄罗斯、东欧那边。

忽必烈这边最开始没有定国号，只弄了一个年号，叫"中统"，意思是"中华开统"。

后来刘秉忠给忽必烈提建议，定个国号，取《易经》"大哉乾元"之意，将蒙古国改名叫"大元"，什么意思呢？后来元朝人在官修政书《经世大典》里是这么说的："元也者，大也。大不足以尽之，而谓之元者，大之至也。"这个意思很简单，大是大，元是最大，所以大元就是无比的大，元朝的意思就是一个无比大的国家。

这个名起得确实非常贴切，所以忽必烈很喜欢，就同意了。

从这件事你就能看出，这位刘秉忠当时在元朝的地位绝对是数一数二的。

再简单说一下刘秉忠的生平。刘秉忠是河北邢台人，出身很好，家里头从辽朝的官、金朝的官，一直做到元朝的官。刘秉忠打小儿就特聪明，八岁就能一天随便背诵上百篇的文章，十三岁就被送到帅府做人质，十七岁就给邢台节度使做秘书。结果人家还不满足，在那想："我家都是当官的，还是当大官的，我怎么现在就给人家做个秘书呢？太丢人了，我不干了！"说不干就不干，刘秉忠一转身隐居了。

过了几年隐居生活，又遇到天宁寺的虚照禅师，结果被高僧看中，收为徒弟，被赐号"子聪"。

后来忽必烈要登基了，邀请当时非常有名的高僧海云禅师见面，结果虚照就把刘秉忠推荐给海云了。大师也早就知道这位聪明的子聪，于是就把刘秉忠推荐给了忽必烈。

结果忽必烈和刘秉忠一谈，立马就对上眼了，发现这位真是罕见的奇才，上知天文下知地理，属于那种有经天纬地之才的人物，于是就委以重任。

最后刘秉忠的官做到元朝的太师，死后被封赵国公，在整个元朝，汉人中只有刘秉忠一位被封为公。

就是这么一位厉害无比的人负责规划元大都。

除了刘秉忠，我们必须提到另一位牛人也对元大都的规划做出了很大的贡献，他就是郭守敬。

三、郭守敬引水入京城，确定北京山水格局

郭守敬是刘秉忠的学生，更是一名水利专家。前面说到大都的水源定的是高梁河水系，但还不够，郭守敬对水利进行了重新整合。他将西北郊白浮泉、玉泉山的水源引到高梁河，然后再引水进大都，之后再向东接到了通惠河，和京杭大运河直接连通。为了保证这条线完成，又疏通了通惠河河道（图22-3）。

郭守敬做的事不仅解决了大都水源和运输的问题，而且给以后明清北京城的发展奠定了非常重要的基础。

而刘秉忠借郭守敬治水的方式，又结合了太液池，就是今天的北

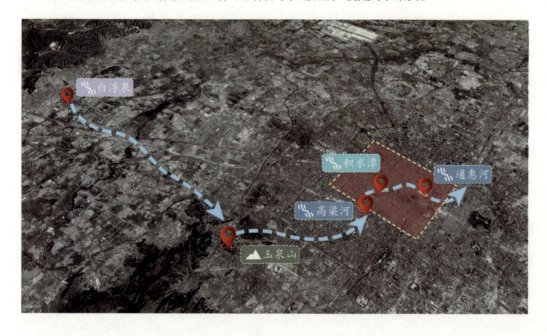

图22-3 郭守敬引水入大都示意图

海和中海，还有积水潭，今天的什刹海水系，在大都的中心地带规划了一个山水园林的城市中心（图22-4）。

最关键的是，元大都的中心轴线也是依据山水来定的。从图22-4可以明显看出，刘秉忠确定轴线是通过太液池水系的位置关系来定的，这一点在中国都城规划史上是一个绝对的创举。我们想想之前的都城

图22-4 元大都平面复原图（参考《中国古代建筑史》）

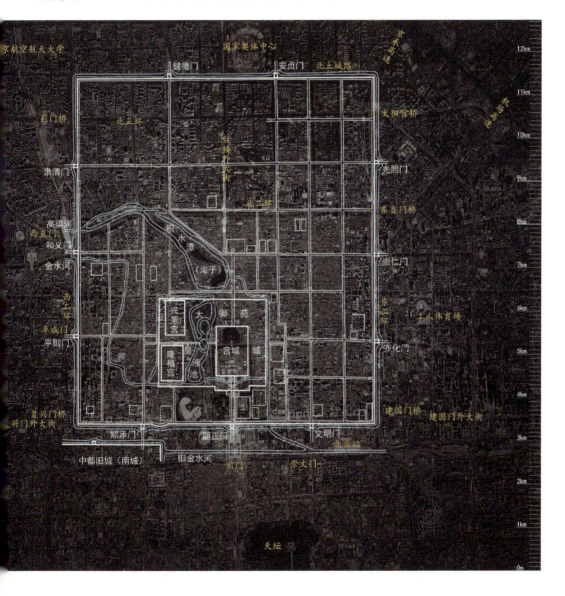

规划，虽然也有带水系的，但没见到有将水系作为城市规划的核心要素来布局的。水系在大多数的都城中的作用无非是交通运输和水源补给，但到了元大都，水系已经变成都城规划的核心要素。

为什么元朝会突然采用以水为核心的规划思路呢？

这个想法应该和刘秉忠无关。不少人认为应该源自忽必烈的蒙古人身份，我们知道蒙古人在草原的生活一定是择水而居，从宗教特点和民族生活方式来看，蒙古人应该都是更加关注生态环境的，在大都规划的时候，忽必烈因为看中水系环境而确定以水环境为核心的做法也就很容易理解了。

只是蒙古人没有想到的是，这个做法会一直影响到后来的明清北京城。

说完了轴线，我们再看看大都的城郭做法（图22-5a）。

四、北京的双城时代

元大都采用的是外城、皇城和宫城三重城墙的做法。外城南北长7600米，东西宽6700米，总面积50.9平方公里，接近一个正方形。城门一共有十一座，东西南都是三座，只有北侧是两座。

从图22-2我们可以推断出为什么大都的都城会做成这个样子。我们看到，在确定了大都的核心位置之后，大都的南城墙受到金中都的限制，因此只能在接近宫城的位置，而东西城墙和北城墙基本是靠大都的规模来控制的，问题来了，规模是怎么控制的呢？

其实你只要看城墙尺寸就能发现问题了，元大都的规模控制，明显是参考了北宋东京的大小（图22-5b）。东京的外城，南北长7500米左右，东西长6900米左右，是不是非常接近？

光从这一点就可以看得出来，别看北宋很弱，北宋的东京是当时这些游牧民族心目中绝对的正统都城，金国建中都也抄，现在换了元大都还在模仿。除了规模很像，城墙形式也一样，外城、皇城、宫城三件套。

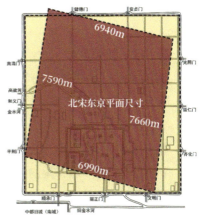

a）元大都平面城池与城门关系图　　　b）元大都平面与北宋东京平面对比图

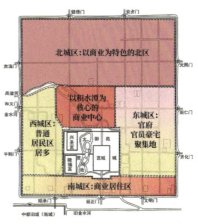

图22-5　元大都
平面系统分析图　　c）元大都轴线特点示意图　　　d）元大都城区特点示意图

  不仅模仿了汴京，还有很多人认为大都的规划也参考了金中都，比如皇城位于城的南端这种做法就是参考了金中都。

  大都规划还是有创新的，比如钟鼓楼的出现。在城市中心设置钟鼓楼，这个做法在元以前从来没有过。原来都是利用里门、谯楼、城楼这些地方报时，现在都统一归钟鼓楼负责了。但有一点大家要特别注意,那就是元大都的钟鼓楼还没有和城市的轴线发生关系(图22-5c)。

除了报时的钟鼓楼,大都的道路系统也比较有特色。首先这个时代的规划道路已经不是里坊制了,因此不再是唐长安那样的路网结构,取而代之的是整整齐齐的道路分级。大街宽24步,合今天25米左右;小街宽12步,12米左右;有384条胡同,宽度在六七米。

看到这样的一组数字,大都的感觉更加接近今天的北京城了。

下面我们再看看城市里的各个城区的特点(图22-5d)。

东城区是官府和官员豪宅聚集地。为什么是东边,因为太液池在宫城的西侧,官员住在东边每天去上班见皇帝更加方便。

北城区则是以商业为特色的区域。因为通航的原因,积水潭成了元大都最繁华的商业中心,各种各样的商业形态应有尽有,甚至还有一种特别的市场,叫作"穷汉市",干吗的呢,主要是用来交易劳动力的。

西城区因为地方小,因此居民区的密度比东城区更大,档次也略低。另外还有一些商业集中在一些道路交叉口的地方。而且西城区是紧邻金中都的,这里要提醒大家一句,虽然元建造了大都,但其实中都也一直都在,所以当时的北京其实是双城。

而且中都的生活与人口并不逊色于大都,当然,档次肯定会比大都低。而西城区因为靠近中都,因此和中都相邻的地方也发展出了不少的商业。

最后就是南城区。南城区在大都里的部分,地方不大,而且位置重要,因此大多发展成了比较热闹的商业居民区;而在城外的部分,就是三个城门外面的区域,商业发展得尤其好,是整个大都城外最繁华的区域。

这是大都的四个区,为了管好这四个区,大都城内分了50个坊,由左、右巡警院管理。大家注意,这个坊可只是一种区划的叫法,已经完全不是里坊制的坊了。

说完了这些,我们再来说一个小小的争议。在一些书籍资料中,关于刘秉忠规划大都是否参考了王城规划理论出现了一些争议。一些专家认为大都是考虑了这个理论的，因此会有左祖右社、面朝后市的做法，但也有专家认为这种说法是比较牵强的，原因是大都的祖和社都是刘秉忠死后很多年才建设的，而后市的说法则更靠不住，因为大都本身的市集分布已经完全不是像长安那样集中设置了，大都的商业可以说遍布全城，因此根本谈不上后市的说法。

其实刘秉忠是否参考了王城规划理论并不重要，毕竟那只是一个理论。虽然大都的规划形态确实与这个理论的说法有很多的不同，但从本质上说，也是王城规划理论思想的延续，因为大都的规划显然是建立在之前都城的规划基础之上的，只不过大都在规划上第一次把自然山水放在了一个非常突出的位置，这也就导致了大都的城市格局变得和以前的十分不同。

因此大都的规划再一次证明了一件事，就是我们中国人的城市规划从来都不会傻乎乎地死守某个规矩、某个做法，而是经常会利用现有的条件进行不同程度的创新。之前的汉长安、唐长安、魏晋洛阳、北魏洛阳、东晋建康、北宋汴京、南宋临安等，没有一个不是这样的，正是这种创新才造就了我们中国古代都城规划的伟大。

总之，元大都是唐长安之后在平地新建的最大都城，它不仅继承发展了唐宋以来城市建造的主要思想，比如三套方城、中轴线布局以及宫城居中等做法，还把水的文章做到了极致，将方正严谨的宫殿与自然水体进行结合，引水入城改变城市环境，满足生活需要，同时形成了大运河的漕运线路，让城市的商业因此更加繁荣。

而且，元大都的规划与建设除了刘秉忠与郭守敬，还有很多不同民族的"大咖"参与，比如至今还大名鼎鼎的白塔寺，就是由尼泊尔人阿尼哥负责建造的，阿拉伯人也黑迭儿和一些外国的建筑工匠，也在元大都的宫城建设中留下了汗水。

上述一切，都使元大都建成了当时世界上规模最宏伟壮观的国都。

第二十三讲
千算万算漏算了大炮的城市格局
——大明南京

虽然元朝无比强大,但对汉人的统治其实是无比黑暗的,而擅长骑马打仗的蒙古人在发现吃喝玩乐的好处之后,很快就放弃了战斗民族的本性。而且元朝中后期,为了这个皇帝的位置,忽必烈的子孙展开了各种各样的复仇和谋杀,争权夺势的结果是国家开始动荡不安。终于,元朝末年,借整修黄河的机会,北方白莲教韩山童和刘福通发动起义,史称红巾军。

红巾军一折腾,把全天下的人都闹起来了,一时之间,英雄豪杰开始各展身手,一个据说非常难看的人粉墨登场了。

朱元璋开始只是一个普通的农民,连正经名字都没有,叫朱重八,据说是按照出生次序直接排下来的。后来日子过得太苦了,做过和尚,当过乞丐,直到在发小儿汤和的介绍下,加入了当时郭子兴带领的义军才开始有转机。

郭子兴是当时起义军的头领之一,朱元璋加入起义军之后,很快就表现出不同寻常的状态,敢拼命,不贪财,深受士兵爱戴,虽然长得不好看,但郭子兴还是把自己的义女马小姐许配给朱元璋为妻。

当时的起义军队伍很多,一方面,大家主要和元朝作战,另一方面,大家还得互相防着对方,所以每个人都是藏着自己的小心思,互相算计。

一、朱元璋的定都难题

公元1356年,当时朱元璋利用张士诚攻击江南元军的机会,带大军占领了南京，当时的名字叫集庆。朱元璋进城之后就将集庆的名字改为应天府，然后就在应天府开始闷头发展自己的实力。但当时的情况还是群雄争霸，因此朱元璋并没有对南京进行过度建设。

直到十年之后，公元1366年，这个时候朱元璋已经是西吴王，劲敌陈友谅已经在3年前的鄱阳湖大战中被灭，解决张士诚也是早晚的事儿，天下统一近在眼前。于是朱元璋开始对应天府进行扩建，主要干了几件事儿，修建了自己的宫殿，还修筑了五十多里的城墙，另外还建了一些圜丘、方泽、太庙、社稷坛等礼制建筑。

但当时的朱元璋还不是皇帝，只是个西吴王，因此所有的建筑建造级别都不高，只能算是小打小闹。当然，最关键的是，朱元璋还没有真正决定要定都应天府。

我们在前面曾经讲到南京无比辉煌的过去，虽然六朝建康被不懂得保护文物的隋文帝给毁了，但这里依然成为五代十国时期南唐的都城，当时的名字叫作江宁府。但由于南唐是长期被北方的后周和后来的北宋压制，所以这个都城当时的建设标准并不高，完全没有达到帝都的程度，宫城的位置就在六朝建康的西南方向。

现在朱元璋在这里马上要转正当皇帝，这么好的帝都，而且他又是在这里发家致富，基础很好，他为什么好像一副特别不愿意的样子呢？

因为在很早以前，朱元璋就听某个"倒霉"的儒生对他说："有天下者，非都中原不能控制奸顽。"这话的意思是说，要想控制天下就必须定都中原，朱元璋深信不疑，所以一直惦记中原。

中原在哪儿呢？当时元朝的都城是大都（现在的北京），当然不能算是中原，朱元璋想的是宋朝的东京汴梁，也就是开封。

这个事情其实是有渊源的，北宋定都汴梁，而后，南宋定都临安。咱们说过，临安是个行在，根本不是正统都城，所以南宋一朝名义还是认为只有东京汴梁才是正统都城。到元朝虽然定都大都，但在广大的汉人心中，东京汴梁才是正统的都城。

公元1367年，朱元璋派兵北伐，对元朝进行最后的总攻，当听说徐达把汴梁拿下之后，朱元璋一路小跑就去了汴梁，干吗去了，去看看自己心目中的理想都城到底是什么样子。

一去就傻眼了，汴梁那个时候怎么可能还有当年北宋的繁华，看到"民生凋敝，水陆转运艰辛"，朱元璋立马就泄气了。

怎么办呢？当时的元朝残余势力还在北方折腾，所以定都南京也有问题，最后朱元璋决定"以金陵为南京，大梁为北京，朕以春秋往来巡守"。大家特别注意，南京的名字就是因为这个事情而来的。

但后来朱元璋一想，北京、南京两个京，问题是大梁做北京，也就是汴梁实在不太灵，用来做北京不太够，于是就又增加了一个想法，"以临濠为中都，命有司建置城池、宫阙如京师之制"。这个临濠要用来做中都（图23-1）。

临濠在哪里呢？临濠就是朱元璋的老家凤阳，为什么要选择临濠做中都呢？

朱元璋是这么说的："朕今新造国家，建都于江左，然后去中原颇远，控制良难……临濠则前江后淮，以险可恃，以水可漕，朕欲以为中都。"

图23-1　明都城位置图

朱元璋的这段话说得很明白，临濠做中都好处很多，他很看好。

于是朱元璋就派了得力的手下李善长和汤和负责修建中都都城（图23-2）。这二位带着好几万人在临濠忙活了五年，请朱元璋去视察。结果朱元璋去看了二十多天之后，不知道哪根筋搭错了，突然宣布停止中都的建设。表面上说的原因是"以劳费罢之"，嫌太费钱了，问题是早干吗去了？这都干了五年了，城池也修了，宫殿也建了，街道建筑也有了，现在你说费钱不搞了，这个有点说不过去吧。

而且在这个事件当中，朱元璋还杀了很多工匠，就把这件事情搞得更加神秘了。

图23-2 明中都城平面示意图（参考王剑英《明中都》1992年）

但不管怎么说,中都的事情彻底放弃了,朱元璋开始一门心思,专心建造南京。

二、朱元璋的宫城选址依然令他头疼

建造一个都城,首先要想的当然是皇帝住在哪儿了,如果在一般的都城中,宫城位置的选择肯定不是问题,但在明南京城就变成一个非常棘手的问题。

因为南京不是一个新城,我们之前讲过,南京在明朝之前已经折腾了一千多年,有六个朝代在这里建都,因此当朱元璋接手的时候,这个城市已经到处都是房子,其中包括位于中心区域的六朝宫城故址,南部区域的南唐宫城故址,还有其他大片区域的老城区。

本来如果换了别的朝代,别的皇帝,很简单,在六朝宫城故址或南唐宫城故址选一个,改扩建一下不就好了。但朱元璋不乐意,他嫌弃人家六朝的时间太短,南唐的时间也不长,觉得在这样的宫城故址上建造新的宫城不吉利。

而如果在老城区建造,那问题更大,大家想想咱们现在的老城区就知道了,改建一个老城区的代价,时间和难度,那不是一般的大。

怎么办?

朱元璋没有别的选择,只能考虑把宫城建在老城区的东侧,这是唯一的一块比较完整的地了。只是这块地上原有一个燕雀湖,好办,直接填湖造宫城,这样做反而对现有的城市干扰很少,代价就是破坏生态。不过朱元璋顾不上小生态了,还是给自己盖房子要紧(图23-3)。

于是,一个史无前例的宫城就此诞生,为什么说史无前例,因为像明南京这样把宫城修得如此偏僻的,历史上好像没有第二个。

确定位置之后,朱元璋就"命刘基等卜地,定做新宫于钟山之阳"。说到这,我们必须提一下刘基。

刘基就是刘伯温,这是一位极具传奇色彩的人物,老百姓说:

图23-3　明皇城选址示意图

"三分天下诸葛亮,一统江山刘伯温;前朝军师诸葛亮,后朝军师刘伯温。"刘伯温一直被认为是朱元璋建立明朝最大的功臣之一,更关键的是,在很多的传说中都说明南京的建造与规划就是刘伯温一手负责的,包括这次选择宫城的位置。

明南京到底是不是刘伯温规划设计的,我们并不能确定,但作为朱元璋手下的重要人物,都城的规划设计,包括实施,刘伯温应该贡献了很多。

好,现在宫城的位置确定了,那就开始建造吧。经过二十多年的建设,明南京完成了,这个城市在很多地方都和以前的城市不一样(图23-4)。

三、很不一样的南京城墙

首先是城墙,明南京一共有四圈城墙。

最里面的是宫城,就是咱们刚才说的那个填湖位置打造的宫城,

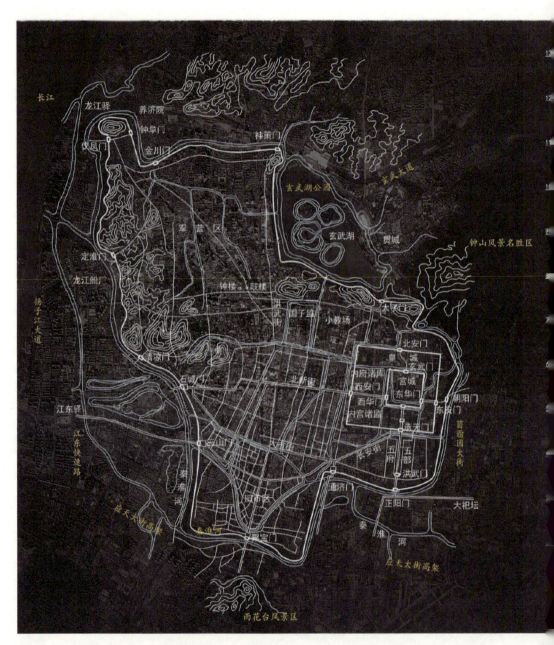

图23-4 明南京复原图（参考《中国古代建筑史》）

这个宫城还有两个名字，分别叫大内和紫禁城。宫城有四个门，正门是午门，东西分别是东华门和西华门，北门是玄武门，宫城的周围是御河，占地60多公顷，在午门的前方左右分别是太庙和社稷坛，符合左祖右社的要求（图23-5a）。

在宫城的外面是皇城，皇城占地400公顷，东面是东安门，西面是西安门，北面是北安门，南面是承天门（图23-5b）。

在皇城的外围是京城，全长37.14公里，有13座城门，这个京城建得非常不一般（图23-5c）。

这个京城的线路非常自由，自由程度超过以往任何一个都城。我们看之前的都城基本都是方方正正的，最不规则的南宋临安，也还基本是一个长方形。但明南京的京城城墙基本不是按直线修建的，完全是依据周边的地形来修建的。京城城墙的南侧和西侧借用了一点南唐都城的城墙，但北侧就比南唐大很多，沿着北侧玄武湖边缘一路向西，再延伸到西侧的江边，把整个西侧的山地全都圈在城里。

对于整个京城的建设，开始朱元璋很满意，城墙建得高大坚固，他还反问刘伯温："城高如此，谁能逾之？"结果刘伯温说："人实是不逾，除是燕子。"结果这句话后来被人解读为刘伯温早预言未来南京城会被燕王朱棣攻破。

不过当时朱元璋想不到，但他却想到了别的。当修完了京城之后，本来南京城的城墙就算完事了，但大家发现了一个非常糟糕的问题，龙盘虎踞的那条龙——紫金山没有在京城的里面，这个问题大了。

为什么？如果在以前的朝代可能不是问题，但在明朝，当时的火器已经很常用了，在战争中已经开始使用大炮。如果敌人来进攻的时候，把大炮架到紫金山的山顶，那是什么后果，按当时的射程，完全可以轻松灭掉皇城。

因为这个重大失误，没办法，朱元璋在京城的外围又修了一道外城，这个外城长达50多公里，有18座城门，但实在没钱修了，这道城墙只能采用土筑了（图23-6）。

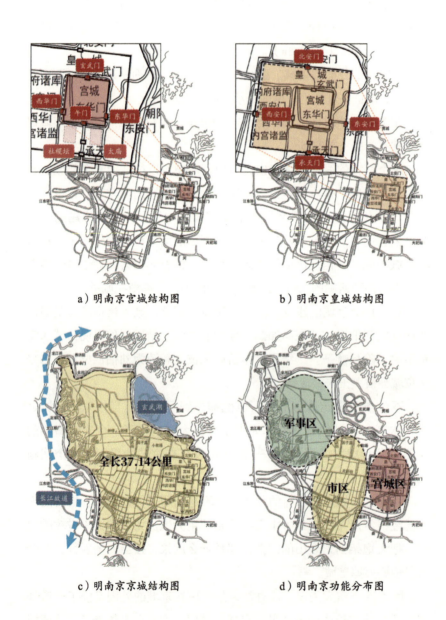

a）明南京宫城结构图　　b）明南京皇城结构图

c）明南京京城结构图　　d）明南京功能分布图

图23-5　明南京结构图

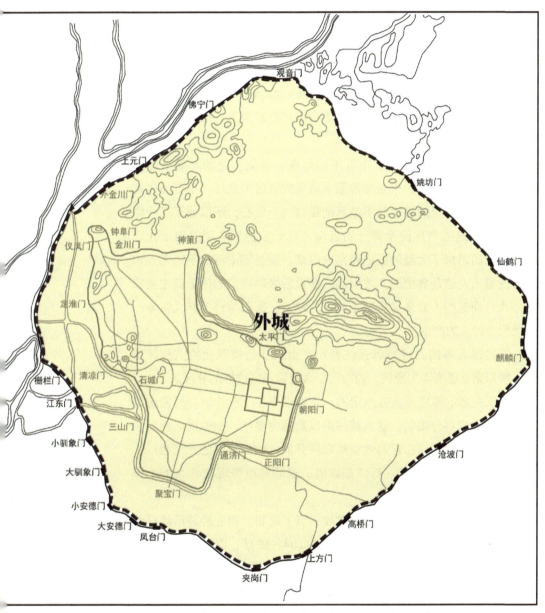

图23-6　明南京外城轮廓图（参考《中国古代建筑史》，图中栅栏门与外金川门为清代增辟）

这是明南京的城墙与城，下面我们再看看功能分区（图23-5d）。

明南京自西向东可以分为三个大的分区，分别是军事区、市区和宫城区。

军事区当然是用来驻扎部队的地方，当时长年驻扎的军队在四十卫以上。卫是一种军事单位，四十卫，总人数十六七万人，这些军队还可以分为江防，防守长江的；城防，防守城墙的；京卫，防守城里的；宫卫，保护皇宫的。其中皇城里有羽林左右两卫，而皇城周围还有我们熟悉的锦衣卫等十种卫。

军事区的东侧是市区。市区主要是在元朝集庆路的基础上建设的，但最开始的时候，朱元璋怕原来城里的老居民造反，毕竟当时刚接管，不知道城里的百姓是不是真的和自己一条心，所以他干了一件狠事儿，把这些老居民全都迁到云南"观光旅游"去了。取而代之的，从全国调集了大量的匠户和富户进京，就是能干活的手工艺人和有钱的富人，这是典型的人才引进。结果后来明南京的建造就主要靠这些人，而这些人后来又影响了北京的建造，甚至孕育了样式雷等一大批优秀匠人的产生。

不过这么多的人进城怎么住呢？在南京都是按职业特点分区居住，所以南京还有手工业区、商业区、官吏富民区这样的分区。

手工业区的规划是官方指定的，比如银作坊、织锦坊、弓箭坊，都是以职业内容分类的。这些往往是以家庭为单位，类似前店后厂。还有一些是大的工场，这种就需要职住分离，比如当时的龙江船厂，工场在定淮门外，而工人都住在城里，这感觉很像现在都市的工作状态。

再就是商业区，经过之前的发展，到了明朝，商业经营活动已经非常成熟发达。当时仅江宁一个县就有104种铺行，而仅仅当铺就有五百多家，这个数字是非常惊人的。

当时的商业，尤其是临街商业，发达到什么程度？经常出现为了扩大经营而侵占道路的情况，可见当时的商业建筑有多发达。于是政府只好颁布规定："凡侵占街巷道路而起盖房屋及为园圃者，杖六十，各令复旧。"这个刑罚是非常狠的，杖六十，如果你体质差的，没准就被揍死了。

和宋朝一样，当时不仅百姓做生意挣钱，官府自己也干，工部当时在城里建了很多的榻坊和廊房。这两种都是商业用房的称呼，主要的功能就是提供给商户做存货、经商、居住，数量非常多，据记载，洪武年间仅上新河一带，官府一次就建了数百间廊房。那整个城市有多少这样的建筑就可想而知了。

再就是官吏富民区，当时的官吏和富民主要住的地方有两个区域，一个是沿秦淮河西半段两岸，主要是开国功臣聚集的地方，另一个则是广艺街以东，靠近皇宫和府衙，这样方便就近上朝。

除了手工业区、商业区、官吏富民区，还有给市民提供游乐休闲的风景游乐设施。

风景游乐设施的里面，一个是公共风景区，和咱们今天的公园应该是一样的，老百姓都能去，自然风景优美，也包括一些寺庙；另一种是私家园林，既然是私家，那就是不对外的，但南京的私家园林和苏州园林还不太一样，苏州园林主要是文人建造的，而南京的私家园林主要都是有权有势的人建的，比如当时徐达的子孙辈建造的园林数量就达到了十处左右。

除此之外，南京最厉害的游乐设施就是酒楼了。

这个酒楼可不是小酒馆，这个是名副其实的楼。当时南京有"十六楼"，"楼每座皆六楹，高基重檐，栋宇宏敞"。六楹是六层高的意思，这些楼就是当时南京的"摩天楼"，它们大都建在道路交叉口，而且一建就是一对，非常壮观。

这是南京市区的基本情况，下面我们再看看宫城区。

宫城区本身没什么，常规的设置，包括中轴线，宫城南侧对称排列五部五府。朱元璋的解释是这样的："南方为离，（光）明之位，人君面南以听天下之治，人臣则左武右文，北面而朝礼也。五府六部官署东西并列。"听上去是不是感觉很有文化的样子。

不仅如此，特别值得一提的是，南京非常罕见地把司法机构和礼、户、吏、兵、工这五个部分分开，单独放到了城外，在宫城北侧的郊区，这种做法的原因是朱元璋考虑天象中的天牢星在紫微垣的后面，因此就把主管刑事的机构放在了宫城的北侧。

显然，朱元璋也是一个天文爱好者，当然，更关键的不是天上的星星有几颗，而是要让天下人都知道，我朱元璋就是天命所归的皇帝，别总想我那特别糟糕的出身。

这就是明南京的基本规划布局，我们可以明显地看到，明南京的规划是一个非常独特的规划，结合了自然山水、天文星象、战略防御、城市开发等各个方面而综合考虑。对比以前的都城，明南京在规划上更加趋于成熟，即便是放到今天，也不失为一个非常优秀的城市规划。

不过，朱元璋算计了半天，又是嫌弃六朝皇城，又是借鉴天文星象，最后还是在自己死后，被自己的儿子朱棣取代了自己的孙子朱允炆，都城也被朱棣从南京迁到北京去了，就此，北京再次登上历史舞台，带领中国古代城市集体走向巅峰。

第二十四讲
五百年建造中国第一王城
——明清北京

朱元璋为了能让自己的子孙万代一直都在南京城安安稳稳地做皇帝，就干了一件特别绝的事儿，把有可能威胁自己后代做皇帝的人全给杀了，搞了两个案子，胡惟庸案和蓝玉案。胡惟庸案杀了3万人，蓝玉案杀了1.5万人。那些朱元璋看着不顺眼，担心将来会造反的功臣都受到牵连，被杀得干干净净，可以说绝对心狠手辣。

结果朱元璋千算万算，没算到自己的儿子朱棣。朱棣是燕王，当时在北平镇守，打小就和那些开国功臣在军队里混，现在朱元璋把能打的全杀了，朱棣就没人管得了了。于是当朱元璋一死，21岁的朱允炆即位，39岁的朱棣就发起靖难之役，打败了亲侄子，占领南京，夺取了大明江山。

一、燕王朱棣的北京中轴线

朱棣称帝之后，最大的一个举动就是迁都，客观来说不叫迁都，而是增加了一个都城，把当时的北平，也就是朱棣原来待的地方升级了。北平变北京，这样北方有北京，南方有南京，两个都城同时存在，然后就开始改造北京。

这个时候的北京已经和元大都不一样了。

朱元璋是在公元1368年正月初四建立大明的，建国的时候和元朝的势力还是南北对峙，因此在建国之后的当年，就派徐达和常遇春开始北伐。这二位都是当时战神级别的人物，一路向北，最后占领了元大都。元顺帝一路跑回自己祖先的老家，元朝对中原的统治这才算

图24-1 北京城城墙改扩建示意图

结束。

徐达占领大都之后为了便于防守，就放弃了大都北城的部分，在原来北城墙以南2.8公里的地方重新建了一个新的城墙，而且把新旧城墙都用砖包砌一遍。徐达还将大都改名为北平，意思是北方平定（图24-1）。

从此大都变北平，而且这个状态一直持续了接近50年，直到朱棣上台，迁都，开始改造北平。

因为朱棣的皇位是抢来的，现在又要迁都，这样岂不是很容易给人留下话柄？所以朱棣改建北平的思路就是模仿南京。

首先宫城的位置没有大动，略微往南移动一点，轴线关系不变，还是沿用元大都的做法。但为了模仿南京宫城后面都有座山的方式，就在新宫城的北侧人工堆了一个小山，叫万岁山。这个万岁山就是后来的景山(图24-2)。

后来因为担心元朝的残余部队围困北京，怕能源不够用，政府就在万岁山堆了很多的煤，因此这个山也叫煤山。只是当时朱棣也不会想到，明朝的最后一位皇帝会吊死在这座山上。

在调整宫城的过程中，对原来元朝的皇城也进行了适度的扩建。北侧东侧扩建之后把通惠河圈到了皇城的内部，而南侧扩建之后，仿照南京的做法，在皇城内按照左祖右社的原则新建了太庙和社稷坛。

另外，为了加强轴线对应关系，在皇城丽正门的南侧还建造了五府六部的办公场所，这样这条轴线的关系就和南京非常相似了。

而原来大都的宫城就是偏南的，现在新宫城南移，又要建那么多的东西，于是就将原来大都的南城墙向南移动了800米。我们之前说过，当初大都的前三门地带城外也是非常繁华的，因此这次南移就把

图24-2 北京城城内改扩建示意图

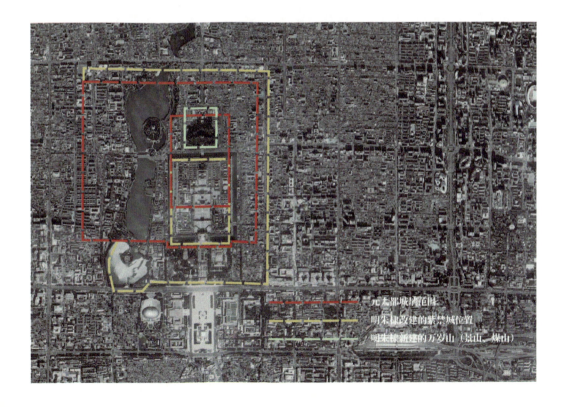

这个地区包到了城里,这样整个城市的管理就更加方便了。

这样我们看朱棣对北京的改造是以扩建为主,整个城市的范围比明初徐达改造的要大一些。当然,这次的改造最重要的还有宫殿的重建。元朝原来的主要宫殿叫作大内,民间一种传说是明初徐达进城之后就把大内拆掉,埋在景山的下面。另一种传说则是朱棣改建北京城的时候拆掉了大内,因为风水的原因,大内被当时的工人清除得干干净净。在历史上,元大内宫殿的去向一直是一个谜。

为躲开积水潭什刹海,强化南北7.8公里的都城中轴线,朱棣还干了一件事儿,把中轴线北端的钟鼓楼的位置向东移动3129米,移到了这条轴线的北侧。这样在当时就形成了从南部正阳门,向北到宫城、万岁山,再通过钟鼓楼的城市中轴线(图24-3)。

朱棣对北京进行改建之后,北京又经历两次主要的改建。

图24-3 明北京南北中轴线示意图

二、倒霉皇帝朱祁镇的城墙之旅

第一次改建北京发生在明英宗时期，将城墙内侧全部用砖砌筑，建了九门的城楼和月城，月城就是瓮城。其中正阳门设城楼一座和左右月城两座，其他八个门，崇文、宣武、朝阳、阜成、东直、西直、安定、德胜，每个门设一个城楼和月城。

不仅如此，在城墙的四角还建造了角楼。

还用砖石砌筑了护城河的驳岸。

问题是，好好的，明英宗为什么要建造这些东西？是为了让都城更好看？还是为了搞工程拉动经济？

实际的原因是当时大明的形势不太对。

明英宗时期是大明与元朝残余势力实力对比发生转折的时候，在此之前，只有明朝部队追着蒙古人打的份儿，但在此之后，就反过来了。

明英宗这个皇帝当得有点特别，当了两次皇帝。第一次是九岁继位，太后和贤臣三杨共同辅佐，结果后来太后死了，三杨也因为政治斗争贬的贬，废的废。年轻的英宗宠信宦官王振，这下就完蛋了。

当时的蒙古人又出了一个新的牛人，瓦剌的也先。这位也先统一了当时原本非常散乱的蒙古部落，实力非常强，是当时明朝最大的敌人。

公元1449年，也先带兵入侵明朝，结果不知深浅的明英宗朱祁镇决定御驾亲征，于是带了当时明朝最主要的精锐部队二十万去和也先决战，结果可想而知，被也先大败，在土木堡全军覆灭。不仅部队被灭，带去的五十二名主要大臣被杀，朱祁镇自己也被也先生擒。这件事就是著名的土木堡之变。

朱祁镇被抓之后，北京这边以于谦为首的大臣立刻拥护朱祁镇的弟弟郕王朱祁钰登基，就是明代宗。结果没想到的是，也先的目的并不是吞并明朝，只是求财，看到手里的这个皇帝已经变成没什么用的太上皇，就不想要了，就想送回去。结果几经辗转，朱祁镇又回到了北京，被弟弟在南宫关了七年。

本以为没啥希望的朱祁镇等到了石亨发动的夺门之变，又被接回去重新当了皇帝。

所以你看朱祁镇的人生和明朝当时的遭遇，他修建加固北京城的做法就很容易理解了。

三、被宫女暴揍，嘉靖皇帝再扩北京城

但这还不算完，因为这次土木堡之变，明朝的战略开始转向防守。到了明宪宗时期，有大臣提出，建议仿照南京的做法，在北京的城外再修一圈外城，因为当时城外还有很多居民，有了外城既可以保护这些居民，还可以增加北京的防守能力。

这件事当时没有干，但到了嘉靖年间，北边的蒙古人又起来了，没事总来骚扰，北京的城防问题又成为重中之重，很多大臣建议修外城。当时的皇帝明世宗是一个"奇葩"皇帝，刚上位的时候干得还不错，到了中后期就不行了，过于迷信道教，天天想着修仙炼丹，因为炼丹还引起了一出中国史上绝无仅有的宫女起义事件——壬寅宫变。

怎么回事呢？明世宗为了炼丹，找了一堆十三四岁的女孩进宫，用她们的经血炼丹。为了保持干净，经期就不让人家吃食物，只能吃树叶。这还不够，还让这帮人每天早上去采露水，凡是干不好的就会挨揍。结果把宫女们给累得不行了，眼看没什么指望了，于是几个宫女就商量好要一起把皇帝给弄死。

结果几位说干就干，一天趁着明世宗睡觉就冲了进去，有的按住胳膊，有的按住大腿，有的堵住皇帝嘴，有的用绳子勒，勒了半天感觉皇帝没死，就打了一个节。可能是因为这几位当时太慌张了，竟然打了一个死结，结果更勒不死了。于是其中一个宫女觉得这位皇帝根本不是人，是神，就跑到皇后那自首了。

最后的结果是参与的人全部被处死，有些还被株连九族。

能被宫女恨成这样的皇帝，这位明世宗也是前无古人，后无

来者。

就是这样一位奇葩皇帝,在发生这场变故之后的8年,明嘉靖二十九年(公元1550年),开始修建外城。先是修了宣武、正阳和崇文前三门的外城,但很快就停工了。又过了三年,公元1553年,工程重新启动。原本计划在北京外围修整整一圈,一共七十里长的城墙。但后来明世宗一算账,觉得太费钱了,于是改成只建南面的城墙,向北和原来城墙的东南角、西南角连接,最后形成了一个外城在南、内城在北的"凸"字形平面(图24-4)。

图24-4 明英宗、明世宗改扩建北京城示意图

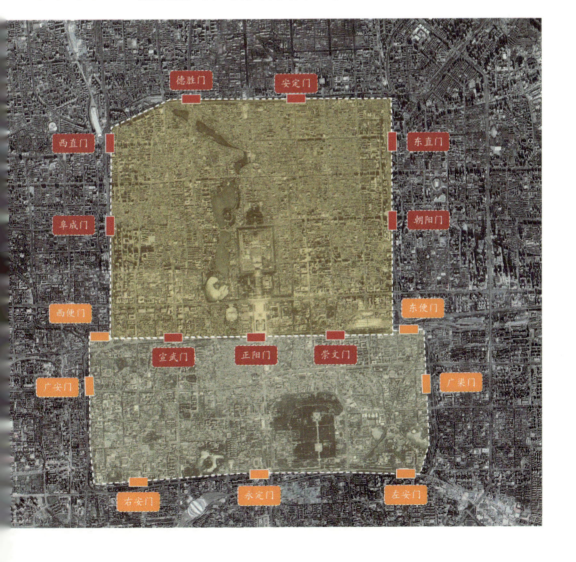

那么，为什么北京的外城扩建没有选择扩建东面、西面或北面，而是选择在南面呢？

这是因为当时北京的生活重心在南城。一方面是延续元大都的生活状态，咱们之前说过；另一方面，南边三座城门也是外地来京城出差办事的集散地，向东经过崇文门通向通惠河的漕运码头，向西则是通过宣武门通向卢沟桥方向，这些情况使当时的南城繁华程度远超另外三城。当然，还有一个更重要的方面，在没有外城之前，宫城的位置偏南，从安全性来说不够理想，增加了外城，宫城的位置就变成了最安全的地方。

从此，北京的这个"凸"字形一直延续了接近400年的时间，直到1952年后才因为特殊的原因拆除了北京的城墙。

四、有趣的北京城门

因为北京"凸"字形的内外城格局，也形成了北京非常富有特色的内九外七的城门。内城的九个城门，南边三座，其他三面各两座。南城墙三座城门，中间为正阳门，是北京的正门，后来又称前门。东侧崇文门和西侧宣武门象征一文一武，文治武安，江山永固。

东城墙中间为朝阳门，北侧为东直门。西城墙中间为阜成门，北侧为西直门。东西城门名称都是相互呼应的。

北城墙西侧为德胜门，东侧为安定门。

这几个城门最有意思的是对应的功能：朝阳门走的是粮食，叫粮门；阜成门走的是煤炭，叫煤门；东直门走的是木材砂石；西直门走的是玉泉山给皇宫供应的泉水，叫水门；德胜门是出兵打仗的门，因此是走军队的；安定门最有趣，走的是粪车，当然不能叫粪门。

到清朝还专门设置了一个"九门提督"的武官，用以维护内城的安稳。

另外，20世纪30年代日本侵华时期，在东边城墙开了个门洞，当时称启明门，抗战胜利后改为建国门；在西边开了个城墙洞，称长安门,后改为复兴门。内城九门中当初是没有那两个门的。

看完内城,我们再看外城。外城有七座城门,分别是中轴线的永定门,东侧的左安门,西侧的右安门,东墙上的广渠门,西墙上的广宁门(现广安门),还有东北角的东便门和西北角的西便门。这几个门主要是普通百姓进出使用的门。

北京的城墙经过明朝的建造和完善,日趋完美。不过再完美的城墙也保不住一个糟糕的朝廷,北京最后被李自成的义军攻占,明崇祯皇帝在万岁山吊死,大明王朝终结。

不过李自成在北京屁股都没坐热,就因为手下将军刘宗敏霸占陈圆圆,把吴三桂惹急了,于是原本要投降李自成的吴三桂带兵投降了清朝,和清军一起击败李自成。最后李自成火烧紫禁城,撤出北京。

从此,北京正式被清朝接管。

后来的事情大家都很清楚,大清王朝开始,继续使用北京作为都城(图24-5)。

五、清朝改造北京,王府遍地,满汉分离

清朝对于北京城没有进行特别大的修改,基本还是沿用明朝的形态,其中最大的改变有两个。

一个是取消了明朝时候皇城内的功能区。原来在明朝,官城以外的皇城区域基本都是服务官城的各种衙门机构。清朝把这些东西都撤掉了,调整出来的用地,主要集中在官城的东北和太液池以西,这些地方大多用来建造普通的民居和庙宇了。因此在清朝,虽然皇城的城墙还在,但这个功能区域其实已经消失了。

另一个则是清朝城市最大的一个特点,满汉分离,将内城部分所有的汉族居民全部迁到外城,内城只允许满人居住,内城就变成满城。满城这种形态是清朝的特点,当时在全国的城市基本都有(图24-6a)。

由于这些改变而引发了一些城市内容的变化。

图24-5　清北京平面图（乾隆时期）（参考《中国古代建筑史》）

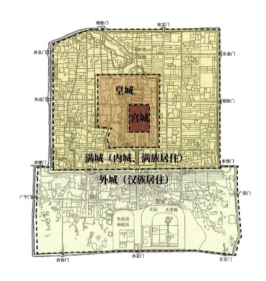

a）清北京结构示意图　　　　　　　　b）清北京王府位置示意图

图24-6　清北京平面分析图

　　一个是在内城部分开始建造大量的王府，前前后后不下四五十座，王府建造变成内城最主要的工程内容。据史料记载，乾隆年间有30座王府，到清末有50座，目前尚存19座，而最大的王府为恭王府，号称"一座恭王府，半部北京城"（图24-6b）。

　　另一个则是前三门地区变成整个北京的经济中心，因为汉人只能居住在外城，结果造成了外城也就是前三门地区的商业空前发展，而前门大街也变成北京最有名的商业街。

　　也许是清朝的皇帝们觉得在京城内部实在是没有发挥自己能力的空间了，于是开始在城外搞事情。借着在西郊开发水利工程的机会，康熙、乾隆二位皇帝先后投入大量的人力物力，建造了举世闻名的三山五园，即香山静宜园、玉泉山静明园、万寿山清漪园，圆明园和畅春园。这五个园子是中国古典园林的巅峰之作，只可惜大多都没能留到今天。

　　现在我们看北京的格局，你会觉得这个城市的规划是非常完美的。内城的核心宫殿是以山水为基底建造的，城市的尺度属于那种比

图24-7 清北京与三山五园

较适中的。因为没钱而形成的"凸"字形城墙反而加重了南北中轴线的感觉。再加上西北的皇家园林集群,这个城市简直不能再理想了(图24-7)。

为什么北京可以发展成这样?有一个原因是非常关键的,那就是存在的时间足够长。

我们回看之前的所有都城,没有哪个能有北京这么好的运气。从朱棣迁都北京开始,到清朝结束,北京作为都城持续了接近500年的时间,这期间只经历了一次明末清初的动荡,但对城市的影响很小。

而且明朝和清朝均是中国古代封建王朝中最稳定也是最有实力的朝代之一,因此这种条件也给北京提供了最好的发展机会。

还有一点也非常重要,北京在明朝之前的命运也算比较好的,无论是辽南京、金中都,还是元大都,都没有遭遇毁城,明初徐达对于元大都的态度也算是非常友好的。

所以,运气好到爆的北京终于在都城大对决中完胜它的那些前辈们。到今天,如果我们再看各个城市,古代的长安、洛阳早已经在无数的战火中消失了,开封、杭州、南京这些城市虽然还有很好的延续,但在城市格局上却无法和北京相比。北京虽然经历了大规模的拆除,但基本的结构还是城市的核心,南北中轴线到今天还是城市的灵魂,北京无愧于中国最伟大都城的称号。

第二十五讲
为何我们的城池不是圆的，总是方的
——解构都市

我们结束了按中国封建王朝时代顺序对都城的解读，看了这么多的城市，大家是否考虑过，为什么中国古代的城市大多都是方形的呢？

中国古代有一个非常有名的词语，天圆地方。

一、天圆地方到底是什么意思

虽然"天圆地方"这个说法现在很多解读都说这个圆和这个方并不是单纯地指具体形状，但也不能否认，这个说法本身就是有形状内涵的。

因为天是一个圆形是很容易理解的，当古人站在地面上，看四周都是天空，自然就是圆的。但"地方"就出问题了，显然，当站在苍茫的大地上，任何人也不可能把大地简单地看成是一个方形。

所以现在很多天圆地方的解读都强调"地方"绝不是指地是方形的，但笔者不清楚这些解释是现代人的猜想，还是古代人真是这么说的。笔者只是觉得，也许我们可以换一种角度来思考这个问题。

古人说的天圆地方的方，很可能只是指城池而已，因为城池的形状大多都是方形。而且理想城池的形状就是正方，比如王城规划理论里的理想王城就是一个正方形，虽然历代都城几乎都没能真正完美地做一个正方（图25-1）。

所以从这点来说，天圆地方这个说法最早出现也许是某个牛人站在城市里仰望星空时的一个感叹："哇，这个天好圆啊，我站的地方

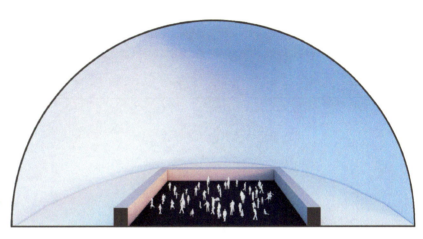

图25-1 天圆地方的源起构想

好方啊,真是天圆地方啊!"

而且还有一点也可以说明这个问题,古人把和天有关的建筑都做成圆形的,比如天坛祈年殿(图25-2)。而自己用的房屋基本都是方的,这也说明这个"地方"的概念可能并不一定是指广义的土地形状,而是人们生活的空间形态。

所以天圆地方似乎预示着中国人的原始哲学就认为人的生活空间应该是方形的。

但事实的真相真的如此吗?

不是。

中国最早的房屋其实大多是以圆形为主的,不仅房屋是圆形的。就连之前讲的聚落也可算成是圆形的。我们曾经说过,在姜寨中甚至各个房屋基本是按照放射型的方式在进行排列,简直就像太阳一样,为什么会这样?

想来一个最主要的原因是古人对自然图形的认知最早应该是从圆形开始的,因为太阳和月亮,人们很容易就产生一个想法,圆形是完美而且非常神圣的,因此,把这种形状融入自己生活环境中的做法,不就非常自然了吗?

但为何人们又从喜欢圆形开始转向喜欢方形了呢?

有些书里提到方形的城池可以用最短的边圈出最大的面积,所以

图25-2 代表天圆的典型建筑——北京天坛祈年殿

古人建成方形,但显然圆形的面积其实是大于方形的,所以这种说法可以解释为何是方形,而不是三角形或其他形状,但解释不了为何不是圆形的问题。

原因可能有两点。

第一个原因,因为修直线的壕沟或城墙应该比修曲线形的更加容易。

虽然人们对圆形的认知应该是最早的,但其实画一个圆形也是最难的,尤其是超大尺度的圆形,在没有特殊工具的帮助下,几乎是不可能的,但一个方形就容易得多了。

而且,城墙出现的原因,从目前来看,就是因为壕沟。史前人类在聚集生活的时候,出于保护自己部落的安全原因,首先考虑挖沟防御。问题是挖沟之后多余的土方该怎么处理呢?再运到别的地方吗?对于史前人类来说,这个工程不见得比挖沟少多少。

所以直接把土堆到一边,然后顺便砌筑一个墙体不是很正常吗?

而在这种施工中,各位可以想想,如果是建成一个圆形,那得多麻烦。所以这个应该是第一个原因——方形更简单。

第二个原因是当时人们的生活方式更多是在应用方形,而不是圆形。

新石器时代人类开启农业革命,人们开始大量的耕种土地,因此就需要分割土地,这种分割方式千百年来几乎都没有太大的变化,都是在按照方形进行的,为什么会这样?

应该因为这样做更容易对土地进行分配,而且每块土地与每块土地之间的连接都是无缝连接的。假想一下,如果以后分地都按照圆形来分,结果一定会浪费大量的土地,而且非常不好使用。所以除了搞艺术创作,做大地景观,正常人怎么可能把土地按照圆形去进行分割呢?

既然耕种的土地都是方形的,当然也会延伸到盖房子的土地也都是方形的。既然土地都是方形的,城池的形状当然大概率会做成方形了!

所以让土地的使用效率变得最高应该是第二个原因。

当然,我们必须要说明,方形的城池只是大多数,或者叫基本型。也有很多不规则的城池,南京城、杭州城都属于不规则的。而圆形的城池比较有名的是安徽桐城古城,这个城池现在城墙已经被拆除了,但在很多资料里都认为桐城古城是中国唯一的正圆城池,虽然也有人质疑从现在的遗迹看上去没那么正,但圆形是确切无疑的(图25-3)。

二、建造城池的三个办法

好,现在古人确定了城池的形状建成方形的了,就真的要这样建造城池了吗?

未必,至少西方人不这么想。

因为西方人的城市并不是先建城墙才有城市,而是先发展城市,后建城墙。和我们中国人正好相反。这两种方式的优缺点都是非常明显的。

图25-3 安徽桐城古城(《道光志》)

中国的建造方式很像是计划经济,由政府掌控。这样做的好处就是可以迅速建立起一个城市的感觉,而且,城市最开始就有城墙,防御能力当然要比没有城墙的好得多。但这种做法的缺点就是一旦圈定了城墙之后,城市的发展就会受限于城墙的位置。这方面表现最突出的就是北京,北京的城墙不仅在清朝后期成为制约城市发展的障碍,而且在建国之后还被部分交通专家提出质疑,最后城墙遭到拆除其实也有这方面的原因。当然,如果能合理规划好全市的交通网络(包括地下交通），城墙并非一定需要拆除，毕竟城墙城门是构成历史文化名城框架的重要标志。

而西方的建造方式更像是市场经济，自由发展。这样的好处是城市可以根据自身的条件、资源、机遇来发展，等发展到一定程度的时候再考虑城墙修建的问题，这样不会造成浪费。这种做法的缺点当然就是发展过于随意，以至于城市的形态就不会非常固定，而且，安全性差很多。

而且两种方式也直接导致了一个结果，中国的历代都城都可以理解为是制定了总体规划之后，再加以实施，可以说我们是全世界最讲究规划的国家。

对于这个问题，研究中国的英国著名学者李约瑟是这么说的："因为中国的城市不需要成长，事实上他们的收缩常常因为他们的发展，遗留下来的城墙的外壳要重新加以整理，或者因为已经转换了一个朝代。他们的居民仅仅是每个个人的总计，他们每个人和家乡都有十分密切的关系，因为在那里，先人的田园庐墓依然存在。而欧洲的城市是从内部发展起来的，中心在于它的广场、市场、教堂、街市、市政厅和基尔特（行会），外部的城堡才有中国城市的意义，他们的中心点却是鼓楼、衙门、军政的办公处。"

所以，我们中国的古人在考虑好用方形建造城池之后，还要继续想办法解决如将来地方不够用了，应该怎么扩大城池的方法。

第一个方法是城池"增肥"，原址扩建。

在之前的都城介绍中提到过，比如周世宗扩建汴京，朱元璋扩建南京，明世宗扩建北京等（图25-4）。方法很简单，在原有城墙的外面修筑新的城墙，其实这个感觉和今天的北京修环路一模一样。

第二个方法则是建设新城，另起炉灶。

古人建设新城的方法有很多，比如我们曾经提到的燕下都东西二城，当然也包括隋文帝在汉长安隔壁修建大兴城，忽必烈在金中都隔壁修建元大都，其实都属于建设新城（图25-5）。这种方式就是咱们今天很多城市修建的新区，因为老旧城区改造难度比较大，而城市的发

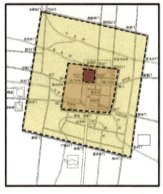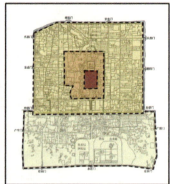

图25-4　原地扩建的城池形态

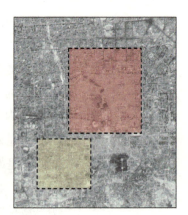

图25-5　建设新城的城池形态

展也需要注入新的活力,于是就另外建造一个新城。这个新城会接纳一部分原来的市民,同时还会接纳外来的移民,因此建造新城往往能够快速刺激城市的发展,也因此成为今天很多城市的选择。只是有一点,如果你根本没有吸引移民的能力,建造新城也没有用。而且,不能和大兴、长安、大都这种城市去比,因为这些城市当年都是通过行政的手段强制从外地把需要的人迁到新城,所以人口是根本不愁的。

　　第三种方法是城市繁殖,再生小城。

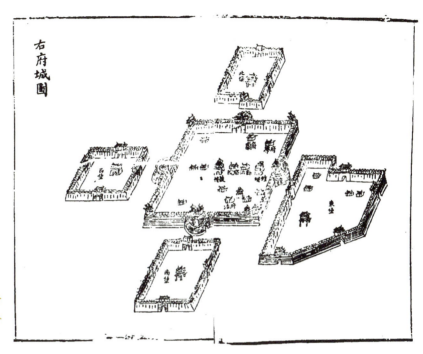

图25-6 汾阳府旧城(《乾隆汾州府志》)

这种比较小的附属城池我们往往叫关厢城。关的意思就是城门的意思,厢是旁边的意思,关厢城的意思就是在城门旁边的城池。关厢城最具代表性的是汾阳府的旧城(图25-6),分为5个城,中间一个方形的大城,在大城的东西南北四个方向各有一个方形的小城,面积是大城的1/3。

关厢城给人的感觉更多是为了解决城市人口扩张问题而出现的,而这种概念结合军事上的思路就出现了另一个城池形式,关城。关城也是一种城池扩张的方式,但关城更多是以原有城池为基础,直接向外扩建,看上去很像城池长了一个大包。因此关城是依附在主城上的,就像是一个放大版的瓮城,所以关城的军事防御作用更加突出。

建造关城的城池很多,比如西安城,河北宣化府城,吉林城等。

但是,这里必须提醒一下,目前在各种资料中,关厢城和关城的概念区分并不十分清晰,因此笔者做了进一步的理解与解读。目前认为在城外脱离主城修建的,称为关厢城,而依附主城修建的称为关

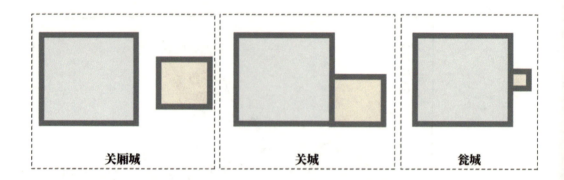

图25-7 关厢城、关城与瓮城示意图

城,也就是说,关厢城可以被理解为独立的城池,而关城就不行,仅供各位参考。

刚才说关城的时候咱们提到了另一个非常关键的词,瓮城,其实这个名称相信大家更熟悉。

当把关城缩小到变成一个城门的套城之后,关城就变成瓮城(图25-7)。瓮城的里面没有居民,纯粹是为了战略防御的需要而诞生的。瓮城的名字起得非常形象,像罐子一样的城。瓮城等于是给城门的安全增加了一道保障。而且古人非常聪明,为了防止敌人的大型攻城器在打开瓮城的城门之后可以直奔主城城门,瓮城的城门往往都和主城门不开在一条直线上,所以瓮城的出现应该是和攻城的方式关系很大。

目前中国发现最早的瓮城应该是最开始讲过的史前石峁古城。但瓮城在中国最兴盛的时期则是五代和北宋时期。北宋汴京设有瓮城,后来模仿汴京的金中都也设有瓮城,到了元明清时期,瓮城就比较普遍了,主要的城市基本都会设置瓮城(图25-8)。

三、建造城池的工艺技法

现在城池扩建的思路也有了,那么到底应该如何修建一个完美的城池呢?

修建城池最重要的事情就是修建城墙,而中国古代城池的城墙基

图25-8 西安城墙永宁门的瓮城

本都是夯土做成的，不论是史前，还是明清时代，所以我们的城原来都是土城。

听到这个会不会有一种不可思议的感觉？古代那些高大威猛的城墙竟然都是软绵绵的土墙？怎么可能呢？

当然可能，因为我们拥有三大核心建筑技术：夯土、版筑和土坯。

所谓夯土，就是直接用夯打土。这个夯的造型有点像一个超大号的锤子，最重要的是那个锤头，也就是夯头。不同的材料做起来当然效果不同，常规版的是木夯头，升级版的是石夯头，超级版的是铁夯头。这种打夯的方式直到今天都还是工程当中最常见的一种施工做法。

再说版筑，就是用木板做个挡土墙，有点像今天做混凝土时候的木模板，因为土在夯实的时候没有边界的围护怎么可能形成稳定的墙体结构呢？所以就需要在周围用木板做围护，随着城墙的升高，将这个板子跟着向上移动，这个就是版筑。

然后是土坯，土坯就是没有经过烧制的大型砖块，是用木板做成一个抽屉形状，然后把土放进去，夯实之后，拆开木板，就形成一个长方体，这个土坯就可以像砖一样进行砌筑。直到今天，中国有些农村地区盖房子依然会就地取材打土坯。

就是这三种施工工艺让普普通通的土变成坚不可摧的城墙。

但问题是建造高大的城墙不能只靠材料，还要靠人，那工人在古代又是怎么施工的呢？

你肯定没有想到，早在春秋时代，工人们修建城墙就已经开始使用脚手架了。

在郑国京城，也就是郑韩故城的城墙表面发现了很多的孔洞，经过分析认为是当年建造城池时搭建脚手架留下的。当时采用的是单排插杆脚手架施工方式，就是把竹竿一头插在城墙上，另一头绑在垂直的竹竿上，然后在插竿上再铺就跳板进行施工。

有人可能会说，你说土墙，可为什么我们今天看到的城墙看上去都是砖砌的呢？

实际上，中国古代建筑材料技术确实很高，比如我们常说秦砖汉瓦，就是因为秦代砖技术已经很普遍，汉代的瓦更是花样百出。但尽管如此，在修筑城墙上，全部采用砖还是很难做到的，因为量太大，造价太高，因此从汉代开始就能看到在夯土的城墙外面再包一层砖的外皮，这样做的好处当然是可以增加城墙的强度。

但当时这种方式仅限于极少的城墙，只有在明清之后，才因为技术的发展和财力支持，在城墙中开始大量地采用砖包皮的方式，也就是咱们今天看到的大多数城墙。

其实除了用砖包砌，还可以用石头包砌，石头当然比砖更漂亮，也更结实，当然，也更贵，所以真正的石头城还是比较罕见的。

第二十六讲
一座城池靠什么抵挡千军万马
——军事都市

城市从一开始就是因为军事而生的，尤其是城池，无论是城池的选址，还是城池的建设，人们为什么要建一个城池把自己像关在监狱里一样关起来，根本原因就是因为军事的需要。当然，我们要明确，军事是服务政治的，所以终极目的也是政治的需要。

一、历代都城的山水环境

在之前讲过的所有城市中，可以发现，每一个朝代，每一位君主在选择自己都城位置的时候，首先考虑的就是安全问题（图26-1）。为什么中国封建王朝前半段的都城基本会锁定西安与洛阳，尤其是西安，其根本原因就是因为这里非常安全，正所谓"进可攻，退可守"。因此，即便是到了隋唐时期，关中地区事实上已经无法完全支撑一个帝国都城的所有需要，隋唐还是要把都城定在这里，与此同时，为了更好地与中原呼应，解决京城资源短缺的问题，还不惜将洛阳打造成另一个都城。

而后来到了封建王朝的后半段，如果仔细分析开封、杭州、南京、北京这四个城市的地理特征，除了开封的位置不够理想，属于那种四面均可能受敌的区域。另外三个，杭州湾底部的杭州，西靠西湖，南临钱塘江，北接泛洋湖，只有东面留给敌人；龙盘虎踞的南京，西临长江天险，建有石头城，北靠玄武湖、钟山，只有东南方向留给敌人；燕国故都北京城的地势很像椅子背，西邻太行山脉，北枕燕山山脉，东部一路到山海关，绝对的一夫当关，万夫莫开，只有南

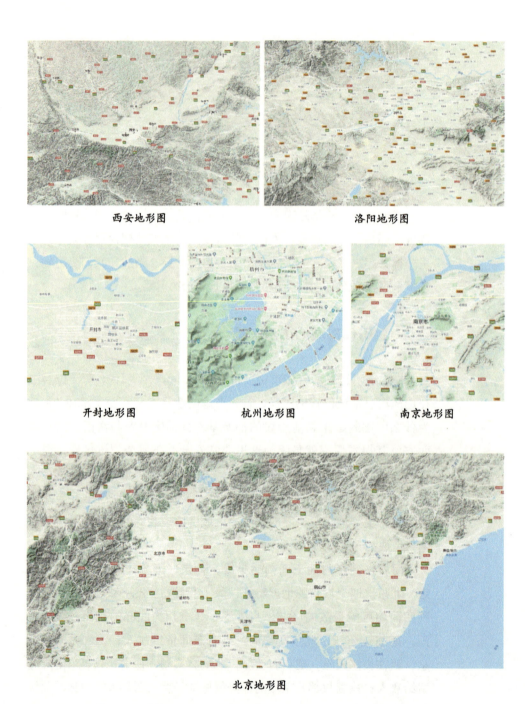

图26-1 古代都城选址地形图

部可能会遭受来自中原的攻击。

而且，当时北宋的敌人辽金都在北方，因此开封北侧的黄河也算是一个天然的屏障；而南京，东吴、东晋，包括大明，主要需要应对的敌人还是在北方，因此长江可以作为天险；再说北京，元朝快速被推翻就是因为它的敌人是来自中原的起义。到了明朝，主要的敌人是来自北方的游牧民族，所以大明坚挺了很久，因为北京北侧的防御能力超强。至于清朝，朝廷面对的挑战依然来自北方，因此能坚持的时间也比较长。

所以，如果仔细分析，就会发现，所有都城的选址，无一不是基于军事战略的考虑，当然，风水是另一个非常重要的因素。

除了选址，城池的建造更是全面军事化的体现。

几乎所有的都城都会考虑大量的驻军，在很多都城中，军队的人口甚至与普通百姓的人口不相上下。之前讲过的北魏洛阳，孝文帝迁都的时候带了二三十万人，这二三十万人后来就长期待在洛阳，成为后来孝文帝南征的主力；赵匡胤建立北宋，为了保证自己的安全，在开封附近安排部队四十万人，这四十万人虽然应该不是在城里，但城里显然也会有不少的部队；南宋临安，城东单独的城防区，城里城外的范围目测几乎和临安主要城区面积一样大了；南朝萧梁时期的建康，人口接近两百万，部队人口估计三四十万；金中都，修建城池动用的部队人数有四十万，常驻部队也肯定少不了。

所以，在城池中首先会有部队用于训练的大教场或演武场，这两种场地很相似，但大教场更偏重于练习，当年林冲训练禁军的时候就是在这种场地。而演武场侧重表演，因此，如果领导有兴趣过来观看的时候，主要是在演武场进行，很多小说评书中提到的武状元比武，包括高级将领的比试切磋，应该都是在演武场或者演武厅进行。

但是保护一座城池不是有部队就可以了，城池本身的防守能力有时候比部队厉害多了，多到令攻城的人想起来就是一场噩梦（图26-2）。

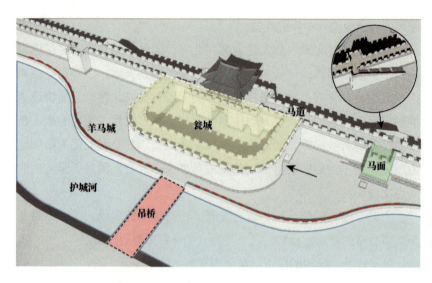

图26-2 典型城池防御功能分解示意图

二、守城部队的七种武器

攻城的人面对的第一个难题就是城池的护城河。

几乎所有的重要城市都有护城河。据发现护城河最早出现在史前龙山文化时代，而且应该是因为挖掘壕沟才让古人想到可以用挖出来的土建造城墙。护城河不仅是中国古代城池的重要元素，在西方也是一样。在护城河上设置吊桥，作战时把吊桥升起，这是一种非常简单有效的防护措施。

这种护城河的概念甚至会拓展到自然河道，比如六朝建康设在秦淮河上的浮桥，当受到敌人的攻击时，这些浮桥也会被收起。

当攻城的部队解决了护城河的问题，就需要面对第二个难题，羊马城。

羊马城又叫羊马墙，是一种建在护城河内侧的矮墙，对于北方城市的防守有特别的作用，因为北方冬天护城河会结冰，因此羊马城就成为第一道防御工事。

在唐代杜佑的《通典》中说："於城外四面壕内，去城十步，更立小隔城，厚六尺，高五尺，仍立女墙，谓之羊马城。"

越过羊马城，攻城部队还要经过第三道难题，护城河和城墙之间的考验，鹿脚和地包。

所谓鹿脚，不是鹿的脚，而是指在护城河和城墙之间埋下很多木桩，木桩随意分布，就像鹿的脚踩过一样。木桩打入50厘米，露出40厘米，桩距30~40厘米不等，当对方的骑兵过来的时候，马蹄子就惨了，很容易被鹿脚绊倒。

而地包就是提前挖好的陷阱，深度可达2米，3.5米见方，边上设有梯子，顶部用木梁支撑，覆盖泥土伪装，在盖与侧墙之间可以留观察孔，如果敌人落入地包，或在附近，都可以起到出其不意的效果。

攻城部队解决了鹿脚和地包的问题，还要面对第四道难题，高大坚固的城墙。

为了应对攻击，很多城墙会将原本直角的城墙修成圆弧形的，圆弧形的城墙便于让防守的人攻击不同方向的敌人，同时，弧形的城墙在面对攻城器具的冲击时也比较容易化解力量。试想，一块巨大的石头砸到一个弧形的墙上，是不是很容易被弧面导向另一个方向，所以我们看之前的那些城市，汉长安、明南京、明清北京，在转角的地方很多都是弧形的。不仅如此，大多数的瓮城也都是弧形的，就是因为弧形的防御能力要好过方形。

好，现在攻城部队终于要开始登城了，这个时候又会遇到第五道难题，来自城头一些建筑中的火力攻击。这些攻击只有两个原则，不留一寸攻击死角，不让你活着离开城墙。

古代的城墙修建的时候都是直立挡墙，这种城墙的好处当然是不容易攀登，但坏处则是如果有人在爬墙，其实城上的人也并不容易用弓箭攻击，因为角度太小，很容易打不到。因此，古代人就想出了一个非常简单的方法，在城墙的某些关键部位再多建一块墙体。这个多建出来的墙体看上去比较像马脸，因此被称为马面。

马面一般宽度12~20米，凸出墙体8~12米，设置原则是依据弓弩手的射程来定的，单兵射程在一百步，大概150米，因此马面一般的距离大概在四五十步，这样就可以保证在每个区域形成两个方向的交叉火力。南宋陈规在《守城录·守城机要》中说，"马面，旧制六十步立一座，跳出城外，不减二丈，阔狭随地利不定，两边直觑城角，其上皆有楼子。"

注意这句"其上皆有楼子"，说的是在马面上往往会修建建筑。如果是在直线城墙马面上修建，这种建筑就被称为硬楼。如果是在弧形城墙马面上修建，就被称为团楼。

除了这两个楼，还有敌楼和角楼。

角楼很好理解，是建在城墙转角部位的建筑，最著名的就是北京的角楼了（图26-3）。

但敌楼就有点不清晰了，很多的资料，包括专业的书籍中，有关敌楼的概念都很混乱，尤其是和硬楼的区别。笔者的理解是，敌楼很可能是一种统称，前面说的硬楼、团楼，包括

图26-3　北京故宫角楼

图26-4 长城上的垛口

角楼，都属于敌楼的一种形式，因为在城墙上还有一种建筑，是在没有马面的城墙上修建的，也可以叫敌楼，因此敌楼应该是一个更大的概念。

不管叫什么楼，反正这些建在城墙上的建筑和城门上的城楼一样，会给攻城的人造成很大的麻烦。那守城的人依靠什么来躲避攻城部队的攻击呢？

这些城楼是一种，还有更加重要的垛口（图26-4）。

在城墙上一般都会建造两米高的垛口，这个垛口是守城人员观察敌情，进行射击，保护自己的重要防护。

垛口的砌筑一般都是从城墙上的地面开始，到人的胸部高度时，开始砌筑，做成凹凸形。往往在垛口上还会设置一个小方洞用来瞭望，而这个洞的左右侧面砖做成内外"八"字形，这样不容易被敌箭射中。在洞的下面还有另一个小方洞，是用来发射的洞，一般底面向下倾，便于向城下射击。

有了这些还不够，城墙毕竟不是平地，部队的调动，物资的运输都需要从城内地面运上来，靠人抬吗？爬台阶吗？太艰难了，于是人们又设计了另一个很重要的东西——马道。

马道很容易理解，就是城内地面通往城墙顶部的坡道，因为是马可以上去的坡道，所以叫马道。马道的主要功能就是运兵、粮食和武器，一般紧贴城墙，15°~30°倾斜，而且往往两条相对，做成"八"字形，这些是守城部队的硬件配置，如果攻城部队真的能够解决所有的这些难题，征服了城墙，他们还要面对最后的挑战——巷战。

在中国古代的都城规划中，我们会发现一个很有意思的特点，有些城市的道路是横平竖直的，从一个城门通向另一个城门，设置那种轴线的道路，比如隋唐长安、六朝建康、元大都、明清北京等。但也有一些城市不这么做，最突出的是西汉长安、东汉洛阳，基本没有直通的道路。而另外一些城市，比如北宋东京、南宋临安，都是属于有直通的道路，但数量有限，大多数也是以不直通的"丁"字路居多（图26-5）。

图26-5 "丁"字路口遍布的城市路网

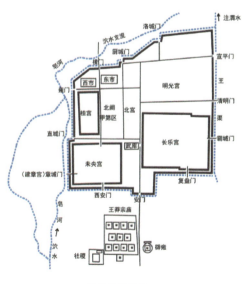
西汉长安平面

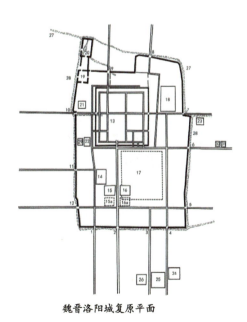
魏晋洛阳城复原平面

道路搞成不直通的最主要目的就是为了战略防御的需要，这样的道路比较利于展开巷战。

为什么这么说，因为中国古代城池防御的第一考虑假想敌就是北方的游牧民族，他们都是骑着马的，如果是直线道路，骑兵的冲击力是没法抵挡的，但如果是这种不通畅的道路，那就完全不一样了。

不仅在道路的设置上要考虑战争的需要，中国古代建筑的合院本身也特别像一个个的小碉堡，建筑四周围合，通过围墙和建筑把自己封闭在其中，外侧开窗很少，这样的建筑组合本身就特别利于防守。

不仅如此，即便攻城的人通过了这些重重考验，还需要面对里面又一圈城墙，又一轮折磨，部分城市建有三重城墙，每打一个下来，攻城部队都要付出很大的代价。

所以在古代的战争中，只要是通过武力直接攻城的部队，几乎没有不付出巨大代价的，而且往往还会失败。很多的战役中，夺取城池的原因并不是攻城的人有多能打，而是守城的部队往往自作聪明主动出击，最后被人抄了后路，全军覆灭。再不然就是攻城的部队把城围而不打，断了城里的水源和粮食的补给，最后生生将城里的人饿死、困死。

实际上，在冷兵器时代，仅凭大刀、长矛和弓箭，想要征服高达七八米，上面可以跑马车的城墙非常不容易。在北宋与金国的东京保卫战中，李纲带着守军凭借高达12米的东京城墙，让金兵毫无办法，即便在第二次攻击中占领了城墙，金兵因为解决不了巷战的问题，依然无法完全占领全城，最后如果不是北宋皇帝自己太无能，东京保卫战的结果还很难预料。

而在明朝与瓦剌的北京保卫战中，草原霸主也先面对高达10米的北京城墙也没有办法，数次攻击都被于谦打败，搞得也先极度郁闷。但其实他完全不必如此，因为在他之前，横扫世界的蒙古帝国和南宋之间的襄阳保卫战，蒙古人包围襄阳整整6年才拿下城池，而且，这个胜利不是凭借部队的攻击，而是借助了一种在当时堪比洲际导弹的巨炮。

当时南宋为了防守襄阳，将城外的护城河与壕沟宽度增加到150米，远远超过了传统攻城器的射程，因此蒙古人开始毫无办法。但没想到蒙古人找来阿拉伯武器专家，制作了一种巨炮，这种炮的射程竟然可以达到接近400米，扔出去的石头重量达到150公斤，这是什么概念？

史书说："机发，声震天地，所击无不摧陷，入地七尺。"

在这种恐怖的武器攻击之下，一切都只能化为齑粉，襄阳这才被攻破。

所以没有巨炮的也先打不下北京一点都不丢人。

事实上，即便是在火药大量应用的时代，城池的防守作用也很重要。太平天国的天京保卫战，洪秀全依靠的正是当年朱元璋修建的明南京城墙防御体系，虽然最后天京失守，但也让曾国藩付出了非常惨痛的代价。

时间走到今天，再也没有人依靠城墙来进行城市的防守，但城市本身的军事防御功能并没有变化，只是城墙变成各种导弹防御系统，攻城的器具也早已经变成飞机坦克了。

第二十七讲

这次我们讲点玄之又玄的城市故事
——风水都市

风水理论是学界很多专家学者研究的对象，而提到古代的城市规划，就更加离不开风水的话题。

一、风水的概念解读

在各种资料中，对风水的解释很多。"风水是中华民族历史悠久的一门玄术，也称青乌术、青囊术，较为学术性的说法叫作堪舆。风水是自然界的力量，是宇宙的大磁场能量。风就是元气和场能，水就是流动和变化。风水本为相地之术，即临场校察地理的方法，它是一种研究环境与宇宙规律的哲学。风水的创始人是道家女神九天玄女，比较完善的风水学问兴起于战国时代。风水的核心思想是人与大自然的和谐，达到'天人合一'，早期的风水主要关乎宫殿、住宅、村落、墓地的选址、坐向、建设等方法及原则，为选择合适的地方的一门玄学。"

在历史上最早给风水下定义的是晋代的郭璞，在他的《葬书》中说："葬者，乘生气也，气乘风则散，界水则止，古人聚之使不散，行之使有止，故谓之风水。风水之法，得水为上，藏风次之。"

很多很复杂是吧？其实简单来说，风水的主要做法就是相地，也就是看地形，主要工作是为建筑物进行选址和布局，主要目的就是达到天人合一的和谐社会。

所以在古代，风水师如果是给城市看风水，做的就是规划师的工作；如果是给公共建筑看风水，干的就是建筑师的活儿；如果是给住

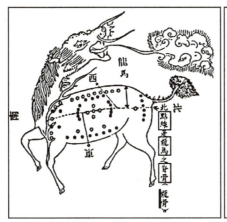

图27-1 河图洛书的故事

家看风水，就变成装修设计师了。

可为什么会有风水呢？

首先风水的基本理论是来源于《易经》的，但具体的测算方式则是通过河图洛书来完成。河图洛书的来源是中国历史上的未解之谜，很神奇，最常见的说法是上古时期，在洛阳附近的黄河发现了一个龙头马身的小动物，身上背着一个河图，被伏羲发现了，于是灵机一动，设计了八卦，并由此生成以后的《周易》（图27-1）。

后来到大禹时期，洛阳附近的洛河又出小动物了，这次是一个神龟，龟背上背着一个洛书，被大禹发现了，于是大禹靠这个治水成功，将天下划分为九个州，又制定九章大法。

于是就有了一个说法："河出图，洛出书，圣人则之。"不过河图洛书现身，周易出现，这些还只是风水出现的前提，风水传说是九天玄女创建的。

说是在先秦时期，道教的老子有两个徒弟，一个是鬼谷子，叫王诩，另一个就是九天玄女，叫钟静。这二位都属于半仙级别的。

有一天，九天玄女到燕山游玩，突然看见一个瀑布下面的水潭里有一条黑色的怪物，巨蟒的身材，还长了两个角，像小龙一样。玄女是一个喜爱小动物有爱心的女孩，于是就打算抓来玩玩，结果没抓到小龙，反而被它带到一个洞穴。在洞穴里才知道，原来这条小黑龙是王母娘娘的使者，在下面守护一本《九天秘笈》，已经1200多年了，就等着九天玄女来，好把这本秘籍给她。

玄女拿到秘籍一看，有三个部分，分别是《天机道》《人间道》和《地脉道》。《天机道》讲的是看星星的事情，当初姜子牙得了半本就靠这个封神拜相；《人间道》讲的是人间的那点事儿，当然也包括怎么带兵打仗，当年黄帝得了这部分，就打败了蚩尤；《地脉道》讲的就是风水，所谓龙就是山脉，就是大地的气，气和水的关系是互相制约，气与风的关系则是相互依靠，因此叫作风水。

玄女看完书正开心，发现原来看书还有"礼品"赠送，一个天幻镜，伏羲的老物件，专门用来照天照地，还可以顺道照妖；第二件是周文王的《易经》，用来算命的；第三件是一个地玄盒，也就今天风水先生的罗盘，用来给地脉做"体检"的。

结果玄女就靠这些修成得道，变成风水祖师爷，以后那些拿着罗盘、到处看风水的就被称为风水先生了。

当然，这些都是传说，但风水确实就此和神这个字产生关系了。

实际上，在古代对于看风水的人大多并不叫风水先生，而是阴阳先生，看风水不叫看风水，叫看阴阳，那是因为阴阳就是风水的核心。

古人认为这个世界就是由阴阳构成的，而在选址这一块，阴阳更是非常重要。山北、水南为阴，山南、水北为阳。因此我们之前讲过的很多城市，比如咸阳是非常典型的，在渭河北岸，北山南侧，这个是双阳；而秦始皇陵就跑到渭河的南岸，骊山的北侧去了，那个应该是双阴。所以说阴阳分隔不仅指的是人的存在状态，其实也指的是人的安置环境。这种阴阳分隔的概念，早在史前时期的聚落就已经开始体现了，我们之前讲过的半坡和姜寨，人住的地方和埋葬的地方都是要进行分隔的，往往会通过壕沟之类的方式。

另外，说到城市与山脉和水系的关系，可能是历代城市，尤其是都城选址的最重要因素。

二、中国的三条主要龙脉

前面提到九天玄女发现的《地脉道》中说山脉就是龙,这就是龙脉的概念。

其实很多人不知道,凡是山脉,无论大的小的,都属于龙脉。龙脉很像一个帮会,这个帮会的老大就是中国的昆仑山(图27-2)。

昆仑山号称中国第一神山,万山之祖,说白了,天下所有的山都可以理解为源自昆仑。风水中认为昆仑山生了五条龙脉,其中有三条都在国内,另外两条出国定居了。国内的三条分布在北、中、南三个方向,被称为北干、中干和南干。

北干从昆仑山出发,经过祁连山、贺兰山、阴山山脉,然后转向大兴安岭与长白山脉,最后从朝鲜入海,这条龙脉上最厉害的当属北京了。

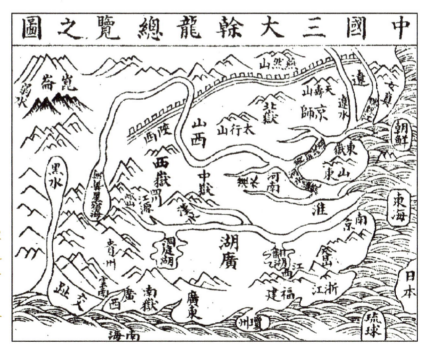

图27-2 《地理人子须知》之《中国三大干龙总览之图》(【明】徐善继、徐善述)

中干也是从昆仑山出发，向东经过秦岭、大别山，到达山东，最后转到江苏北部入海，这条龙脉上最厉害的当属西安、洛阳和开封，是对中国影响最大的一支。

南干则从昆仑山出发，沿着长江，进西藏，经横断山脉向东经过两广、湖南、江西，到达福建武夷山，最后沿长江经过浙江、江苏进入大海，南京、杭州就在这条龙脉上。

在排名上，这三条龙脉老大是中干，老二是北干，老三是南干。

这个排名看上去似乎有点牵强附会，好像是根据历史情况而确定的名次，但实际上，大多数的主要都城都分布在中干确实好像有点巧合，而北干的北京也确实要强于南干的南京这个也是事实。

中干最强还有一个非常重要的因素应该是因为洛阳。

洛阳这个城市是非常有意思的，我们前面说河图洛书出自洛阳，为什么没有出自西安，没有出自北京，而是洛阳？原因是自古以来人们就认为洛阳是天下之中，只有在洛阳才能控制天下，就连"中国"这个叫法都是因为这个而出现的。这一点也说明，中国人很早就有居中这个重要的意识，也因此会有后来非常重要的城市中轴线。

但洛阳反而恰恰并没能成为最牛的都城。从西周到东周，从西汉到东汉，再到后面的隋唐，当这些朝代的政治中心在这附近的时候，洛阳往往比不上关中的西安地区。

从风水的角度来看洛阳非常完美。洛阳地处平原，东有虎牢关，西有函谷关，南有嵩山和伊阙门户，北有邙岭和黄河天险，河洛交织，地形地貌形态之好，简直完美至极。

这么好的环境，是许多历代帝王的都城首选。周武王到了洛阳就走不动道了，非常迫切地想把都城迁到洛阳，临死都不忘交代给自己的儿子周成王。成王让周公搞了著名的"周公卜洛"，结果五次均得双阳之数，第六次甚至为一，阳数之本，六个阳爻叠加就是乾卦，被认为定都洛阳是大吉，于是开始在洛阳建城，这才有王城和宗周。

两个城市都在洛河的北岸，邙山南侧，通过瀍河分开。城市建好之后，成王把象征王权的九鼎搬到王城，这个就叫成王定鼎洛邑。后来周朝不行了，楚庄王有一次和周使者聊天，不怀好意地问起那个九鼎到底有多重，这个事情后来被称为"问鼎"，变成政治家野心的代名词。

对洛阳非常喜爱的还有隋炀帝。隋炀帝在登上皇位的第二年就想把都城迁到洛阳，而且开始建造洛阳。不仅如此，他还身体力行，亲自踏勘城址，提出"宫室之制，本以为生"的要求，意思是建造房屋宫殿，本来就是要依据生活的需要，别搞其他没用的，这话说得别提有多高尚了。

隋炀帝又在汉魏洛阳城西十八公里的地方对着伊阙龙门向北邙画了一条线，确定是洛阳新城的南北中轴线，让洛河从新都中间穿过，又在洛河上架四座桥，连接南北。其中皇城南门外的桥最高大，被称为"天津桥"。因为城市的地势北高南低，因此将皇城放在西北方向，也就是乾位。至于其他的地方，更多的还是沿用了隋大兴城的做法，众星拱月。

不仅男皇帝喜欢洛阳，女皇帝也喜欢，比如武则天。

唐高宗死后，武则天选择常驻洛阳，也把都城定在洛阳，还给洛阳起了一个非常牛的名字，神都。同时对洛阳进行了一系列改建，在洛阳建造了著名的明堂，又叫万象神宫。在周礼中，这个明堂是用来祭天的，一般应该设在城外，但武则天竟然建在了宫里。

后来还有不少帝王也都对洛阳情有独钟，曹操临死都还在洛阳修建宫殿，如果不是后来洛阳太过衰落，可能北宋不会选择开封。

但洛阳再好，还是只能排在关中地区的后面。

三、关中地区备受青睐的根本原因

如果对比洛阳和关中地区，就会发现，关中地区简直就是一个放大了几百倍的洛阳。

关中的北、西、南三个方向都是山，只有东侧打开，南侧的秦岭更是成为昆仑山中干龙脉的脊梁。东侧虽然打开，但有黄河作为天然屏障，同时渭水贯通，另外还有泾河、沣河、涝河、潏河、滈河、浐河、灞河等七条河，这八条河在汉代被称为"八水绕长安"。

有这么多的河道水系，说明这个地区土质肥沃，交通方便，水源丰沛，是建造城市的理想地点。

所以周王朝在这里建立，建造历史上第一座双子城，丰镐二京。而秦始皇的手笔更大，占据渭河南北两岸，以法天象地的原则，参照三垣四象七十二星宿，建造规模宏大的咸阳，其中选择在丰镐二京的隔壁建造世界最大宫殿阿房宫，据说是为了借周王朝的王者之气。

等到了汉朝，刘邦定都关中，建造汉长安，选择城内地势最高的龙首原建造宫城，先有长乐，后有未央。汉长安城墙不采用平直做法，被称为斗城，北墙为北斗，南墙为南斗，说到底还是参照天象在建造城池。

再到后面的隋唐，隋文帝在汉长安东南角圈地建造新城大兴，宇文恺用六爻卦象规划城市的所有功能布局，并且以太极宫和子城的尺度作为基本单位，推演出整个大兴的尺度关系。大兴的规划包含了时间、星象这些非常玄妙的内容。大兴以及后来的长安，皇城以南的三十六坊都只开东西门，不设南北门，据说是为了避免泄掉皇城的王气。

到此，经历了西汉与隋唐两个中国历史上国力最鼎盛的朝代，关中地区的都城地位才算走到尽头。而在关中称帝的几乎所有时期，洛阳都以陪都的身份出现，当关中不行了，洛阳就会替代关中，走向政治舞台的中心。

四、北京与南京的南北风水之争

说完关中和洛阳，我们再看另外两个非常有趣的冤家城市，北京和南京。

南京曾经让无数帝王羡慕嫉妒恨，但后来却变成很多人口中王气不足的城市，在多次南北对峙的过程中，以南京为代表的南方从没有机会战胜北方，无论北方是北宋的东京，还是明清的北京。

其实南京的风水形态非常好，在地理条件上，叫作"三面环山，一面临水"。

南京的东面是宁镇山脉的最高峰钟山，也叫紫金山，钟山余脉向西延伸成富贵山、覆舟山、鸡笼山、鼓楼岗、五台山和石头山，一路跌宕起伏，到达长江。其中最高的紫金山海拔448.9米，像一条巨龙趴在东南。

当诸葛亮看到紫金山，和孙权建在江边依靠石头山建造的石头城时，忍不住惊叹，这种龙盘虎踞的地方才是老大应该住的地方啊！结果定都建业的孙权最后也没当成老大，东吴被西晋所灭。

等到了六朝建康，又没挺多少年就被隋朝取而代之。

后来到了朱元璋，定都南京，让刘基选址。传说刘基的师父铁冠道人告诉刘基，皇城要建在燕雀湖上，因为南京在长江的南边，风水外格大势属阴地，而燕雀湖在钟山南侧，属于阳，而且是趴着的那个龙的头，是风水穴位的位置。于是后来就开始填湖建造宫城，但建成之后，因为地质的原因，皇城地面下沉，结果变成南高北低。而且，这个皇城选在偏东的位置，也是根据八卦的东方属震卦方位，在《周易》中说"帝出乎震"，这个震象征龙，适合皇帝居住。

而朱元璋建造南京的中轴线也是根据法天象地的原则进行规划。而且，整个城的形态是一个倒放的"凸"字形，有利于接南天之气。

尽管如此，但朱元璋本人并不是最喜欢南京，我们说过，他是因为开封没法用，中都也不行，这才选中南京。

明朝以南京为都城仅五十多年，被北京的朱棣篡位，明朝的政治中心也跟着迁到北京。

后来的太平天国在南京建国，9年就亡国，中华民国也在南京建都，也没挺多少年。

于是所有的人都说，南京虽然风水好，但可惜已经被破坏了，所以王气不足。

谁干的呢？最大的嫌疑人是秦始皇。

楚威王只是在南京埋金，后来也被很多人认为是瞎说，而秦始皇呢，据说统一天下之后，在最后一次出巡的时候，经过南京，跟在旁边的风水大师常生和仙导二位沉默不语。秦始皇很奇怪，就问为何不语？结果这二位说："金陵四周山势不俗，地势险要，五百年后会有天子气。"

秦始皇哪知道自己的大秦帝国根本挺不到五百年，还以为自己千秋万代呢，于是就问有没有什么办法解决南京风水问题？

二位说需要凿断方山的地脉。这个方山在南京的东南方向，山顶很平，形状很像一个官印，因此又叫天印山，是风水吉祥命运山，于是秦始皇决定破断方山地脉，还要引淮河的污水从金陵流过，进入长江，这就是秦淮河。而且，在城北的狮子山、马鞍山本是一座山，这次也被凿断，又将金陵改名为秣陵，意思是放马的地方。

据说经过这一系列的措施，彻底解决了南京的王者之气，但秦始皇也在从南京回咸阳的路上一病不起，直接驾崩了，后人说是因为天机泄露的报应。

不知道南京的帝都运气是不是毁在秦始皇手里的，但南京确实比不过北方，尤其是北京。

北京西部的西山是太行山脉，北部的军都山是燕山山脉，都是昆仑山系。这两个山脉在北京的南口会合，结果围合成一个向东南方向打开的半圆形山湾地区，这个地区就是北京平原。整体地势从西北向东南微倾，其中又有桑干河和洋河在这里汇集成永定河，符合风水中"山环水抱必有气"的说法。而在地理军事格局上，"东临辽碣，西依太行，北连朔漠，背扼军都，南控中原"，特点非常突出。

忽必烈选择在北京建造元大都，派刘秉忠、郭守敬规划大都，结果这二位在查看风水之后，决定引地上、地下两条水脉进入京城。地上水脉就是"天下第一泉"的玉泉山泉水，引到太平桥，经过甘水桥与周桥，最后进入通惠河。因为这条水处于来自西方的八卦"金"位，因此命名为"金水河"。

而地下水脉，也是来自玉泉山。既然是地下的，当然看不见，但今天都还在用的"大庖井"就属于这个地脉水源。这个井水是紫禁城最好的水源，后来成为皇宫祭祀"龙泉井神"的圣地。

通过设计规划水脉，再观察龙脉，也就是山形地势，二位最后确定大都轴线，水脉为东西轴线，龙脉为南北轴线。

后来大明灭了元朝之后，朱棣夺权再次定都北京，一个难题出现了，怎么化解元代的剩余王气呢？

于是明代将宫殿的中轴线东移，使元大都宫殿原来的中轴线落到了西侧，位于风水中的"白虎"位置，用来压制前朝的残余王气。同时凿掉原来中轴线上的御道盘龙石，废掉周桥，用人工堆土造了一座景山，而原来的玄武位置的主山琼华岛也变成北海的一个景点，不再是主山。

就这样，京城的风水格局重新建立。

这里必须说明，明北京城中轴线是否东移，目前来看还是有很多争议的。但关于北京城内部的布局和风水说法其实是非常多的。

在今天而言，风水让很多人困惑，这到底是迷信还是科学呢？

这个问题到现在依然没有定论，风水本身确实是一门非常庞杂的理论，还有很多很多的派别，大家的说法也会有不同的地方，要找到答案只能依靠读者自己去深入了解，然后再进行判断。

但无论是风水，还是今天的城市规划，其实追求的目标还是一致的，那就是让我们的城市与自然更好地相处，让人们生活在其中感到开心快乐，这个就是所谓的天地人和谐统一的最高境界吧。

第二十八讲
每一座城市成功的背后都有一个伟大的水利工程
——水利都市

在每一个城市建造的过程中，首要考虑的就是和水利相关的内容。城市的选址选在河边，靠近水源的地方，几乎是所有具备条件的城市共同的选择，这个思路甚至从史前就已经开始。

之前讲过的史前聚落，无论是姜寨还是半坡，一个基本的布局都是临近河道，而良渚古城，更是有着令人惊叹的水利系统。良渚人建造了当时世界上规模最为庞大的人工水利设施，而且良渚古城自己就是一个典型的水城，这些东西都充分证明，水利的建设与考虑很早就是城市建造必须要解决的问题。

在我们之前讲过的《周礼·考工记》中，匠人篇的内容大部分是在谈论城市规划与宫殿营造的规则与要求，但也有专门的一个段落是探讨水利的堤坝如何修建，对于堤坝的坡度和建造方式都有明确的规定。

不仅如此，水利往往还会影响城市的布局。先秦著作《管子》就非常明确地说："凡立国都，非于大山之下，必于广川之上。高毋近旱而水用足，下毋近水而沟防省。因天材，就地利，故城郭不必中规矩，道路不必中准绳。"这段话说得很清楚，建造城池不必太刻板，要根据实际的情况，该怎么修就怎么修，而且要特别注意水一定要够用。

不仅如此，在《管子》中还说："故圣人之处国者，必于不倾之地，而择地形之肥饶者，乡山，左右经水若泽。内为落渠之写，因大川而注焉。"这段话进一步强调了水对于城市选址的重要性，要君主亲自去考察确定。

为什么要这么重视水利，因为一个好的水利往往可以成就一个城市甚至一个国家的辉煌。

一、改变秦国命运的郑国渠

比如中国古代非常知名的郑国渠（图28-1）。

郑国渠的建造是非常戏剧性的。战国后期，秦国嬴政继位，国力很强，其他国家非常恐慌，就想尽各种办法削弱秦国势力，结果秦国的邻居韩国国君就想了一个馊主意，派了自己国家的水利专家郑国去秦国，干什么呢？

让郑国游说秦国修建一条人工水渠用来灌溉，这条渠从泾水开始，向东接到洛水，全长300余里。这个工程在当时来说就是超级工程了，如果建成，估计评个春秋战国工程奇迹也问题不大，韩国国君的想法是通过修建这个超级工程耗尽秦国的国力。

结果当时的嬴政不知道韩国人的想法，就同意了，还特别开心，毕竟像郑国这样的工程专家那不是随便就能遇到的，于是就全权委派郑国来干这个事情。结果纸包不住火，郑国干到半道，嬴政知道了

图28-1　郑国渠位置示意图

韩国背后的小心思，非常生气，就想杀了郑国，郑国渠当然也不打算修了。

但是郑国对嬴政说："始臣为间，然渠成亦秦之利也。臣为韩延数岁之命，而为秦建万世之功。"这话的意思是我确实是间谍，但这条水渠如果建成也确实对秦国比较好，我虽然依靠这个可以让韩国多活几年，可秦国将因为这条水渠而建立万世的基业。

嬴政是一个非常聪明的人，他一想，觉得郑国说的话很有道理，于是就没有杀郑国，还是让郑国把这条渠给修完了，后来人们为了纪念郑国就将这条渠命名为郑国渠。

郑国渠的位置就在咸阳城的西北方向，因为郑国渠的修建，确实造福了关中大片的土地，也给秦国经济带来巨大的帮助，当然，因为这个郑国渠就在咸阳的北侧，对于咸阳的发展也是很有意义的。

这是郑国渠的故事，但郑国渠仅仅是提高了秦国咸阳地区的农业水准，而中国古代另一个更有名的工程那就不仅是提高和改善了，而是成就了一个城市，它就是世界闻名的都江堰水利工程（图28-2）。

二、李冰父子的神来之笔——都江堰

都江堰是战国时期秦国为了改善四川盆地的生活条件，由当时蜀郡太守李冰主持建造。说一句不夸张的话，没有都江堰可能就没有今天的天府之国。

长江的支流岷江位于成都平原的西北角。岷江的水流量很大，在成都这个地方的落差更大，接近300米，因此过去非常容易泛滥成灾。

后来李冰开始修建都江堰，都江堰采用分水和导水的方式，把一部分江水巧妙地导向需要灌溉的东部平原，另一部分江水则沿着原来的河道向南。都江堰的主体工程包括鱼嘴分水堤、飞沙堰溢洪道和宝瓶口进水口三项。

这个工程彻底解决了岷江的水患问题，让成都平原变成真正的天府之国，最厉害的是，这个工程从李冰那个时候一直用到现在，今天

第二十八讲
每一座城市成功的背后都有一个伟大的水利工程——水利都市

图28-2 举世闻名的都江堰水利工程

依然在发挥非常重要的作用。就这一点来说在中国乃至全世界,都是非常罕见的。

战国时代,会治水的不只有秦国,我们讲过的魏国大梁也是因为鸿沟的修建而兴起的。

魏惠王迁都开封,建造大梁,同时开凿了连通宋、郑、陈、蔡、曹、卫、楚不同地方的鸿沟,结果大梁变成战国时期最有钱的城市之一。直到后来,秦国大将王贲利用鸿沟的水水淹大梁,灭了魏国,大梁和鸿沟就此沉默。

但后来京杭大运河的修建,再次复活开封地区,成为中原地区都城的代表,这次的功臣还是那条鸿沟。

三、因水而生的众多都城

实际上，关中地区为什么受到历代帝王的喜爱，一个非常主要的原因也是因为这个地方水源充足。

从西周在沣水两岸建造丰镐二京开始，再到秦国依托渭水建造超级城市咸阳，我们可以看到，西周和秦国做法都一样，就是在一条河的两岸建造城市，哪怕是因为被水分隔会造成交通不便，也要如此。

西周建造丰镐的时候，引隔壁的河水建造独立的水池，用来解决都城用水问题，这个水池就是灵沼和镐池。而秦国的咸阳，秦始皇在渭河以南的龙首原上建造甘泉、兴乐离宫，后来在丰镐的隔壁建造阿房宫和北宫，原因就是因为这个地方的水资源丰富，而且躲开了渭河的水患威胁。

在咸阳的整个规划中，渭水还被美好地比作天上的银河。

一座城市建在河道的两岸，自从这个思路出现之后，后面的部分皇帝就开始参考这个做法。

比如隋炀帝派宇文恺规划洛阳，洛阳直接被建在洛河的两岸，南北城被洛河一分为二，在河上建造了著名的天津桥，号称天津晓月。

等到了后来李勉改造开封，直接把汴水圈到城里。而到了北宋，东京更是成为四水贯都的城市，这个四水贯都不仅是因为水源与水利的需要，也有模仿洛阳规划的意思。因为东京的四水贯都，才让张择端有机会画出那幅传世名作《清明上河图》。一张图画尽东京的繁华与危机，也充分表达了东京这样一个中原城市河道发达的景象。

东京内部城区水道纵横的特点也被南宋继承到了临安，临安的水网更加自由，而且成为城市的主要交通方式。

而等到了后面的金中都的建设，金国建造的方式就是模仿东京，于是为了给建造龙津桥创造条件，就在中都城里南部的位置建了一条东西走向的小河，然后再在上面建造桥梁。

这种做法的影响很大，甚至影响到后来明清北京的建设，在皇城的南部有一座桥梁就此成为都城的标配。

西周在洛阳建造王城与成周，位置都选在洛阳的北岸，二城合称洛邑。

不过王城很早就销声匿迹，反而原来用来关押商代遗民的成周后来得到了最好的发展，先后成为东汉、曹魏、西晋的都城，但这几个朝代还是在原来的基础上小规模扩建，没有在水上大做文章。直到洛阳遇到北魏孝文帝，这位把都城从山西大同迁到洛阳的皇帝，在建造新洛阳城的时候非常有魄力。一方面大幅度扩建洛阳北岸的城郭，创造了一个比原来大数倍的城池；另一方面，将南北中轴线的概念向南部大幅度延伸，穿过洛河与伊河，从此，洛阳的伊河也被纳入城区的范围。

北魏孝文帝的做法其实是参考了当时的六朝建康，并且进一步发扬光大。

六朝建康的都城源自东吴孙权。孙权是一个非常务实的皇帝，在位期间只依靠石头城进行防守，对都城建业并没有进行大规模建造。后来东吴的皇帝也没有能力建造太多内容，但这个时候，秦淮河区域已经有了不错的发展。

到了东晋以后，建康发展非常迅速，由于城市的北侧是玄武湖，东侧是钟山，西侧是长江，因此只能向南部发展，于是中轴线一直贯通到秦淮河以南。整个秦淮河沿岸依托京城的资源迅速发展，成为城外豪宅、物流、酒店、市集的集散地。不仅如此，沿秦淮河和长江还发展出一系列的卫星城镇，与建康共同构建了六朝时期最繁荣的都市圈，覆盖人口接近200万。

建康后来的继承者朱元璋在规划自己的明南京时，为了讨个吉利，放弃在六朝皇城原址建造皇城，而是在南京的东部单独建造，结果搞了一个历史上最偏僻的皇城。而且这个皇城的建造得益于燕雀湖，填湖建城，这一次，水出人意料地变成城市发展的预留用地。

这些是依托河道扩展和发展城市的代表，但实际上，往往大的湖面有时作用更大。

西汉汉武帝在汉长安隔壁建造昆明池，都说是为了操练水军，但实际上，汉武帝的目的也是为了解决日益糟糕的汉长安水源供给不足的问题。昆明池说到底就是一个蓄水工程，借的水还是来自沣水和镐池，通过一条人工开凿的漕渠与长安连接，还设有调节进出城水量的装置。

昆明池建成之后，汉武帝才有了更多的资源对未央宫进行扩建，新建了桂宫、寿宫、北宫，又在西郊建造建章宫，所以汉长安的建造也是因为水利工程的完善才最终完成的。

到了后来，隋朝建造大兴城的原因正是因为昆明池的引水渠道遭到破坏，以至于汉长安的水质变得非常糟糕，不再适合人们生活，才做出建造新城大兴城的决定。

然而，没有想到的是，宇文恺这次规划大兴城时，在水的问题上却有点失手了。

四、隋大兴城的水患难题

为了给这个巨大的城市供水，宇文恺规划了一系列的水渠，城东引浐河的龙首渠，城东南引南山溪水的黄渠，城南的清明渠和漕渠，还有永安渠，这些水渠进城之后再分成支渠进行供水，多的水从城北出进入渭水。

不仅如此，隋大兴城还规划了曲江池，用来取代昆明池的蓄水功能。

这些是供水工程，还有排水工程。隋大兴城设计了排水沟、城濠和排水河道所组成的三级排水系统。

即便如此，隋大兴城由于规模太大，所规划的供水和排水的量还是不够，这就导致了一个结果，后来的唐长安水灾的频率和灾害程度非常高。根据研究从公元682—817年这135年中，因为排水不畅而造成的严重洪涝灾害就有10次之多。《新唐书·五行志》中记载了一次："七月戊子京师平地水尺余，沟渠涨溢，坏民居千余家。"还有《旧唐书·五行志》也有一次："六月大水，京师大雨，街市水深三尺，坏庐舍二千家，含元殿一柱陷。"这些水灾记录表明隋大兴城在水的设计上确实存在一定的缺陷。

五、北京的水利规划

在水利的规划与设计上，最成功的莫过于北京的建设。

金国迁都北京之后，改北京为中都，开始建造城池。除了前面提到的模仿东京，还确定了水源主要依靠井水和莲花池的水。莲花池以前的名字叫西湖，金中都发展到后来，随着人口的增加，莲花池的水又不够用了，没办法，又开发了西山的泉水。现在的分析认为当初应该有水道引西山的水补充莲花池。

等到了元朝，在中都的东北建设新城大都，建设新城的一个非常重要的原因就是原来中都的莲花池水系并不理想，所以大都的规划者刘秉忠与郭守敬确定了大都的水系要改为高梁河水系。高梁河水系的水量远大于莲花池，而且郭守敬又从白浮泉引水入城，将其与翁山泊和高梁河相接，这样就解决了城市用水和漕运用水。

另外，大都开挖金水河，金水河用的是玉泉山的泉水，从和义门，也就是今天的西直门入城，进入太液池，作为当时皇城的专用水。而且，为了保证这个水的水质，金水河不得受到其他水的影响，所有交叉相遇的地方，都要架槽引水，当时叫作"跨河跳槽"。

而为了解决漕运的问题，郭守敬又引白浮泉水进入旧闸河。这条闸河就是后来的通惠河，京杭大运河的船进城之后，都停在积水潭，结果积水潭就成为当时城里最热闹的地区。

当然，大都另一个很厉害的地方是首次将水引入皇城内部，并且成为皇城最为核心的要素，甚至大都的中轴线都是依靠太液池的位置来确定的。因此，大都几乎做尽了关于水的一切文章。

到了明朝，北京重心南移，原来大都的白浮泉通往翁山泊和积水潭的水渠因为年久失修已经断流了，积水潭的水面也变得很小，包括原来进入太液池的金水河这个时候也已经废弃了。因此明朝多次疏通通惠河，但因为水源不足，效果并不好，而城中用水还是只能靠玉泉山地"天下第一玉泉"的水汇集在瓮山泊，然后再到积水潭分流，一条走皇城进入三海，另一条进入通惠河。

到了清朝，为了解决漕运的问题，康熙疏通通惠河，而且打通了城东的护城河，这样就可以让一部分船只从东直门向南到达朝阳门，但京城供水的问题还是没有彻底解决。

真正解决北京城用水问题的还是乾隆。乾隆利用瓮山地形，建造了一个人工的水库——瓮山泊，就是现存的昆明湖。昆明湖的设计虽然模仿杭州的西湖，但它的水利意义对于北京来说更加重要。当然，乾隆更巧妙地将昆明湖做成三山五园的清漪园，后来改名颐和园，很多人不知道的是这个中国最好的皇家园林原来其实是一个水利工程。

尽管如此，其实北京城内部的居民用水很多还是来自水井，京城的胡同一半以上都有水井，但水质却不是很好，以至于京城出现了专门卖水的行业。另外，非常有趣的是北京的胡同，这个胡同一词其实来源于蒙古语，意思就是"井"，这也从另一个角度说明北京居民用水的来源。

总之，北京的选址就水环境而言是十分成功的，北京地处华北大平原北端，再向北有燕山山脉隆起，所以这里自古以来就是水源丰富的宝地，也因此孕育了历代城市的发展兴旺。直到今天，我们依然能够看到北京大量的地名还都带有水的痕迹，比如王府井、三里河、浸水河、海淀等不一而足。

纵观中国古代历朝历代的都城建设，你会发现无一不和水发生千丝万缕的关系，各种各样的水利设施更是一个城市健康发展的基础，这一点不仅古代如此，今天也是如此。

第二十九讲
那些古代的城市远比你想象的更加繁华
——金钱都市

中国古代建造了这么多伟大的都城，靠的是什么？当然是钱。

有这样一组数据，暂且拿来做个参考，是关于中国历朝历代人口与经济情况。

汉朝，西汉人口5959万人，东汉人口5006万人，两汉GDP总计265.5亿美元，占全球财富26%，号称世界东方的经济中心。

唐朝人口有5291万人，武则天时期GDP为239亿美元，约占世界GDP比重58%。

北宋人口4673万人，宋哲宗绍圣年间GDP的数值约为40亿贯，约值35200亿美元。整个宋朝占世界GDP的80%，是中国古代最有钱的朝代。

元朝人口有5883万人，GDP为320亿美元；明朝人口6069万人，公元1393年时，GDP约为339亿美元，万历时期占世界GDP的55%；清朝人口有20559万人，GDP约为1878亿美元，清朝不同时间的GDP约占世界GDP的10%~35%。

上面的数据中人口统计时间和GDP统计时间并不是同一时间，还有就是，这些数据未必准确，因为网上不同文章的差别还是有点大，所以大家不要太过于深究。

但通过这些数据我们大概可以感觉到，中国古代的历朝历代，尤其是那些比较厉害的朝代在当时的世界上都是最有钱的国家，可见当时的城市经济也一定是非常发达的。

一、市井形成的原因

我们都知道商业的形成源于物品的交换,最开始是你做的罐子,我做的凳子,大家觉得彼此的不错,就交换一下,慢慢交换的多了,就形成商业行为。在夏商,甚至西周初期,这种商品交换的行为都是比较频繁的,但问题是,这种商品交换的行为都在哪里发生呢?古代的城市都是采用集中供水,去"井"取水是市民每天都要干的事情,于是趁着取水的时候大家就开始交换。慢慢地,"井"的附近就成为做买卖的地方,于是这个地方就被称为"市井"。

市井的形成最开始就是广场的形态,和西方的广场没什么两样。这些市井分布在所有的居民点,而且在商朝时还因此产生了独立的手工业作坊。但到了西周时期,国家对这种商业行为进行管制,把商业行为集中起来,并且规定时间。当时全国最大的市场在镐京,在《周礼·地官·司市》中说:"大市,日昃而市,百族为主;朝市,朝时而市,商贾为主;夕市,夕时而市,贩夫贩妇为主。"

这段话说明当时周王朝的镐京每天有三次市场,大市、朝市和夕市,分别在每天不同的时间段针对不同的人开放,而且,就是这样的市全国也只有镐京才有。在这个市中所有的人员,包括管理的人、经营的人都只能由官府任命或者指派,包括卖的什么东西,什么时候、什么情况下可以卖,都是官府规定,而且商品都要收税。

不仅如此,在后来的王城规划理论中出现了这句话,"面朝后市,市朝一夫"。别看只有八个字,这句话却反映了当时朝廷对于市的态度,那就是完全掌控。

完全掌控就很好吗?

西周原来实行的是井田制,分为公田和私田,但这个制度发展到后来就变成公田没人种,私田倒很多,而且,当时很多富户、大户雇人去山里、湖里挣钱。这下好了,有钱人越来越有钱,官府越来越穷。于是到了周厉王的时候,他玩了一把狠的,规定天下的山川湖泽都归政府所有,说白了就是归天子我所有,所有人都禁止去开发挣钱。结果这个制度一出,天下的富户都疯了,断了财路怎么办?造反呗!

于是在镐京的市民发动了著名的"国人暴动",周厉王逃跑,西周进入"周召共和"时期。这件事情一方面告诉大家西周不行了,天子都因为钱的问题被国人赶跑了,另一方面也表现了当时对商业的这种管控显然是有问题的。

所以到了春秋时期,齐国因为管仲的经济改革而一跃成为各国之首,当时的临淄也成为有名的贸易城市。按照管仲重点发展商业的治国思路,相信当时的临淄不可能还是按照单一市集的管理方式来控制,要知道当时的管仲为了吸引天下的人都到临淄做生意,不惜设置大量的免费商旅客栈,超值服务,可以说把招商工作做到了极致。

到了战国时代,周王朝的土地政策井田制面临解体,秦国商鞅变法更是直接废除井田制,改为土地私有制,土地也变成可以自由流通的商品,大量的地主产生。在这种经济背景之下,可以看出周王朝的很多要求其实都形同虚设,包括所谓的王城规划要求,所以市集的问题就更没法说了。

这种状态一直持续到秦国统一天下。秦始皇在建造咸阳的时候,整个城市呈散点式布局,在渭河的北岸分布有手工作坊,也有零散的市集,按照咸阳的规模与发展状态,显然在渭河南岸也必定分布有集中的市集。

不过,尽管如此,从周王朝开始,城市的居住功能部分就已经采用闾里的方式进行管理。所谓"里"就是居住小区,而"闾"就是门的意思,所以闾里应该是已经设置了围墙,很像今天的居住区。闾里的管理方式不仅用在居住区,当时的市集应该也是采用这种方式进行管理的,而这种方式后来在里坊制时期变得更加成熟。

二、从汉长安开始买东西

秦朝建国时间太短,区区14年就亡国,因此咸阳再厉害也变不成什么样，还要看后面的西汉。

西汉的长安是封建都城建设的第一个高峰。汉长安的商业非常发达，虽然现在看到的汉长安平面图只有东西二市，但根据史书记载，汉长安当时至少有九个市。但九市的分布目前并不能确定，部分人认为六个在西侧，统称西市；三个在东侧，统称东市。这种说法也未必正确，但汉长安的商业发达，东西二市是汉长安最重要的市场应该没有争议。东西市有多发达，看面积就知道了，通过考古认定，东西市面积竟然达到77.4公顷左右，是十足的百万规模商业综合体。

汉长安东西二市的位置就在城的西北，因此符合"面朝后市"的原则，王城规划理论在汉长安才真的开始落实实践。当然，这一点和汉朝当时的思想从法家向儒家转变关系也很大。而到了东汉洛阳，情况明显开始变化，洛阳当时的市集主要是三个，金市、马市和南市。

在西晋的陆机《洛阳记》中说："大市名金市，在城中；南市在城之南，马市在大城之东。"这三个市场是当时洛阳最重要的市场，区位条件都很优越。金市在北宫的西南，应该是当时的"奢侈品"交易市场；而南市靠近洛河，属于综合市场，交通便利；马市则在中东门外的主要干道上，显然就是当时的"汽车"交易市场。

但是很明显，这次三个市场又不再符合面朝后市的原则，而是按照五行排布，西方属金，所以金市在西，当时的马车基本都是木制，所以应该在东方。

但两汉时期的市依然还处在闾里的管理方式之下，通过围墙的封闭管理来控制商业行为。这种方式一直延续到隋唐，才走到尽头。

东汉末年的曹魏邺城，魏晋洛阳，以及北魏洛阳一步步把都城的总体格局重新确立，闾里制逐渐向里坊制转变，城市的控制单元开始变得更加规律，更加标准。

三、唐长安的超级市场

到了宇文恺规划隋大兴，这种思路达到了登峰造极的地步。因为隋大兴与之前的那些都城比有一个最大的优势，隋大兴是一个全新的城市，规划者可以按照自己的思路随心所欲地规划。巨大的城市完美对称，市集也同步对称，西市和东市成为隋大兴城，也就是唐长安最主要的市集。

当时的东西市内部已经像商场一样进行了不同商业业态功能的划分，每个市的占地规模接近1平方公里，四面都有坊墙，每面开两个门，一共八个门，内部按照"井"字格的方式布置道路。其中西市的位置因为靠近普通居民区，而且距离金光门很近，当时通过丝绸之路来长安的外国人都要经过这里，因此西市比东市更加热闹，商品更多，甚至还有很多外国商人在这里做买卖。

而东市则因为靠近三大宫殿——太极宫、大明宫和兴庆宫，附近都是皇亲贵族的府邸，因此东市的商品除了普通的日用品，还有很多高端的奢侈品。

虽然东西二市规模很大，也很好，但也可以看出，唐长安那么大的城市，竟然只有这两个大型市场，这一方面反映了当时政府对于城市管理的严格，另一方面也预示了人们的需求和城市的规划本身必然存在矛盾。

终于在晚唐时期，原来的宵禁不起作用了，商业的分布开始向坊墙内部蔓延，很多里坊的内部甚至出现了夜市。这些情况都预示着里坊制已经无法适应社会的发展。

实际上，早在东晋建康时，我们就能看到当商业极度发展，遇到规规矩矩的城池时，城市必须进行适应，建康当年在秦淮河沿岸的商业发展虽然可能还会被控制在里坊制的围墙中，但绝不可能像长安这样管理得如此严格。

而里坊制的完结，商业的彻底解放最后还是在两宋实现。

四、自由都市下的繁华难以想象

北宋东京的规划废除了带有坊墙的里坊制，改用开放式的坊巷制。街道一旦打开，商业就像控制不住的洪水一样，迅速发展，膨胀。结果造就了中国历史上最有钱的朝代。

两宋时期的市集分布按现在的话说，就是一种多元融合的结果。商业可以沿街布置，甚至在皇帝专属的御街两侧也不放过，商业可以和住宅混合，商业可以分为集中商业与商业街区。不夸张地说，现代商业所有的形式，在两宋时期都已出现，也因此，当时的北宋东京和南宋临安的商业几乎遍布全城。

两宋之后的元朝，大都的规划似乎努力在一个相对规矩的体系内植入北宋东京的基因。而明南京则彻底打破常规，继而在秦淮河再度形成商业的核心地带。再到明清北京，则是随着城市居民的变迁，城内漕运的改道，商业中心几经辗转，最后集中在前门区域。

由此，可以明显地看到，从两宋以后的商业聚集再也不是具有明确边界的方块空间，而是依靠便利的交通、中心干道、河道漕运，发展线性商业空间，继而聚集成片，商业已经成为一个都城中最具活力的核心内容。

这一点其实很像今天城市的商业体系规划，从市级中心到区级中心，再到社区级等不同层次的商业设置，几乎可以理解为每一个城市组团都是围绕着一个商业中心进行打造的，商业就是城市的动力之源。当然，这一点也凸显了"城市"这个名字，城市的市恰恰就是市集的意思！

第三十讲
四大原因造就中国古代城市傲视全球
——伟大都市

伟大这个词在《现代汉语词典》中是"气势雄伟,规模宏大,超出寻常,令人景仰钦佩的"的意思。反义词是平庸,平凡。所以要想说明中国都城的伟大就必须讲出这些都城到底有多超出寻常,有多么的不平凡。

一、中国古代城市之所以能够被称为伟大的第一个原因,在于其令人惊叹的连续性

世界四大文明古国古埃及、古巴比伦、古印度和中国是世界公认的人类文明最早诞生的地区。但实际上,除了中国,其他三个文明早都已经消失绝迹了。只有中国的文明是从古代一直延续了几千年,直到现在。

为什么会这样?

有两个因素是关键,一个是中国的地形。从某种意义上来说,甚至可以将中国看成一个巨大的半岛,这个半岛的西侧是一大堆高山、沙漠、丘陵,即便是今天,也难以随便穿越;而北侧则是蒙古高原,也是沙漠、戈壁,还有一望无际的草原组成,只有游牧民族能在这里生活。

这样一个地形包裹的是一大堆的平原、河流、海岸线,因此中国古人的生活当然是可以绝对封闭的,只要防住了来自西北和北方游牧民族的骚扰,就可以开心过自己的日子。即便哪天防不住,人家进来溜达一趟,结果无非是要么又被赶回去,要么发现过我们的日子更

好，于是下马开始和我们一起过日子。

正是因为这个原因，我们才能保持一个比较长时间的文化延续。

而第二个更加关键的因素是历史的机缘。中国的地理条件也并不是唯一的，毕竟中国的土地这么大，为什么没有像欧洲那样分裂成很多小国呢？

这个我们要特别感谢秦始皇。

秦始皇统一中国，建立大秦王朝，他最大的功绩是把很多东西给统一了，比如文字、度量衡，又比如搞郡县制、加强中央集权等，所有这些都导致了一个结果，在中国这块土地上的人开始有了共同的身份认同，这个是非常重要的。

也正是因为这一点，秦朝之后的历朝历代，无论是谁在哪里称帝，无时无刻不想的是统一天下，这个天下的概念就是中国。而既然大家都想统一天下，做天下的正牌皇帝，那就必须延续有资格统一天下的正统汉家文化。

正是因为这两个关键因素导致中国成为四大文明古国中唯一传承到现在的国家，也因此，中国的汉家传统建筑才能一路延续。一个在公元前600—前700年就提出的仅仅几段话的王城规划理论竟然能够一直影响到两千多年后的北京，如果没有文明的连续性，是根本不可想象的。

如果你仔细看5000年前良渚古城的平面规划，你甚至发现它和后来的中国城市平面关系非常密切（图30-1）。所以从这个角度来说，中国城市的规划理念至少延续了5000年。

所以，一个能够将同一个理念延续5000年的中国城市难道不够伟大吗？

二、中国古代城市之所以能够被称为伟大的第二个原因，在于其令人震惊的建造效率

当今世界，中国建筑最厉害的不是设计，而是施工，中国建筑集

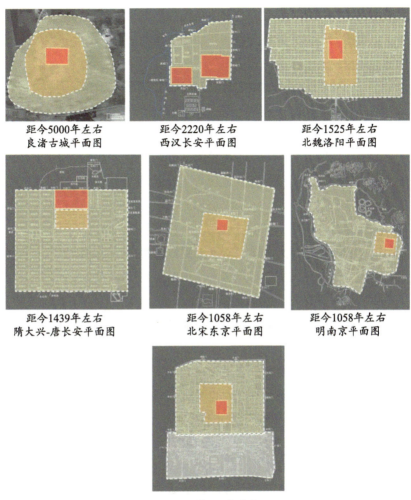

图30-1 延续5000年的城市架构

团有限公司是当今世界最大的投资建设集团公司,在2018年仅完成的房屋建设面积就达到1.9亿平方米,这个面积可以建1300个紫禁城(紫禁城建筑面积约15万平方米)。

所以搞建设是今天中国的强项,但实际上,在古代,我们更强。

秦始皇统一天下后在位不过区区11年,却完成了很多超级工程:气势恢宏的万里长城,四通八达的高速公路秦驰道,规模惊人的秦始皇陵。阿房宫虽然只起了一个开头，但咸阳其他的众多宫殿却大多完工了。这些工程的完成充分说明了中国在秦朝时已经掌握了巨型工程的施工建造经验。

这种经验并没有因为秦朝的结束而终止，而是继续传承。

刘邦改造秦朝的兴乐宫，仅用2年就改成长乐宫，又用2年建成未央宫。

北魏孝文帝改造洛阳用时算长的，也不过花了10年时间，但考虑到北魏洛阳的宏大规模，而且还包含了大量的改建工程，这个时间其实已经非常短了。

都城建造效率的顶峰是在隋朝。

隋文帝建造新都大兴城，从开工到宫城建完，正式迁都，一共用时10个月，要知道大兴城可是在一张白纸上建造的城市，而且还是中国古代城郭面积最大的都城。

不过隋炀帝也毫不逊色，建造东都洛阳，又是一个新城，又是10个月完工。

10个月建造一座新城，还是在1400多年前，即便是今天，建造一个普通的房屋土建工程，10个月也很难完成，更不要说像这样在世界上数一数二的大城市，简直不可想象。

这还没完，北宋改建东京皇城，6年改建完成，这是在当时皇族还在里面生活的前提下完成的。

忽必烈建造元大都，18年建完都城城墙、宫殿和各种政府衙门，又用了9年完成居民区建设及居民迁入，前后不过27年。

明朝对元大都进行了大规模扩建，一共历时不过区区4年，其中包括紫禁城全面重建，都城南墙南迁这些重量级工程，速度快得简直不可思议。

这是中国速度，再看看国外如何？

雅典奥林匹亚宙斯神庙建筑群花了306年建成，罗马圣彼得大教堂花了120年建成……不用多说，大家也都很了解。

当然，客观来说，国外的建筑是以砖石结构为主，而且国外很多建筑，尤其是教堂，仿佛不是在盖房子，而是在做一个雕塑，一个精美的艺术品，所以建造难度确实非常大，花费那么多的时间也可以理解。

但中国古代的这些都城，从目前的资料来看，虽然都是以木结构为主的房屋，但也并不都是非常简单的构造。退一万步说，就算技术难度不大，要组织那么多的工匠，使用数量非常巨大的材料，然后用非常缜密的组织来完成一个都城的营建，这个难度绝对不会亚于任何一个百年建筑的建造，甚至应该更难。

我们讲宇文恺对大兴城的规划，刘秉忠对元大都的创新，像这样的规划与设计，如果没有高效率的建造水平支撑，只能成为空谈。中国都城建造的效率源于中国古建筑的建造效率，中国古建筑的建造效率源于中国古建筑的科学性。从某种意义来说，中国古建筑是采用一种类似装配式建筑的手段，来完成上至皇帝的皇宫、下至平民百姓的住家的建造。

所以中国古代城市高效率建造的背后其实是无比先进而完善的施工组织管理，这个管理水平放在今天也绝不落后，这样的工程当然可以称为伟大！

三、中国古代城市之所以能够被称为伟大的第三个原因，在于其世界罕见的规模与尺度

中国的都市规模都非常大，大得和西方世界的城市压根就不在一个维度。我们很多时候特别喜欢拿隋唐长安来和西方古城比较，因为隋唐长安够大，84平方公里，比古罗马、拜占庭、巴格达都大很多，但其实大家不知道的是，不仅隋唐长安比这些西方古城大很多，中国古代的这些都城随便拉出来一个，都非常大。

古罗马13.68平方公里，拜占庭，也就是后来的伊斯坦布尔11.99平方公里，巴格达大一些，30.44平方公里（图30-2）。

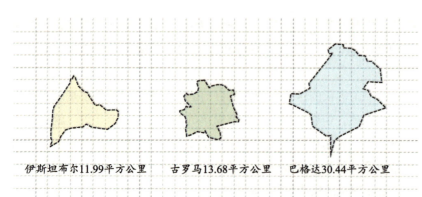

图30-2 西方古代都城面积对比示意图

我们看看中国的城市数据（图30-3）。

西汉长安，35.8平方公里，东汉洛阳，9.58平方公里。

注意这两个城市，汉朝城市的特点是宫殿占据城市内部主要的空间，东汉更是如此，一个洛阳几乎除了北宫南宫就没别的了，所以汉朝的居民大多都是住在城外的。有人试图推测东汉洛阳城外的居民区规模，大小可能比洛阳本身大了五六倍都不止，所以实际两个城市的辐射范围要远大于现在的数值。

再看北魏洛阳，53.4平方公里，其实这个面积很可能与东汉洛阳的辐射范围非常接近。

然后是隋唐时期的另一个城市，洛阳，这个新洛阳面积44.4平方公里，洛阳虽然只有长安的一半左右，但还是比西方的那些城市都要大。

再看北宋东京，63.5平方公里，很大；南宋临安，12平方公里，不算大。但还是那句话，讲临安的时候就说过，临安的经济非常发达，已经出现城市群的概念，因此临安的周边城市规模绝对不会很小。

接着是明南京，京城范围42平方公里左右，但这不算什么，朱元璋不是后来为了防止大炮架在紫金山上又修了一圈外城，那个范围估计在200平方公里左右。我们之前说过，六朝建康的辐射范围就很大，人口更是高达200万，所以看南京的规模，基本可以用"恐怖"来形容。

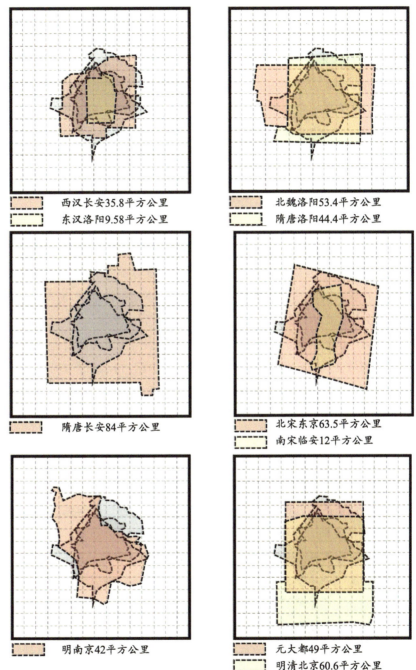

图30-3 历朝历代都城面积对比示意图

最后是元大都，49平方公里，明清北京60.6平方公里。

把中国古代的都城挨个看过来，就会发现，规模巨大是一个普遍现象，而且，不仅城池占地大，人口也非常多。六朝建康人口有200万，其他的都城基本都是过百万的，而如果是西方的那些城市，别说百万，几十万就已经非常罕见了。

所以从这一点来说，中国古代城市的规模绝对称得上伟大。

四、中国古代城市之所以能够被称为伟大的第四个原因，在于其无与伦比的建筑空间形态

很多人觉得西方古建筑从建筑水平的角度来说是要超过中国古建筑的，这种说法也并非毫无道理。但大家其实忽略了一个非常重要的问题，中国古建筑的产生本身就是为了适应不同群体档次而产生的，绝不是为了突出个体，而西方建筑基本都是在强调个体。

所以中国古建筑必须放在一起欣赏才能表现出真正的价值，而中国古代城市的布局正是体现这种价值的。中国古代城市布局中最核心，也是最突出的莫过于那条贯穿中国城市发展史的中轴线了（图30-4）。

城市的中轴线意义非同一般，它在空间布局方面是城市的脊梁，能统领城内许多重要建筑物的布置；它在文化领域方面是城市精神的灵魂，能高度融汇城市活动的意念。

中国城市的中轴线并不是一开始就存在的。西周的丰镐二京，东周的王城与成周，本身都没有出现刻意强调中轴线的地方，即便是看上去非常对称的王城规划理论，也没有特别强调中轴线的重要性。

秦始皇统一中国，建造咸阳，在法天象地的规划思想主导之下，出现了隐含的中轴线概念。但很明显，这个时候的中轴线是没有对称感的，甚至可以说，这个中轴线是后人自己臆想的结果。

而到了汉长安，城市的布局其实还是没有真正的中轴线。虽然在长乐宫的局部出现了小轴线，或者可以将长乐宫与未央宫作为轴线左

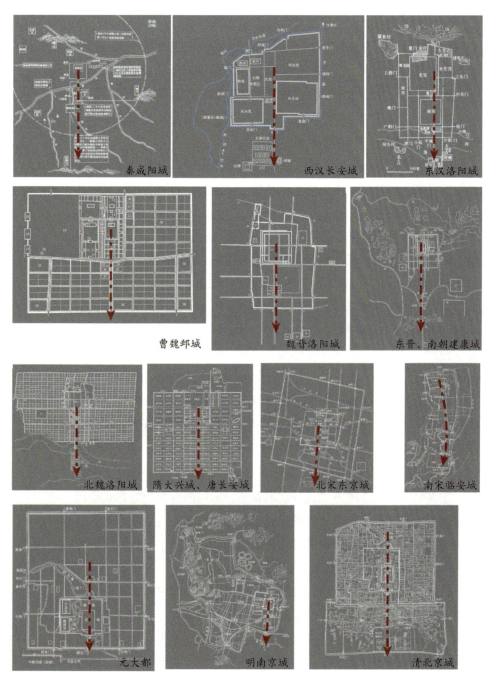

图30-4 历朝历代都城中轴线对比示意图

右分立的宫殿来理解，但很明显，这个轴线并不清楚。到后来，王莽在城外建造新的礼制建筑才似乎开始有点轴线的强化思路。

而到了东汉洛阳，中轴线的感觉再次消失不见。

直到东汉末年，天下三分，曹操定都邺城，在改造邺城的时候第一次出现了"以宫城居中、位于北侧，中间通过道路，对称的建筑"来表现轴线的做法，中轴线这才开始出现。

紧接着曹魏洛阳虽然是建在东汉洛阳基础上的，但重心北移，中轴线出现都是非常明显的事情，只是这个时候的中轴线还远没有后来的壮观。

西晋继承了曹魏洛阳的格局，司马家把这种思想带到了东晋的建康，建康的中轴线设置几乎是照搬洛阳的做法，虽然目的只是为了显示东晋的汉室正统，但也同时把这种思想进行延续。

因为五胡乱华时期对于北方汉文化的摧残是非常严重的，以至于北魏时期建造都城想要按照汉文化的方式，都需要派蒋少游到建康去偷学技术。不过好在蒋工水平够高，去了一趟建康竟然就学得八九不离十，结果不仅建设了平城，还用在了北魏孝文帝的新洛阳城。

北魏洛阳最大的特色并不是规模有多大，而是那条中轴线变得比以往任何一个朝代都来得更加猛烈。不仅在城内延续建康的做法，还一路穿过洛河，延伸到伊河，可以说是前无古人。

就这样，以轴线为核心的规划终于走到顶峰。隋文帝建造大兴城，宇文恺采用六爻的方式进行功能布局，采用隐含数列的方式进行里坊规划，宇文恺打造了一座几乎完全对称的城市。这个城市从大兴城变成长安，成为中国古代都城的巅峰之作，也成就了无数的城市传奇，但其真正的灵魂只是那条贯穿南北的中轴线而已。

时间接着进入最有钱的两宋时期。北宋东京和南宋临安都是在老城的基础上进行的改造，原来的城市并没有中轴线存在，但在改造的时候，还是刻意地设置了中轴线，并且将中轴线命名为御街。甚至临安因为地形的原因，还做了一个弧线的御街，非常独特。当然，临安的皇城位于城市的南端，也是和中轴线一样充满了个性。

结束了南宋的元朝，忽必烈试图建造一座"大汗之城"，但规划者是当时的天才刘秉忠。刘秉忠在元大都的规划中并没有特别强调中轴线的概念，反而引入水景作为城市的核心，这个神来之笔让元大都多了一丝浪漫的情调，也表现出这位大师的与众不同。

但大都的命运和元朝一样短暂。朱元璋赶走蒙古人，建立大明，定都南京。明南京的建设最独特的地方莫过于宫城与京城的位置关系，一个非常偏僻的宫城并不能阻止朱元璋规划自己的中轴线，中轴线的建筑布局更是采用了法天象地的原则。朱元璋把自己当成真正的天子，想要打造千秋永固的都城。

可惜儿子朱棣不吃这一套，老爹一死，立马造反，发动靖难之役，夺取政权，很快就把都城迁到北京。于是明朝开始改建元大都。同样的思路再次出现，为了表示自己不是篡位的皇帝，朱棣把南京的中轴线嫁接到原本自由散漫的元大都，并且进行了再度加强。于是一条从钟鼓楼向南到永定门的北京城市中轴线最后在嘉靖皇帝手中完成，这条轴线就是今天举世闻名的北京中轴线。

英国现代城市规划家培根说："也许地球上人类最伟大的单项作品就是北京。"他说的这句话更可以理解为对北京中轴线的评价，对北京城市规划的评价，甚至对中国古代城市规划发展的评价。

梁思成先生形容中国的古建筑，曾经说："我们的中华文化则血脉相承，蓬勃地滋长发展，四千余年，一气呵成。"梁先生的这句话当然是用来评价整个中国古建筑体系的，但也可以单独形容中国古代城市的规划发展，四千余年，一气呵成，正是这些城市的真实反映。

参考文献

[1] 刘叙杰. 中国古代建筑史（第一卷）[M]. 北京：中国建筑工业出版社，2009.

[2] 傅熹年. 中国古代建筑史（第二卷）[M]. 北京：中国建筑工业出版社，2009.

[3] 郭黛姮. 中国古代建筑史（第三卷）[M]. 北京：中国建筑工业出版社，2009.

[4] 潘谷西. 中国古代建筑史（第四卷）[M]. 北京：中国建筑工业出版社，2009.

[5] 孙大章. 中国古代建筑史（第五卷）[M]. 北京：中国建筑工业出版社，2009.

[6] 萧默. 中国建筑艺术史（上）[M]. 北京：中国建筑工业出版社，2017.

[7] 李允鉌. 华夏意匠：中国古典建筑设计原理分析[M]. 天津：天津大学出版社，2005.

[8] 王南. 古都北京 [M]. 北京：清华大学出版社，2012.

[9] 王贵祥. 古都洛阳 [M]. 北京：清华大学出版社，2012.

[10] 贺从容. 古都西安 [M]. 北京：清华大学出版社，2012.

[11] 段智钧. 古都南京 [M]. 北京：清华大学出版社，2012.

[12] 李路珂. 古都开封与杭州 [M]. 北京：清华大学出版社，2012.

[13] 潘谷西. 中国建筑史 [M]. 北京：中国建筑工业出版社，2015.

[14] 亢亮，亢羽. 风水与城市 [M]. 天津：百花文艺出版社，1999.

[15] 张驭寰. 中国城池史 [M]. 北京：中国友谊出版公司，2015.

[16] 贺业钜. 中国古代城市规划史 [M]. 北京：中国建筑工业出版社，1996.

[17] 李传永. 论中国历代都城之变迁 [J]. 西华师范大学学报（哲学社会科学版），2005（5）：58-61.

[18] 赖琼. 汉长安城的市场布局与管理 [J]. 陕西师范大学学报（哲学社会科学版），2004，33（1）：38-42.

[19] 周振鹤. 东西徘徊与南北往复——中国历史上五大都城定位的政治地理因素 [J]. 华东师范大学学报（哲学社会科学版），2009，41（1）：32-39.

[20] 方旭艳. 古代都城的发展及特征 [J]. 职大学报，2009（4）：45-50.

[21] 尹建强. 论东周的商业与交通之关系 [J]. 广西社会科学，2010（5）：86-88.

[22] 李杰. 略论西周的商业发展 [J]. 社会科学动态，1996（2-3）：52-55.

[23] 汤菲. 浅析中国古代都城建设的几个主要特征 [J]. 绿色科技，2014（1）：73-75.

[24] 王意乐. 隋唐长安城的城市水利系统初探 [D]. 西安：西北大学，2008.

[25] 刘德泉，李元强，冉连起. 永定河出山口的古代水利工程 [J]. 北京水利，2000（4）：38-43.

[26] 孔庆东. 中国的红楼文化 [J]. 中关村，2003（9）.

[27] 荀平，王众. 中国古代城池军事防御体系探析 [J]. 新建筑，2008（3）：103-105.

[28] 谭奇. 钩沉中国古代文化产业之青楼 [J]. 汉字文化（教育科研卷），2017（2）.

[29] 谭徐明，周魁一. 中国古代城市水利的市政功能与环境功能——兼论城市规划中水利的位置 [J]. 成都水利，1996（4）：30-38.

[30] 杜鹏飞，钱易. 中国古代的城市给水 [J]. 中国科技史料，1998，19（1）：3-10.

[31] 任云英，朱士光. 从隋、唐长安城看中国古代都城空间演变的功能趋向性特征 [J]. 中国历史地理论丛，2005，20（2）：48-56.

[32] 栾晓丽. 关于隋唐长安城规划思想的研究综述 [J]. 重庆科技学院学报（社会科学版），2009（12）：174-175.

[33] 李令福. 隋唐长安城六爻地形及其对城市建设的影响 [J]. 陕西师范大学学报（哲学社会科学版），2010，39（4）：120-128.

[34] 王社教. 隋唐长安城的选址及其内部结构的形成与原因[C]. 中国古都研究（第十三辑）——中国古都学会第十三届年会论文集，太原：山西人民出版社，1998.

[35] 王树声. 隋唐长安城规划手法探析 [J]. 城市规划，2009（6）：55-58.

[36] 薛平拴. 隋唐长安商业市场的繁荣及其原因 [J]. 陕西师范大学学报（哲学社会科学版），2006，35（3）：89-95.

[37] 陈喜波. "法天象地"原则与古城规划 [J]. 文博，2000（4）：15-19.

[38] 王学理. 从秦咸阳到汉长安的城制重叠（上）[J]. 文博，2007（5）：4-10.

[39] 徐卫民. 汉长安城对秦都咸阳的继承与创新 [J]. 唐都学刊，2009，25

（1）：1-5.

[40] 李浩, 关丹. 试论秦咸阳城市营建之区域观念 [J]. 随想杂谈, 2008, 24（2）：89-92.

[41] 牛雄, 卢健松. 中国古代天文思想与城市营造 [J]. 华中建筑, 2010, 28（3）：166-169.

[42] 孙昌盛, 张春英. 古代杭州城市空间形态演变研究 [J]. 浙江大学学报（理学版）, 2009, 36（3）：346-348.

[43] 牟振宇. 南宋临安城寺庙分布研究 [J]. 杭州研究, 2008（1）：95-102.

[44] 鲍沁星, 张敏霞. 南宋临安皇家园林中的"西湖冷泉"写仿现象探析 [J]. 北京林业大学学报（社会科学版）, 2013, 12（2）：8-13.

[45] 吴松弟. 南宋移民与临安文化 [J]. 历史研究, 2006（5）：35-50.

[46] 张亚琼, 周晨. 中国古代大地景观对现代风景园林建设的启示——以古代杭州西湖变迁与整治为例 [J]. 中国园林, 2017（5）：64-67.

[47] 李蔚然. 论明代南京城 [J]. 考古学, 2001（7）：31-36.

[48] 张宁宁. 明南京城池和北京城池的异同 [J]. 改革与开放, 2010（7）：41-42.

[49] 李立, 阎莉. 南京明城墙的历史演变 [J]. 学理论, 2009（20）：126-128.

[50] 徐卫民. 汉长安城形状形成原因新探 [J]. 福建论坛（人文社会科学版）, 2008（2）：53-57.

[51] 庞骏. 东晋建康东宫主体官署建筑格局 [J]. 阅江学刊, 2016（3）：71-77.

[52] 赖萍. 东晋南朝定都建康述论 [J]. 南京晓庄学院学报, 2006（2）：21-25.

[53] 卢海鸣. 六朝建康里坊制度辨析 [J]. 南京社会科学, 1994（64）：19-24.

[54] 郭济桥. 曹魏邺城中央官署布局初释 [J]. 殷都学刊, 2002（2）：34-38.

[55] 田冰. 古代邺城的行政建制与城市兴衰 [J]. 地域研究与开发, 2013, 32（6）：59-62.

[56] 陈剑. 邺城遗址的勘探发掘与研究——徐光冀研究员学术报告会纪要 [J]. 四川文物, 2005（1）：87-89.

[57] 王铎. 北魏洛阳规划及其城史地位 [J]. 华中建筑, 1992, 10（2）：47-56.

[58] 岳东. 北魏洛阳市场布局环境、格局与境界 [J]. 三门峡职业技术学院学报, 2018, 17（3）：7-13.

[59] 赵启汉. 北魏时期洛阳城的建设 [J]. 史学月刊, 1988（4）：25-28.

[60] 师道刚. 北魏首都平城的兴建和蒋少游 [J]. 运城师专学报, 1984（4）：24-28.

[61] 吴涛. 北宋东京的饮食生活 [J]. 史学月刊，1994（2）：22-29.

[62] 李合群，司丽霞，段培培. 北宋东京皇官布局复原研究——兼对元代《事林广记》中的《北宋东京官城图》予以勘误 [J]. 中原文物，2012（6）：70-76.

[63] 李合群. 北宋东京内城里坊布局初探 [J]. 中原文物，2005（3）：3-16.

[64] 孙宜蔚，高娜. 北宋东京商业空间研究 [J]. 河南科技，2010（11）：88-89.

[65] 杨文秀. 北宋东京市民的夜生活 [J]. 唐都学刊，1997，13（2）：27-31.

[66] 金磊. 北京中轴线建筑遗产保护与传承 [J]. 住宅产品，2011（5）：24-28.

[67] 王劲涛，薛飞. 元大都水系规划与城市景观研究 [J]. 中国园林，2014，30（1）：13-17.

[68] 中国科学院自然科学史研究所. 中国古代建筑技术史 [M]. 北京：科学出版社，2016.

[69] 王岗. 元大都在中国历史上的作用和地位 [J]. 北京社会科学，1988（3）：47-50.

[70] 黄建军，于希贤.《周礼·考工记》与元大都规划 [J]. 文博，2002（3）：41-45.